KNAUR⊛
BALANCE

Für meine Mutter, die hier ist
Und meine Großmutter, die nicht mehr hier ist

Und für Lea Luna,
die noch nicht lange bei uns ist und es doch schon immer war

INHALT

——

KAPITEL EINS

DAS ENDE

Es kam aus dem Nichts. Erst stand ich noch mit Dennis, meinem Freund, und unserem Hund Ringo da und wartete auf den Abflug, dann kniete ich plötzlich auf dem Boden und krümmte mich unter einem Schmerz, der sich anfühlte, als hätte mir jemand ein rot glühendes Messer in den Bauch gestoßen. Ich wurde ohnmächtig und wachte mit dem Kopf in Dennis' Schoß auf. »Was ist denn los?«, fragte er und sah mich ängstlich an. Ich konnte kaum sprechen. »Mein Bauch«, brachte ich mühsam hervor. Vergeblich versuchte ich, mich aufzusetzen. Mir war schwindelig vor Schmerzen. Jemand rief um Hilfe, und plötzlich standen Sanitäter neben mir. Mein Herz sei in Ordnung, sagten sie. Der Puls normal. Der Blutdruck gut. »Sollen wir ins Krankenhaus fahren?«, fragte Dennis. Ich wollte zustimmen. Der stechende Schmerz in meinem Bauch war mir völlig neu, so etwas hatte ich noch nie erlebt, und mit meinen fünfundzwanzig Jahren hatte ich schon einiges durchgemacht. *Ich sollte mitfahren,* dachte ich. *Irgendetwas stimmt überhaupt nicht. Sie sollten mich wirklich ins Krankenhaus bringen.* »Nein«, antwortete ich stattdessen. »Wir dürfen den Flug nicht verpassen. Gehen wir zum Gate.«

Der Flug war kurz, nur dreißig Minuten von Aruba nach Bonaire, wo ich in der kommenden Woche ein Yoga-Retreat leiten sollte. Es war ausverkauft, aus der ganzen Welt kamen die Leute zu uns. Auf gar keinen Fall würde ich sie enttäuschen. Ich musste einfach in dieses Flugzeug steigen. Dennis half mir hoch, doch sobald ich stand, drehte sich das unsichtbare Messer in meinem Bauch, und meine Knie gaben unter mir nach. Ich wusste, was er dachte. *Das ist doch verrückt. Wir brauchen einen Arzt.* Er flehte mich an, aber ich blieb stur. »Wir müssen nach Bonaire!«, beharrte ich und sah ihn fest an. »Wir werden dort erwartet.«

Ich musste all meine Kraft zusammennehmen, um durch die Passkontrolle zu gehen, und konnte kaum meinen Boardingpass festhalten. Nach außen versuchte ich, tapfer zu wirken, doch innerlich starb ich vor Angst. *Was ist denn nur mit mir los?* Wir schafften es zum Gate, und ich ließ mich auf den nächsten Wartesitz fallen. Ich war am ganzen Körper schweißnass, in mir pulsierte alles. Mir wurde schlecht, und ich eilte gekrümmt zur nächsten Toilette. Als ich versuchte, die Kabinentür zu öffnen, brach ich zusammen. Eingerollt lag ich auf dem Boden, zu schwach, um aufzustehen. *Sterbe ich?* Ich tastete in meiner Handtasche nach dem Telefon, um Dennis anzurufen und ihn um Hilfe zu bitten, da hörte ich eine Stimme in mir. »Steh auf. Na los. Hoch mit dir.« *Steh auf,* wiederholte ich stumm. *Hoch vom Boden.*

Mir war nicht ganz klar, warum ich so dringend in diesen Flieger musste – ging es wirklich nur darum, niemanden zu enttäuschen, oder versuchte ich zu ignorieren, was mit mir los war? Wie auch immer, ich beschloss, mich weiterzuzwingen. Ich schob das Handy zurück in die Tasche, hielt mich an der Wand fest und zog mich hoch. Beim Blick in den Spiegel starrte mir ein geisterhaft bleiches Gesicht entgegen und flehte mich an, zur

Vernunft zu kommen und aufzugeben. Doch ich blieb stur. *Los,* befahl ich mir. *Ein Schritt nach dem anderen.*

Ich schaffte es zurück zu Dennis und Ringo, und dann saßen wir eine gefühlte Ewigkeit bis zum Boarden herum. Mein Bauch schien in Flammen zu stehen. Die Uhrzeiger krochen quälend langsam voran. Endlich war es so weit. Als ich mich der Flugbegleiterin mit meinem Boardingpass näherte, verzog sie panisch das Gesicht. »Sie können nicht fliegen!«, sagte sie. »Sie sind krank.« Ich war wachsbleich, auf meiner Stirn stand Schweiß. Ich konnte kaum klar sehen, riss mich aber mit übermenschlicher Kraft zusammen. »Ich werde nach Bonaire fliegen«, erwiderte ich. Die Stewardess sah mich an. »Das Flugzeug mag ja nach Bonaire fliegen. Sie, meine Liebe, hingegen nicht.« Vor Schmerz und Frust knirschte ich mit den Zähnen. Ich wollte doch einfach nur in diese verdammte Maschine und mich auf meinen Platz setzen. »Ich muss aber an Bord«, erwiderte ich nachdrücklich. »Bitte, bitte. Es geht mir gut, ich verspreche es. Es ist nur eine Magenverstimmung. Ich komme schon klar. Ich muss einfach mitfliegen.« Ich weiß nicht, warum sie schließlich nachgab. »Gehen Sie zum Arzt, wenn wir gelandet sind?«, fragte sie nachdrücklich. Ja, das versprach ich ihr. »Na los, dann gehen Sie schon«, meinte sie schließlich und wies mir den Weg. »Schnell, bevor mein Vorgesetzter Sie sieht.«

Ich dachte, die Maschine würde am Gate stehen, doch ein Shuttlebus wartete auf uns. Die Hitze war erdrückend, der Bus voll. Die Vorstellung selbst einer kurzen Fahrt zum Flugzeug war unerträglich. Dennis stieg zuerst mit Ringo und unserem Gepäck ein, bevor er mich in den Bus hob. Ich klammerte mich an einem Haltegriff fest. Meine langen Haare klebten mir am Rücken, der Schweiß tropfte mir vom Gesicht. Warum war es hier drin so warm? Beim Dröhnen des Motors wurde mir wieder schlecht. *Nein, ich übergebe mich jetzt nicht.* Wenn ich mit etwas nicht klarkomme, dann dem Erbrechen. Ich hatte nicht mehr gekotzt, seit ich als Teenager eine ganze Flasche Wodka vernichtet hatte. Doch in diesem Bus spürte ich, dass ich es nicht würde zurückhalten können. Panisch sah ich mich nach einer Plastiktüte um, einem Mülleimer, irgendwas. Würde es mir gelingen, mich erst zu übergeben, wenn ich wieder im Freien war?

Sobald der verdammte Bus mit quietschenden Bremsen anhielt und die Türen ganz geöffnet waren, drängte ich mich nach draußen. Oben an der Treppe zum Flugzeug stand die Frau, die meinen Boardingpass kontrolliert hatte. Wie war sie so schnell hierhergekommen? Sie musterte mich streng. *Wenn ich jetzt kotze*, dachte ich, *wird sie mich nicht an Bord lassen.* Völlig verzweifelt wankte ich hinter den Bus, beugte mich vor und erbrach mein Inneres auf die Rollbahn. Ich wischte mir den Mund an meinem Ärmel ab, ging die Treppe hinauf ins Flugzeug und sank auf meinem Platz zusammen. Dann weiß ich erst wieder, wie ich in einem Taxi mit Dennis und Ringo aufwachte, das mit uns in die Notaufnahme raste. Bonaire ist eine winzige Karibikinsel mit weniger als neunzehntausend Einwohnern. Das Krankenhaus ist so klein, dass sich die Entbindungsstation unmittelbar neben dem Hospiz befindet. Man stirbt, wo man auf die Welt kommt. Zwei Ärzte behandelten mich, beide groß und wohl niederländischer Herkunft. Sie drückten auf meinem Bauch herum und diagnostizierten eine mögliche akute Blinddarmentzündung, wenn nicht sogar einen Durchbruch. Um sicherzugehen, müssten sie allerdings einen Ultraschall machen, doch auf der ganzen Insel gab es nur einen Ultraschallspezialisten, und bis der hier wäre, würde es dauern. Bis dahin würde man mir Morphium geben, sagten die Ärzte, bevor sie wieder gingen.

Die Schmerzen waren unerträglich. So etwas hatte ich noch nie erlebt. Wo war das Morphium? Stunden waren mittlerweile vergangen. Kapierte denn hier niemand, dass ich vor Schmerzen umkam? Meine Qualen waren mittlerweile so groß, wie ich es nie für möglich gehalten hätte. Endlich kam eine Schwester mit einer Nadel. Man legte mir einen Zugang, und ich seufzte erwartungsvoll, als die ersten Tropfen Morphium durch den Schlauch in meinen Arm liefen. »Schön weiteratmen, Liebes«, sagte die Schwester. »Gleich wird es besser.«

Ich hatte noch nie Morphium bekommen, doch von dem, was ich gehört und in Filmen gesehen hatte, erwartete ich, sehr schnell eine Wirkung zu spüren. Ich krümmte mich vor Schmerzen, wartete auf die Erlösung, doch nichts passierte. Fünfzehn Minuten später lag ich immer noch mit angezogenen Beinen auf der Seite und schrie vor Qualen. Die Ärzte erhöhten die Dosis. Keine Wirkung. Ich war schon fast ohnmächtig vor Schmerz, als der Ultraschallspezialist endlich eintraf. Sieben Stunden waren seit meinem ersten Zusammenbruch am Flughafen vergangen. »Wie ich höre, haben Sie eine akute Blinddarmentzündung«, sagte er. »Ich muss den Ultraschall sofort durchführen, damit man Sie nicht unnötig operiert.«

Dennis hielt meine Hand, während der Mann ein kaltes Gel auf meinem Bauch verteilte. Ich hatte ein seltsames Gefühl von Déjà-vu. Mir wurde bewusst, dass ich diese Szene schon mal gesehen hatte: Dennis hielt meine Hand, wir beide schauten auf einen winzigen Monitor, während das Gel auf meinen Bauch aufgetragen wurde … Ein vertrautes Gefühl. Bestimmt hatte ich es geträumt. Vom ersten Moment unseres Kennenlernens an wusste ich, dass Dennis und ich eines Tages ein Kind bekommen würden. Ich wünschte, ich könnte uns in die Zukunft katapultieren, an einen anderen Zeitpunkt als den jetzigen. An dem wir glücklich darauf warteten, den Herzschlag unseres ungeborenen Kindes zu hören. Ich würde alles dafür geben, nicht gerade hier zu sein, voller Panik und auf der Suche nach dem Grund für diese Schmerzen, die mich ganz sicher umbringen würden.

Dennis drückte fest meine Hand. Der Spezialist fuhr mit dem Schallkopf über meinen Bauch. Nach ein paar Minuten schien er verwirrt. »Was ist los?«, fragte Dennis. So hatte er mich noch nie erlebt. Ich bin ein belastbarer Mensch und halte Schmerzen aus. Man sah ihm an, dass er völlig verängstigt war. »Ist es noch schlimmer als vermutet?« Der Mann schüttelte den Kopf. »Nein«, antwortete er. »Ich kann … nichts finden. Es gibt keine Anzeichen dafür, dass der Blinddarm entzündet, kurz vorm Durchbruch oder auch nur geschwollen ist. Der Scan sagt, Ihnen fehlt überhaupt nichts.« Ich war sprachlos. »Aber die Schmerzen …«, entgegnete ich. »Ich weiß, dass irgendetwas überhaupt nicht stimmt. Ich habe das Gefühl zu sterben!«

Die Ärzte verstanden es auch nicht – was war die Ursache für die Schmerzen? Warum konnte man auf dem Ultraschall nichts Ungewöhnliches erkennen? Und warum wirkte das Morphium nicht? Bald war ich im Delirium und halluzinierte. Der Schmerz kam in Wellen wie rot glühende Lava und fraß mich auf. Der größere der beiden Ärzte teilte uns sichtlich besorgt mit: »Normalerweise machen wir niemanden auf, wenn wir nicht wissen, wonach wir eigentlich suchen, aber die Stärke der Schmerzen lässt uns keine Wahl. Wir operieren gleich morgen früh. Doch bis dahin müssen wir etwas tun; sie ist dehydriert, und die Medikamente wirken nicht. Ich würde ihr gern eine so große Dosis Morphium geben, dass sie einschläft.«

Ich hörte ihn, nahm seine Worte aber nicht auf. Meine Welt bestand nur noch aus dem Feuer in mir. Ich stellte mir vor, wie die Unterseite meiner Haut schmolz und dunkler Rauch aus meinem Bauch aufstieg. So ähnlich war es mir vor Jahren bei einer Ayahuasca-Zeremonie ergangen, als ich schreckliche Dinge halluziniert hatte. Ich erinnerte mich, dass ich mich damals der Angst vor meinem eigenen Tod ergeben hatte und so dem Alptraum entkommen war. Ob ich jetzt gerade starb, wusste ich nicht, aber es fühlte sich definitiv so an. Auf keinen Fall würde ich noch mehr Schmerzen ertragen können. Dennis schüttelte mich sanft an den Schultern, um mich zurückzuholen. »Schatz«, sagte er. »Sie geben dir gleich etwas, damit du einschläfst. Okay? Ganz viel Morphium, damit die Schmerzen endlich aufhören. Aber du wirst dabei schlafen. Möchtest du das?« »Ja«, erwiderte ich undeutlich. »Sie sollen einfach machen. Ich gehe ins Feuer.«

Ein paar Minuten später kam der Arzt zurück und injizierte mir die Dosis in den Oberschenkel. »Entspannen Sie sich«, sagte er. »Schlafen Sie.« Ich schloss die Augen. Die Flammen veränderten ihre Farbe von tiefrot und orange zu hellgelb und schließlich blau. Plötzlich holte mein Körper tief Atem. Ich spürte, wie die Luft Raum in mir einnahm und das Feuer vertrieb, das mich innerlich aufgefressen hatte. Als ich ausatmete, war der Schmerz weg. Einfach weg. Das Gefühl war unbeschreiblich. Ich trieb in völliger Stille in einem kühlen, ruhigen Ozean.

Gerade glitt ich in den Schlaf, als ich ein Telefon klingeln hörte. Wer ruft da an? Ich klammerte mich an mein Bewusstsein und lauschte, während Dennis in meiner Handtasche nach dem Handy suchte. Luigi war der Anrufer, einer meiner besten Freunde aus Costa Rica. *Er muss gehört haben, dass ich im Krankenhaus bin*, dachte ich. *Ich sage ihm schnell, dass es mir gut geht.* Dennis hielt mir das Telefon ans Ohr. »Es geht mir gut«, erklärte ich. »Ich bin im Krankenhaus, aber es geht mir gut. Es tut nicht mehr weh.« »Krankenhaus?«, fragte Luigi verwirrt am anderen Ende. Seine Stimme hatte einen Unterton, den ich nicht deuten konnte. »Warum bist du im Krankenhaus?« »Ich weiß es nicht«, erwiderte ich verwaschen. »Aber jetzt ist alles okay. Alles in Ordnung.« Luigi schwieg lange. Als er wieder sprach, merkte ich, dass etwas nicht stimmte. Ich versuchte, wach zu bleiben und ihm zuzuhören. »*Amor.* Ich weiß nicht, wie ich es dir sagen soll.

Fue un accidente. Con Andrea. Andrea tuvo un accidente.« Ich verstand ihn nicht. Warum sprach er von Andrea? Andrea war meine beste Freundin. Wir hatten das letzte Mal vor ein paar Tagen miteinander gesprochen, sie war mit ihrem Freund bei einem Konzert. Was sagte er? Andrea hatte einen Unfall?

Unbestimmte, kaum greifbare Angst überkam mich. Es fühlte sich unwirklich an, wie etwas sehr weit Entferntes. Andrea und ich waren Seelenverwandte. Manchmal war es, als wären wir eine Seele in zwei Körpern. Ich wusste nicht, wo ich anfing und sie aufhörte. Wir spürten die Schmerzen der jeweils anderen, lasen gegenseitig unsere Gedanken. Ich zwang mich zu sprechen. »Was ist passiert? Kann ich mit ihr reden?«, fragte ich. »Nein«, antwortete Luigi. Er schluckte angestrengt. »Luigi. Was ist los, sag es mir«, drängte ich ihn. Meine Knöchel waren weiß, so fest umklammerte ich das Telefon. Er holte tief Luft und sprach endlich. »*Falleció.*« Mein Herz erstarrte zu Eis. Der Raum begann sich zu drehen. Ich ließ das Handy aufs Bett fallen. »Kannst du mit Luigi sprechen?«, bat ich Dennis. »Ich bin zu müde.« Ich drehte mich auf die Seite und kniff die Augen zusammen. Ein Wort hallte in meinem Kopf wider. *Falleció.* Ich spreche fließend Spanisch, doch dieses Wort hatte ich noch nie benutzt. Natürlich kannte ich die Bedeutung, aber jetzt, hier, in einem Krankenhausbett auf einer fremden Insel, verstand ich sie nicht. Ich sah die einzelnen Buchstaben vor mir. *F-A-L-L-E-C-I-Ó.* Etwas Schreckliches verbarg sich dahinter, ich wusste nur nicht genau, was. Ich beschloss, dafür nicht bereit zu sein und zu einem anderen Zeitpunkt darüber nachzudenken. Das Meer zog mich mit sich, und ich wehrte mich nicht.

Irgendwann in der Nacht wachte ich auf. Dennis saß neben mir, den Kopf in die Hände gestützt, und weinte. Dennis weint nie. Da war das Gefühl wieder. Namenlose Angst. Wie eine Wolke, aber weit entfernt. Wieder hörte ich Luigis Stimme in meinem Kopf. *Falleció.* Die Angst umklammerte mein Herz. *Ich will nicht hier sein,* dachte ich und schloss die Augen. Die Ozeanwellen rollten wieder heran. Lockten mich. Ich sprang hinein.

Plötzlich bin ich an einem anderen Ort. Einem Krankenhaus, aber nicht auf Bonaire. Ich stehe in einem Flur. Alles ist blendend weiß. Ich trage ein Krankenhaushemd und pinkfarbene Spitzenunterwäsche. Eine junge Frau steht am anderen Ende des Korridors und zwirbelt ihr dunkles Haar zwischen den Fingern. Sie dreht sich zu mir, und ich lächele. Andrea! Ich gehe auf sie zu. Sie umarmt mich, und lange stehen wir einfach nur da und halten einander.

»Ich glaube, es ist etwas passiert«, sage ich. »Ich glaube, ich bin im Krankenhaus.«

»Das sind wir«, antwortet Andrea.

Irgendetwas stimmt nicht. Ich habe Angst. Als Andrea lächelt, werde ich wieder ruhig.

»Kannst du bei mir bleiben?«, frage ich sie. »Ich will nicht allein aufwachen.«

»Nein«, erwidert sie. »Ich kann nicht bleiben. Ich muss gehen.«

Es scheint so lächerlich, dass wir zusammen in diesem Krankenhaus sind, aber offensichtlich in verschiedenen Zimmern liegen. Wir sollten unsere Betten zusammenschieben, und ich lese ihr vor, wie früher, als wir in Dominical gewohnt haben.

»Bitte geh nicht«, sage ich. Andreas Gesicht leuchtet. Sie ist so wunderschön. Ich will sie berühren.

»Ich bin hier. Ich bin immer hier«, sagt sie, weicht jedoch zurück.

Ich versuche, ihre Hand zu nehmen, kann sie aber nicht erreichen. Der Flur ist lang, und sie ist so weit weg, dass ich sie kaum mehr sehen kann. Das Licht blendet. Ich muss die Augen schließen. Als ich sie wieder öffne, ist Andrea verschwunden.

Sonnenlicht strömte durch das Fenster in mein Zimmer. Ein Plastikarmband mit meinem Namen war an meinem Handgelenk befestigt. *Stimmt ja,* dachte ich. *Ich bin im Krankenhaus. Auf Bonaire.* Ich ließ den Blick durch den Raum schweifen und sah Dennis. Seine Augen waren gerötet. Er nahm meine Hand, und er schien etwas sagen zu wollen, hielt sich jedoch zurück. Schließlich brachte er heraus: »Erinnerst du dich noch an gestern Abend?«

»Was meinst du? Die Ärzte?«

»Nein … Egal.«

Ich wollte ihn fragen, was er hatte sagen wollen, doch etwas hielt mich zurück.

»Sie holen dich gleich zur OP ab«, sagte er.

»Okay.«

»Wir müssen dich ausziehen. Und die Armbänder abmachen.«

Mein Handgelenk war voll davon. Manche hatte ich auf meinen Reisen gekauft, andere waren Geschenke. Eines war ein Freundschaftsarmband; Andrea trug dasselbe. Die meisten ließen sich nicht abnehmen.

»Die Ärzte sagen, wir müssen sie abschneiden«, erklärte Dennis.

Er beugte sich mit einer Schere zu mir. »*Nein!*«, schrie ich. »Ich brauche sie! Du darfst sie nicht abschneiden! Sag ihnen, dass ich mich nicht operieren lasse, wenn ich sie abnehmen muss.«

»Okay«, meinte er nur.

Dennis ging nach draußen und kam mit einer Rolle Verbandsmull zurück. »Wir können dein Handgelenk damit umwickeln«, sagte er. »Du musst sie nicht abschneiden.«

»Gut.«

Die Zeit verging. Ich nickte wieder ein und wachte davon auf, dass man mich zur OP abholte.

Dennis beugte sich über mich und gab mir einen Kuss. »Ich bin hier, wenn du zurückkommst, okay?« Ich hatte Angst. Warum musste ich operiert werden? Ich konnte mich nicht erinnern. »Ich will das nicht mehr«, wehrte ich mich panisch. »Bitte sag ihnen, dass sie mich hierlassen sollen.«

Tränen stiegen Dennis in die Augen. »Alles ist gut«, antwortete er. »Du wirst einfach ein bisschen schlafen, und dann wachst du auf, und ich bin hier.«

»Ich glaube, etwas ist passiert«, sagte ich.

Dennis sah mich an. »Wir müssen jetzt nicht darüber sprechen. Ich liebe dich.«

Ich schloss die Augen. Als ich sie wieder öffnete, befand ich mich in einem sterilen Raum, in dem ein helles Licht brannte. Ärzte beugten sich über mich. Jemand nahm mir das Krankenhaushemd ab und hielt plötzlich inne. »Hat man Ihnen nicht gesagt, dass Sie Ihre Unterwäsche ausziehen müssen?«

Ich sah an mir herab. Ich war nackt, bis auf pinkfarbene Spitzenunterwäsche.

Die in einer solch sterilen Umgebung beinahe anzüglich wirkte.

»Wir müssen sie aufschneiden.«

»Okay.«

Die Schwester setzte mir eine Maske auf. »Zehn, neun, acht …« Der Ozean nahm mich wieder mit sich.

Als ich aufwachte, war das Licht anders. Dennis saß neben mir, wie versprochen. Ich legte eine Hand auf den Bauch. Drei Mullballen waren mit irgendeinem Kunststoff auf der Haut befestigt.

Die Stelle fühlte sich empfindlich und wund an. Dennis hielt meine Hand. Ich sah ihn an. Seine Augen füllten sich mit Tränen. *Falleció.* Das Wort stand in dicken, schwarzen Buchstaben vor meinem inneren Auge, erzählte mir, was ich noch nicht an mich heranlassen konnte. *Wenn ich die Frage nicht stelle, muss ich auch die Antwort nicht hören,* dachte ich. Stattdessen fragte ich Dennis, was mit mir los gewesen war.

»Dein Blinddarm war entzündet. Sie haben ihn entfernt«, erklärte er.

»Oh.«

Er öffnete den Mund, um weiterzusprechen, blieb jedoch stumm. Seine Augen waren voller Schmerz. Die Stille im Raum war ohrenbetäubend. Wir schwiegen lange.

»Wo ist Andrea?«, fragte ich schließlich.

Tränen liefen ihm über die Wangen. »Sie hatte einen Autounfall«, sagte er.

»Geht es ihr gut?«

Ich wusste die Antwort bereits.

Dennis schüttelte den Kopf.

Falleció. Das Wort wird vom intransitiven Verb *fallecer* abgeleitet. *Fallecer.* Verscheiden. Sterben.

Alles wurde schwarz.

Man sagte mir später, ich hätte geschrien. Nachdem die Ärzte mit mir über die Operation gesprochen hatten, ging Dennis nach draußen zur Toilette. Ich griff nach meinem Handy und wählte Andreas Nummer. Der Anruf wurde sofort auf die Mailbox weitergeleitet. *Seltsam,* dachte ich. *Ich versuche es später noch einmal.* Es waren nur noch drei Monate bis zu meiner Hochzeit, und sie hatte ihr Brautjungfernkleid noch nicht gesehen. Es hing bei meinem Vater in Schweden und wartete auf unser aller

Ankunft. Taubenblau. Meine Brautjungfern und ich hatten eine Chatgruppe: Olivia, Rose, Jessica, Mathias (mein Brautjunge!) und Andrea. Wir schrieben jeden Tag in der Gruppe und planten die Hochzeit. Wir hatten uns ewig nicht zwischen Taubenblau und Meerschaum entscheiden können. Andrea wollte Taubenblau. Wieder wählte ich ihre Nummer. Wieder keine Antwort.

Ich rufe Luigi an. »Wo ist Andrea?«, frage ich. Er weint. »Sie war auf dem Heimweg vom Strand«, erzählt er. Dabei geriet sie mit ihrem Wagen auf die falsche Straßenseite. Ein Lastwagen fuhr frontal in sie hinein. Ihr Sterben dauerte den ganzen Tag. Zweimal brachte man sie ins falsche Krankenhaus. Alles ging schief. Während er spricht, treibe ich davon. Ist das eine außerkörperliche Erfahrung? Ich höre seine Worte, verstehe sie aber nicht. Alles ist unwirklich. Nichts davon passiert gerade. Ich versuche, ihm zuzuhören, doch worin liegt der Sinn, Worte in einem Traum aufzunehmen, aus dem man doch sowieso gleich wieder erwacht? Luigi redet weiter. Ich merke, wie wichtig es ihm ist, dass er mir das alles erzählt; dass er seine Worte sorgfältig wählt. Er sagt etwas von einer Operation und Krankenhaus und dass sie acht Stunden um ihr Leben gekämpft hat. Irgendetwas an diesem Satz reißt mich in die Realität zurück. Acht Stunden? Ich rechne im Kopf nach, und die Erkenntnis ist so herzzerreißend, dass es mir den Atem raubt. All die Stunden, während der ich mich vor Schmerzen gekrümmt habe, lag Andrea im Sterben. Als ich am Flughafen zusammenbrach, stieß sie mit dem Lastwagen zusammen. Das glühend heiße Messer in meinem Bauch war auch ihr Schmerz. Sie haben sie operiert, um die inneren Blutungen zu stoppen. Unser Schmerz hatte denselben Ursprung. Ihr Herz blieb zweimal stehen. Sie haben versucht, sie wiederzubeleben. Es war nicht mein Schmerz, sondern unserer. Ihrer.

Als ich plötzlich nichts mehr spürte und tief Luft holte – machte Andrea ihren letzten Atemzug.

KAPITEL ZWEI

———

ERWACHEN

Den Tod kannte ich, seit ich ein kleines Mädchen war – meine Mutter hatte uns vorgestellt. Am Tag der Feier zu meinem fünften Geburtstag hat sie versucht, sich umzubringen. Nachdem wir mit der Familie und Luftballons und Kuchen und Geschenken gefeiert hatten, sagte sie, sie wäre müde, und bat meinen Vater, meinen Bruder und mich über Nacht zu sich zu nehmen. Wir waren schon auf halbem Weg bei meinem Vater, als er bemerkte, dass er etwas vergessen hatte (oder vielleicht hatte er auch eine Vorahnung), und wir drehten um. Meine Mutter war kaum mehr am Leben, als wir ankamen. Sie hatte zwei Packungen Schlaftabletten mit Wodka geschluckt. Jahre später stieß ich in einer Kommode im Wohnzimmer auf eine Schachtel, in der ich die Abschiedsbriefe fand: einen für Familie und Freunde, einen für meinen Bruder, einen für mich. *Ich liebe dich so sehr, und es tut mir so leid …* In der Schachtel lagen Bilder von mir als Baby, alte Postkarten sowie einige Zeichnungen. Und zwischen den ganzen normalen Erinnerungsstücken ein Umschlag mit der Aufschrift »Rachel«. Meine Hände zitterten, als ich ihn öffnete. Ich war damals zwölf, und als ich auf dem Boden saß und die Abschiedsworte meiner Mutter las, dachte ich: *Wahrscheinlich wird es wieder passieren.*

Meine Eltern waren noch sehr jung, als sie sich kennenlern-ten. Mom war neunzehn und hielt sich mit Kellnern über Wasser. Dad war vier Jahre älter und betrieb bereits einige Casinos und Nachtclubs in der Stadt. Ich weiß noch, wie ich meine Mutter fragte, ob sie meinen Vater je geliebt hatte. »Ich weiß es nicht«, sagte sie. »Er hat mir Sicherheit gegeben. Und Geborgenheit. Er trug diese seltsamen Anzüge. Wir haben nie gestritten, aber er arbeitete die ganze Zeit. Ich war immer allein.«

Ich war Moms Wunderbaby, sagte sie, weil sie damals eine schwere Zeit durchmachte und meine Geburt ihr Leben rettete. Als Kind habe ich den Satz öfter gehört, als ich zählen konnte: Du hast mein Leben gerettet. Mein Wunder. *Mitt mirakel.* Bald wurde sie ein zweites Mal schwanger. Als ich zwei war, kam mein Bruder Ludvig zur Welt. Kurz darauf trennten sich meine Eltern. Schweden ist kein großes Land, doch als Mom beschloss, dass sie von Uppsala weggehen und sich zur Fluglotsin ausbilden lassen wollte, musste ich den Großteil der Woche bei meinem Vater verbringen. Sie erzählte mir, dass er einmal während ihrer Abwesenheit versucht hatte, mich und meinen Bruder auf ein Internat in den Vereinigten Staaten zu schicken. Denn wenn *er* die Familie nicht zusammenhalten konnte, sagte sie, sollte sie uns auch nicht haben dürfen. Zum Glück rief die Babysitterin sie in Panik an, und sie kam so schnell wie möglich nach Hause, bevor er uns zum Flughafen bringen konnte. Ich weiß nicht, ob die Geschichte stimmt – wenn ich auf mein Leben zurückblicke, wird mir klar, dass ich so vieles nicht weiß. Die Version meiner Mutter war immer das genaue Gegenteil dessen, was mein Vater erzählte.

Mom hatte fast ein Jahr ihrer Ausbildung hinter sich gebracht, als sie sich wieder verliebte, in einen Kampfpiloten namens Stefan, den sie auf der Militärbasis kennengelernt hatte, auf der sie arbeitete. Wir Kinder zogen von unserem Vater zu unserer Mutter und Stefan, kamen in eine neue Schule, und meine Großmutter lebte von da an immer wieder für längere Zeit bei uns. Ich glaube, mein Vater wurde wahnsinnig vor Eifersucht. Erst hatte meine Mutter ihn verlassen, dann jemand anderen kennengelernt, seine Kinder zu sich und dem neuen Mann geholt ... Das war zu viel für ihn. Mir gegenüber beschrieb er es einmal als »Kidnapping«. Er sagte, er hätte uns abholen wollen, und wir wären einfach weg gewesen, und er hatte keine Ahnung, wo wir waren. Er hätte überall nach uns gesucht; er wollte ja seine Kinder zurückhaben. Als er uns schließlich gefunden hatte, machte er uns das Leben zur Hölle. Einmal drohte er, Stefan zu töten, weshalb dieser von da an mit seiner Dienstwaffe auf dem Nachttisch schlief (in Schweden ist das extrem ungewöhnlich, Waffen gehören nicht zu unserem Alltag). Dads Drohungen wurden so schlimm, dass meine Mutter ihre Telefongespräche aufzeichnete, falls sie ihn vor Gericht bringen müsste. Am Ende bekam sie das alleinige Sorgerecht für uns, und eine Zeit lang hatten wir keinen Kontakt mehr zu meinem Vater.

Mom, Stefan und ich saßen gerade auf der Couch und schauten einen Film, als ich meinen ersten Asthmaanfall hatte. Stefan brachte mich ins Krankenhaus und hielt die Atemmaske über mein Gesicht, während ich nach Luft rang. Erst als Erwachsene erfuhr ich, dass Asthma – das grundsätzlich eine körperliche und oft chronische Erkrankung ist – emotional mit unterdrückter Wut und Angst zusammenhängt. Es war also kein Wunder, dass ich körperliche Beschwerden entwickelte, während an der Oberfläche alles gut schien. Meine Eltern hatten sich auf traumatische Weise getrennt. Meine Familie lag in Trümmern. Und ich wusste nicht mehr, wo mein Vater war. Am besten ist mir in Erinnerung, dass Mom glücklich war, weshalb alles andere nicht so wichtig war. Zum ersten Mal in meinem Leben sah ich sie so:

aufrichtig glücklich. Völlig entspannt. Wenn es ihr gut ging, konnte ich ja auch keine Probleme haben, dachte ich mir. Stefan war für mich wie ein echter Superheld aus Fleisch und Blut. Er steuerte Flugzeuge, kletterte auf Berge und fuhr schneller Ski als alle, die ich kannte. Und er lächelte immer. Daran erinnere ich mich am deutlichsten: sein Lächeln. Und wie er meine Mutter zum Lächeln brachte. Eine meiner liebsten Kindheitserinnerungen ist, wie ich beim Après-Ski in Nordschweden auf Stefans Schultern saß. Wir waren den ganzen Tag auf den Pisten gewesen, und Stefan hatte uns mit seinem Ski eine kleine Kuhle in den Schnee gegraben, in der wir in der Sonne auf Decken saßen und heiße Schokolade tranken. Ich weiß noch, wie glücklich Mom in seinen Armen war und das Gesicht in die Sonne hielt.

Später im Hotel spielte eine Band, und wir tanzten; ich saß wieder auf seinen Schultern, und Stefan hielt mich an den Händen, damit ich nicht hinunterfiel. Ich war erst vier Jahre alt, aber dieser Moment ist mir deutlich im Gedächtnis geblieben; als läge mir die ganze Welt zu Füßen. Ein paar solcher Momentaufnahmen habe ich mir bewahrt; sie sind alle wunderschön, warm und glücklich, aber ich kann sie nicht zusammensetzen. Ich weiß noch, dass er immer gelächelt hat. Doch nur ein paar Monate nach diesem Skiurlaub sollte sich unser Leben für immer ändern.

Mom und Stefan wollten heiraten und hatten gerade ein Haus zusammen gekauft. Ein paar Tage bevor sie alle Papiere unterschreiben sollten, badete Mom gerade meinen Bruder, als es an der Tür klingelte. Ich öffnete, Stefans bester Freund und Flugpartner stand zusammen mit dem Captain der Luftwaffe, einem Psychologen und einem Priester vor dem Haus. Ich wurde in ein anderes Zimmer geschickt, um zu spielen, während die Männer Mom davon in Kenntnis setzten, dass Stefan am Morgen mit seiner Draken (»Drache« auf Schwedisch), einem

Kampfjet, bei einem Übungsflug ins Meer gestürzt war. Man hatte ihn tot außerhalb der Maschine gefunden.

Ich erinnere mich nicht, dass ich die Tür geöffnet habe. Ich weiß nicht, dass man mir sagte, ich solle in einem anderen Zimmer spielen. Ich weiß nicht, was mit meinem Bruder war – er war in der Badewanne, ja. Aber wer kümmerte sich um ihn? Wer kümmerte sich um mich? Mom brach bei dieser Nachricht zusammen. Man hat mir diese Geschichte so oft erzählt, aber ich selbst erinnere mich nur an vereinzelte Momente. So funktioniert Trauma – unser Geist verschließt sich, um uns zu schützen, wenn zu viel auf einmal auf uns einstürzt. Ich weiß noch, wie meine Großmutter mich und meinen Bruder bei der Beerdigung nach draußen brachte, uns aus der Kirche führte und uns die Ohren zuhielt, damit wir das Schmerzgeheul unserer Mutter nicht hören konnten. Ich erinnere mich an die kleinen Kärtchen, die man uns gab, in der Handschrift unserer Mutter, doch unterschrieben mit Stefan. Es waren die schlimmsten Stunden ihres Lebens, aber sie schaffte es trotzdem, meinem Bruder und mir Trost in Form dieser Briefchen zu spenden, in denen er erklärte, wie sehr er uns liebte und dass er immer in unseren Herzen weiterleben würde. Viele Verwandte waren da, alle mit düsteren, traurigen Gesichtern. Ich hatte so viele Fragen, war selbst so verstört und traurig, doch ich konnte mich damit nicht an meine Mutter wenden, denn sie war untröstlich. Gar nicht da. Ich wollte ihren Schmerz nicht noch verstärken, indem ich ihr sagte, wie verloren ich mich fühlte. Niemand hatte sich die Zeit genommen, um mir zu erklären, wo Stefan eigentlich war. Irgendjemand hatte gesagt, er sei »jetzt im Himmel«, aber das wusste ich schon; schließlich flog er mit seinem Flugzeug ständig in den Himmel. Ich war fast fünf, ein Alter, in dem man schon einiges versteht, aber eben noch nicht alles. Ich fragte eine Verwandte, was mit Stefan passiert war. Sie antwortete: »Oh, mein

Schatz, er hat dich *so sehr* geliebt. Er wollte ganz schnell heim zu dir, aber dabei ist er mit seinem Flugzeug zu schnell geflogen, und es ist ins Meer gestürzt.« Sie meinte es gut, aber bei mir kam an, dass Stefans Tod meine Schuld war. Wenn er mich ein bisschen weniger lieb gehabt hätte, dachte ich, dann hätte er sich nicht so beeilt, um zu mir zurückzukommen, und dann wäre er noch am Leben und meine Mutter immer noch glücklich. Stattdessen war alles dunkel und schrecklich. Ich hatte meinen Stiefvater verloren, und meine Mutter wurde von ihrer Trauer so überwältigt, dass ich kaum mehr an sie herankam.

Danach zogen wir in unsere Heimatstadt Uppsala zurück, und ich sah meinen Vater wieder. Ich rannte auf ihn zu, und er hob mich hoch. In seinen Armen fühlte ich mich sicher, und ich erlaubte mir zu weinen, was ich bisher bei meiner Mutter nicht getan hatte, weil es sie noch trauriger gemacht hätte. »Weißt du, dass Stefan gestorben ist?«, fragte ich. »Ja, das weiß ich«, antwortete mein Vater. »Und es ist *gut,* dass er tot ist.« Bei diesen Worten erstarrte ich. Mein Vater behauptet bis heute, dass er das nie gesagt hat, aber ich erinnere mich deutlich daran. Er war verletzt und eifersüchtig, hatte über ein Jahr einen anderen Mann beschuldigt, ihm seine Kinder weggenommen zu haben. In diesem Moment war mir klar: Ich konnte mit niemandem darüber sprechen, konnte niemandem vertrauen. Ich hatte Stefan geliebt, aber niemand würde mir erlauben zu trauern. Mein Vater nicht und ganz sicher nicht meine Mutter, deren eigene Trauer sie von Tag zu Tag psychisch instabiler werden ließ.

Die Besuche von Verwandten wurden immer seltener, und schließlich waren wir drei wieder allein. Um meine Mutter musste ich mich kümmern. Morgens vor der Schule weckte ich meinen Bruder, bevor ich Mom ihr Lieblingsfrühstück ans Bett brachte – Kaffee mit Milch, Orangensaft und Brot mit Käse. Ich lernte gerade erst lesen, konnte aber schon die Kaffeemaschine bedienen. Meine Mutter war nur noch ein Schatten ihrer selbst, zu fast nichts mehr fähig. Ich musste ihre Rolle einnehmen, Ludvigs Hand halten, wenn wir die Straße überquerten, und abends die Kerzen ausblasen, die sie angezündet hatte und brennen ließ, wenn sie ins Bett ging.

Ihr gebrochenes Herz lähmte sie völlig. Lange Zeit lag ich im Bett auf dem Bauch, wenn ich nicht schlafen konnte, legte mir das Kissen auf den Kopf und schrie in die Matratze, denn das tat meine Mutter. Ich dachte, damit könne sie besser schlafen. Ich verstand nicht, dass sie ihre unaussprechliche Trauer herausschrie. Die restliche Familie wusste sicher nicht, wie schlimm die Lage war, bis sie am Tag meiner Geburtstagsfeier versuchte, sich umzubringen. Sie überlebte knapp und wurde dann für ein paar Wochen in die Psychiatrie eingewiesen.

Als sie endlich wieder zu Hause war, versuchte sie ihr Bestes, um weiterzuleben. Sie hatte ihren Seelenverwandten verloren, ihren besten Freund und ihr Zuhause – alles auf einmal. Sie musste allein ein völlig neues Leben beginnen. Ich gab mir alle Mühe, sie aufzuheitern, und nach einer Weile beschloss ich, dass ich alles tun musste, damit sie wieder glücklich wurde. Ich glaubte wirklich, ihr helfen zu können, wenn ich mich nur genug anstrengte. Das bedeutete, gut in der Schule zu sein, mich nicht schmutzig zu machen, nicht unordentlich zu sein und kein Aufhebens um irgendwas zu machen. Ich tat alles, um ein braves Mädchen zu sein.

Mit der Zeit ging es ihr gut genug, dass sie eine Stelle bei einer Beratungsgesellschaft in Stockholm annehmen konnte, eine Stunde von unserem Haus in Uppsala entfernt. Sie war alleinerziehende Mutter, pendelte jeden Tag stundenlang und arbeitete hart, um über die Runden zu kommen. Mein Bruder und ich waren immer die letzten Kinder, die vom *fritids* abgeholt wurden, dem Kinderhort nach der Schule. Die Betreuer blieben oft länger bei uns, bis unsere Mutter endlich kam. Ich liebte es, als Letzte dort zu sein, den Erziehern zu helfen, die Lichter auszuschalten und alles aufzuräumen.

Mein Vater baute sich währenddessen ein Leben an der Ostsee auf, in Riga, Lettland, eine Flugstunde von uns entfernt. Nach seinem Wegzug sahen wir ihn kaum noch. Ich war acht, als er uns aus heiterem Himmel anrief und erzählte, dass er mit einer Ukrainerin namens Natascha ein Kind bekam, doch noch bevor das Baby auf der Welt war, verließ er Natascha für eine noch jüngere Frau namens Inga. Dad sah sein Kind nicht oft, aber wenn ich bei ihm war, besuchte ich es immer. Sie hieß Katja und war wunderschön. Ich freute mich so sehr, eine Halbschwester zu haben. Da fühlte ich mich weniger allein.

Während Dad damit beschäftigt war, mit seiner sehr viel jüngeren Freundin Schritt zu halten, lernte Mom Calle kennen, einen gut aussehenden, bärtigen Seemann aus Stockholm. Sie verliebten sich ineinander, oder zumindest glaube ich das. Ich weiß nicht, was für eine Art Liebe noch möglich ist, wenn man seinen Seelengefährten verloren hat. Ich kann nur Vermutungen anstellen. Aber ich weiß noch, dass ich Calle mochte und mich freute, wenn er bei uns war. Nach einer Weile wurde Mom schwanger, und wir zogen mit Calle und seiner Tochter aus einer früheren Ehe zusammen, die jede zweite Woche bei uns wohnte. In Stockholm zu leben war anders. Ich war so nervös vor dem ersten Schultag, dass ich die Woche davor kaum schlafen konnte. Was, wenn mich niemand mochte? Was, wenn ich nicht dazupasste? Am Tag davor fiel ich auf ein Geländer und brach mir einen Knochen in meiner Hand. Ich musste mit einem Gips zur Schule gehen, und allein schon bei der Vorstellung starb ich vor Scham. Ich wollte nicht auffallen, und jetzt musste ich mit dem Arm in einer Schlinge dort auftauchen! Doch dann war der gebrochene Knochen ein Segen. Schon am ersten Tag fand ich Freunde – jeder wollte wissen, warum ich einen Gips hatte.

Mom brachte meine kleine Schwester Hedda auf die Welt, als Katja ein Jahr alt war. Jetzt hatte ich zwei Halbschwestern. Ich liebte Hedda über alles – sie war so klein und zerbrechlich, und sie brauchte mich. Ich kümmerte mich so viel wie möglich um sie. Ich lernte, ihre Windeln zu wechseln und wie ich mit ihr in der Küche herumtanzen musste, wenn sie weinte und nicht schlafen wollte. Auch wenn ich erst zehn war, hatte ich manchmal das Gefühl, als wäre ich Heddas Mutter.

Eine Weile war das Leben ziemlich ruhig. Unsere neue Familie hatte sich eingerichtet, und Dad besuchte mich sogar ab und zu und ging mit mir zum Essen oder kaufte mir eine neue Winterjacke oder nahm mich auf ein Skiwochenende mit. Mom und Calle wirkten recht glücklich, aber offensichtlich waren sie es doch nicht, denn als Hedda gerade mal sieben Monate alt war, verließ Mom ihn für einen Kollegen, der zufällig auch Stefan hieß. Und wieder wurde unser Leben auf den Kopf gestellt.

Mom zog mit uns und Stefan in eine neue Wohnung in einem schönen Teil von Stockholm. Sie war riesig, mit fünf Schlafzimmern, groß genug für uns drei Kinder und seine Zwillinge aus einer früheren Ehe. Bald heirateten sie, aber ich erinnere mich kaum an die Hochzeit, außer dass sie bei den Gelübden nicht dem Priester nachsprachen und sagten »Ich verspreche, dich zu lieben und zu ehren, solange ich lebe«. Meine Mutter antwortete stattdessen: »Ich will dich lieben und ehren, solange ich lebe.« Wenn ich jetzt daran zurückdenke, weiß ich, dass sie es wirklich versprechen wollte, aber nicht konnte. Mit Stefans Tod hatte sie etwas verloren, und sie wusste sicher nicht, wie sie es zurückerlangen sollte. Im selben Jahr heiratete mein Vater Inga in einer sehr viel prächtigeren Zeremonie. Vor zweihundertfünfundsiebzig Menschen hielt ich eine Rede und sagte:

»Im Jahr 2000 heirateten meine Eltern endlich. Allerdings nicht einander.« Die Gäste lachten.

Innerhalb weniger Monate erwarteten beide Elternpaare ein Kind. Meine neuen kleinen Schwestern kamen im Abstand von drei Monaten auf die Welt: Dad und Inga bekamen im Mai 2001 Emelie und Mom und Stefan im August Maia. Die sich überschlagenden Ereignisse brachten meinen Stammbaum abrupt durcheinander. Jetzt hatte ich eine Ex-Stiefschwester, die ich nicht mehr sah, zwei neue Stiefgeschwister, vier Halbschwestern und natürlich meinen Bruder. Und als ob das nicht schon gereicht hätte, mich aus dem Gleichgewicht zu bringen, zogen Mom und Stefan mit uns aus der Stadt in ein großes weißes Haus auf Lidingö, einer Insel am Rand von Stockholm.

Ich wollte das nicht. Ich wurde älter und hatte erst kürzlich erkannt, dass es im Leben mehr gab als eine verrückte Familie, die sich ständig veränderte. Zwar war ich erst ein Teenager, aber ich hatte heimlich angefangen zu rauchen und mich mit Leuten angefreundet, die mir zeigten, wie man unbemerkt Alkohol aus der Hausbar klaute. Meine Freundin Stephanie brachte mir bei, wie man sich schminkte, und ich trug bauchfreie Oberteile und große Silberohrringe. Ich stopfte meinen BH aus, damit es so aussah, als hätte ich Brüste, dabei hatte ich noch nicht einmal meine Periode. Ich sah eher wie sechzehn als wie zwölf aus. Und ich war wütend. Ich rebellierte gegen die Regeln meiner Mutter und alles, was von mir erwartet wurde. In großen Kaufhäusern stahl ich zum Spaß Make-up und Klamotten, Unterwäsche, Stofftiere und Schlüsselanhänger. Dinge, die ich nicht brauchte. Ich suchte den Kick und wurde nie erwischt – einmal musste ich allerdings vor einem Wachmann davonrennen. Das war das Sahnehäubchen. Meine Freunde waren meine Komplizen. Sie waren zögerlich und nervös; ich dagegen war draufgängerisch und großspurig, wollte immer größere, teurere Sachen nehmen oder was am nächsten bei der Kasse lag. Kurz gesagt, ich hatte mich von einer ruhigen, ordentlichen Einerschülerin in eine Rebellin verwandelt, die immer das Drama suchte.

Sosehr ich mich auch dagegen sperrte, ich musste mit nach Lidingö ziehen. Das bedeutete natürlich auch eine neue Schule. Ich hätte es nie zugegeben, aber ich wollte so unbedingt dazugehören und Freunde finden, weshalb ich meinen Vater dazu brachte, mir ein neues Paar Diesel-Jeans zu kaufen. In Lidingö drehte sich alles um Designermarken, schicke Handtaschen und Geld, und ich hatte keine Ahnung, wie ich an diesem Ort überleben sollte. Ich kannte nur das Stadtleben – ich hörte Hip-Hop, rauchte und sprach Vorstadtslang.

Der erste Schultag war schrecklich. Ich trug meine neue Jeans und eine Truckercap, die ich tief ins Gesicht gezogen hatte, und versuchte, nicht aufzufallen. Im Flur brüllte mir ein älterer Schüler nach: »Hey, lesbisch sein ist voll okay!« Ich dachte, ich würde im Boden versinken und sterben. Ich sah wie eine Lesbe aus? War das schlecht? Wahrscheinlich ja. Lag es an den Diesel-Jeans? Der Kappe? Ich hatte gedacht, sie wäre cool; das trugen meine Freunde in der Innenstadt. Ich nahm sie ab und stopfte sie in meine Tasche. An dem Tag sprach ich mit niemandem mehr, und als ich nach Hause kam, sagte ich aufgebracht zu meiner Mutter: »Es ist *furchtbar*. Ich überlebe das keine Woche!« »Keine Angst«, antwortete sie. »Du wirst schon Freunde finden.« Ich schnaubte und rannte türenschlagend in mein Zimmer.

Einen Tag später kam ich mit neuen Freundinnen nach Hause. Ein Mädchen aus meiner Klasse und ich hatten uns gleich gut verstanden, weil sie auch Raucherin war (Zigaretten sind genauso gute Eisbrecher wie gebrochene Knochen), und sie hatte mich ihrer Clique vorgestellt. Meine neuen Freundinnen waren anders als die aus der Innenstadt. Alle hatten Geld – und es stellte sich heraus, dass ich auch nicht arm war! Mein Vater versorgte mich zuverlässig mit modischen Klamotten, einem nagelneuen Roller (damit ich damit zur Schule fahren konnte und nicht den Bus nehmen musste) und Urlauben mit Freunden in den Französischen Alpen oder Südspanien. Bisher war mir Geld nie wichtig gewesen – es war mir sogar immer peinlich gewesen, dass mein Vater nicht arm war –, doch jetzt, als wir in einem der wohlhabendsten Viertel Stockholms lebten, war es plötzlich ein großer Vorteil.

Eine dieser Reisen führte nach Åre, einem Skigebiet in Nordschweden. Einige Kids mieteten ihre eigenen Hütten, und ich war überrascht, dass sie das mit fünfzehn Jahren durften. Mein Vater hatte ein Ferienhaus in Åre, ich wohnte also bei ihm. Jeden Abend betrank ich mich mit dem Bier, das uns die Barkeeper zuschoben, bevor ich um ein Uhr nachts daheim sein musste.

An einem dieser Abende lernte ich Jonathan kennen. Er war groß und sah gut aus, und vom ersten Moment an hatte ich Schmetterlinge im Bauch. Er wirkte ein bisschen gefährlich, und das gefiel mir. Außerdem war er viereinhalb Jahre älter und küsste gut. Als ich nach einer Woche nach Hause fahren musste, schrieb er mir eine Nachricht. *Wollen wir uns auch in Stockholm treffen?* So begann meine erste große Liebe.

Wenn Jonathan und ich zusammen waren, passierte etwas. Es war, als wäre unsere Beziehung vorherbestimmt. Als hätten sich alle Sterne des Universums so positioniert, dass wir uns fanden. Wenn ich bei ihm war, fühlte ich mich nicht mehr unsicher, sondern geborgen, zu Hause. Wir verbrachten jede freie Sekunde miteinander und verschmolzen geradezu.

Jonathan war ein lieber Junge mit großen Problemen. Sein Geld verdiente er hauptsächlich auf wenig legale Weise, seine Familie hatte ihn in die Kriminalität mit hineingezogen. Er erzählte mir, dass er Jura studieren wollte, der Sprung vom leicht verdienten illegalen Geld zu einem ordentlichen Job jedoch zu schwer war. Er war auch Street-Art-Künstler, und an den meisten Wochenenden fuhren wir durch die Stadt und suchten nach seiner nächsten Leinwand. Ich stand Schmiere und hielt nach der Polizei Ausschau, während er und seine Freunde U-Bahn-Stationen und Tunnels mit riesigen Bildern besprühten. Ich liebte es – der Kitzel, etwas Gefährliches zu tun, belebte mich. Jonathan war unglaublich eifersüchtig, und mit der Zeit wurde ich es auch. Wir liebten uns erst leidenschaftlich und schrien uns gleich danach an und bewarfen uns mit Dingen. Wenn er wütend war, wurden seine Augen ganz schwarz. Nach einem Streit versöhnten wir uns tränenreich und klammerten uns fester aneinander als je zuvor. Mehr als einmal geriet er in eine Barschlägerei, weil mich irgendein Typ angeschaut hatte. Ich mochte es, einen Mann zu haben, der für mich kämpfte, aber selbst in diesem jungen Alter fragte ich mich manchmal: *Muss es wirklich immer so schwierig sein?* Mit der Zeit gewöhnte ich mich an seine Wut, und als er mich eines Abends nach einem Riesenstreit die Treppe zu unserem Haus hinaufjagte und mein Zimmerfenster mit der Faust durchschlug, um mich an den Haaren zu packen, fand ich immer noch nicht, dass er zu weit gegangen war. Oder einmal waren wir auf einer Dinnerparty, und ich saß neben einem Freund von ihm. Er wurde wieder eifersüchtig, und ich beschuldigte ihn danach, sich Dinge einzubilden. Unter einer Straßenlaterne verpasste er mir eine Ohrfeige und zerfetzte mein Kleid. An einem anderen Abend sprühte er mir Pfefferspray ins Gesicht, und ich dachte, ich müsste ersticken. Ich glaubte, es wäre Liebe. Auf eine verdrehte Weise war es das auch.

Während des Abschlussjahres schwänzte ich so oft wie möglich die Schule, um bei Jonathan zu sein. An meinem achtzehnten Geburtstag schenkte er mir einen Ring, und ich sagte Ja. Irgendwann verließen wir seine Wohnung gar nicht mehr und schliefen bis spät in den Nachmittag. Abends tranken wir. Mein

Leben stank nach Bacardi Razz und billigem Wodka. Ich hatte keine Ahnung, was ich mit meinem Leben anfangen wollte, und auch wenn ich glaubte, meinen Seelenverwandten gefunden zu haben, fühlte ich mich allmählich sehr verloren.

Zu der Zeit steckte Mom mitten in der Scheidung von Stefan Nummer zwei und hatte gerade eine Woche in einem Meditationszentrum verbracht, in dem sie Antworten gesucht und offensichtlich auch gefunden hatte. Sie empfahl auch mir, dorthin zu gehen. Ich hatte so große Angst, dass ich dachte, ich würde sterben, doch ich fuhr in das Zentrum. Ich erwartete, die Gründe für meine Traurigkeit zu finden, vielleicht ein paar Probleme mit meinem Vater aufzuarbeiten, doch stattdessen fand ich Stille. Die Tage waren eine Mischung aus aktiver Meditation, Gruppensitzungen, Übungen zu einem gesunden Lebensstil, und dazwischen herrschte absolute Stille. In diesen Momenten erkannte ich etwas Wichtiges: Ich hatte keine Ahnung, wer ich war.

Solange ich mich erinnern konnte, hatte ich nur die Stimme in meinem Kopf gehört, die mein Leben diktierte. Die Stimme, die sagte, ich sei nicht gut genug, nicht hübsch genug, nicht dünn genug, nicht schlau genug. Die Stimme, die sagte, dass ich keine Liebe verdiente, dass mir stattdessen schlimme Dinge zustoßen sollten; dass das Leben nicht gut und schön sein durfte, sondern es rein ums Überleben ging. Als diese Stimme allmählich verstummte, wurden mir grundlegende Dinge über meine Vergangenheit klar. Die vielen traumatischen Ereignisse aus meiner Kindheit, die ich nie verarbeitet hatte, kamen an die Oberfläche. Alles von den Umständen meiner Geburt über die Trennung meiner Eltern, dem Tod meines Stiefvaters, den ständigen Umzügen, dem Selbstmordversuch meiner Mutter, der Abwesenheit meines Vaters bis zu den vielen neuen Familienkonstellationen und den unweigerlich folgenden Scheidungen … Ich erkannte, dass mein Leben eine Abfolge von

Trennungen und Verlusten war. Wie sollte ich auch irgendwem oder irgendwas trauen, wenn ich immer nur darauf wartete, dass mich jemand verließ? Ich war achtzehn und kratzte vorerst nur an der Oberfläche, aber es war ein Anfang.

Am letzten Tag nach der Meditation dämmerte mir, dass ich die meiste Zeit meines Lebens Entscheidungen danach getroffen hatte, ob ich damit andere Menschen glücklich machte. Ich war so verwirrt gewesen, nur darauf bedacht, es allen recht zu machen außer mir selbst, und hatte mich zerrissen, um das Chaos in den Griff zu bekommen. Als ich auf dem Meditationskissen saß, wurde mir klar: Ich will nicht nach Hause fahren. Sofort bekam ich Schuldgefühle – was würde meine Mutter sagen, wenn ich nicht heimkäme? Es würde sie sicher verletzen. Sie wäre aufgebracht. Nachdem ich mein ganzes Leben versucht hatte, sie nicht aufzuregen, erschien mir eine objektiv einfache Entscheidung unüberwindlich. Aber … Was empfand ich eigentlich? Was war mit mir? Ich nahm das Notizbuch, in das ich die ganze Woche geschrieben hatte. »Was wäre die liebevollste Entscheidung?«, hatte ich in großen Buchstaben über eine Seite geschrieben. Wir hatten viel über Selbstliebe meditiert und gesprochen und darüber, dass manchmal der liebevollste Schritt nicht unbedingt der einfachste ist. In diesem Moment wurde mir alles klar. Es war nicht liebevoll, die Gefühle meiner Mutter zu schonen, indem ich so tat, als sei alles in Ordnung, wenn es das nicht war. Ich durfte auch nicht meine eigenen Bedürfnisse ignorieren, um Konfrontationen aus dem Weg zu gehen, oder das Glück eines anderen vor mein eigenes stellen. »Ich werde auf mich achten«, schrieb ich. »Das Liebevollste, was ich tun kann, ist, mich für mich zu entscheiden.«

Ich verließ das Zentrum nach einer Woche mit Erkenntnissen, mit denen ich nichts anfangen konnte, und mir war bewusst geworden, wie wütend ich auf meine Mutter war. Es war ein seltsames Gefühl. Ich war noch nie wütend auf sie gewesen. Mein Ziel war immer nur gewesen, sie glücklich zu machen und aufzuheitern, aber ich erkannte, dass sie eine ganz schön schwere Last war. Ich wusste, dass ich ihr mit diesen Gefühlen nicht gegenübertreten konnte, und blieb erst einmal bei Jonathan. Ich betrachtete ihn immer noch als die einzige Konstante in meinem Leben, doch als wir uns wiedersahen, war ich nicht so glücklich, wie ich erwartet hatte. An diesem ersten Abend liebten wir uns, und ich weiß noch, wie ich zum ersten Mal, seit wir uns kennengelernt hatten, dachte: *Nein, das ist es nicht.* In dem Meditationszentrum hatte ich so grundlegende Freude und Befreiung gespürt – warum ging es mir nicht auch so, wenn ich mit ihm zusammen war?

Danach begann ich, mein Leben zu verändern. Ich hörte zu rauchen auf, *einfach so.* Ich trank weniger Alkohol. Es gab Besseres als Schminke und Jungs und Saufen. Vor allem aber ging ich weiter den Fragen nach, die während der Woche in dem Zentrum an die Oberfläche gekommen waren. Zum ersten Mal in meinem jungen Leben fragte ich mich: *Macht mich das glücklich? Könnte ich nicht auch etwas anderes tun?* Das Leben zog mich in zwei Richtungen. Ein Teil von mir wollte zurück zu meinem alten, blinden Selbst, ein anderer wollte das neue Leben erforschen, von dem ich gerade gekostet hatte.

Nach ein paar Monaten des Grübelns kehrte ich für eine weitere Woche der Selbsterkenntnis in das Zentrum zurück. Es war noch intensiver als beim ersten Mal, weil der Schwerpunkt auf der Kindheit lag. Eine Woche in meine Vergangenheit einzutauchen war sehr anstrengend, und es kamen so viele Emotionen hoch, dass ich kaum wusste, wie ich damit umgehen sollte. Eines Morgens ging ich etwas widerwillig in den Meditationsraum; eine weitere Dynamische Meditation stand auf dem Plan. Dabei spielt das Ausleben von Gefühlen eine wichtige Rolle, der Körper ist der Zugang zum Herzen. Indem wir uns aktiv bewegten, konnten wir den Geist zur Ruhe bringen und absolute Stille erfahren. Es war so herausfordernd wie überwältigend. Als ich den Raum betrat, sah ich eine Frau auf einer Yoga-Matte, die einige Übungen machte. Ich blieb stehen und sah ihr zu. Wie konnte etwas so wichtig sein und sich so gut anfühlen, dass sie vor den anderen dafür aufstand? Es wirkte so heilig. Noch nie hatte ich bei etwas so empfunden. *Genau das will ich,* dachte ich.

Während der nächsten Tage erfuhr ich mehr über meine Vergangenheit als je zuvor. Erinnerungen, die ich unterdrückt hatte, kamen zurück, und mir wurde klar, dass die Wut auf meine Mutter, die ich nach dem ersten Retreat gespürt hatte, nur der Gipfel des Eisbergs war. Zu einer bestimmten Übung gehörte eine emotional aufgeladene geführte Meditation, der eine Erforschung des Verhältnisses zu unserer Mutter folgte. Danach bekamen wir Wachsmalkreiden, mit denen wir ein lebensgroßes Bild unserer Mutter malen sollten. Als man uns die Übung erklärte, fand ich sie lachhaft. Ich sollte ein Bild von meiner Mutter malen? Im Ernst? Das hatte ich zuletzt als kleines Mädchen gemacht. Eine Erinnerung kam zurück: Ich saß an unserem alten Küchentisch und zeichnete mit Wachsmalkreide ein Bild unserer Familie. Ich malte mich, meinen kleinen Bruder, Stefan und Mom als Strichmännchen. Bei der Erinnerung musste ich erst lächeln und wurde dann traurig. Warum fehlte mein Vater? Selbst als Kind hatte mich meine Familie schon verwirrt. Kein Wunder, dass ich jetzt hier in einem Meditationszentrum sitzen musste, um alles zu durchschauen. Wut stieg in mir auf, und bevor ich michs versah, zeichnete ich meine Mutter mit weit ausgreifenden, harten Strichen auf eine riesige Papierrolle auf dem Boden. Als ich fertig war, hätte ich beinahe gelacht. Ich malte immer noch wie ein kleines Kind. Meine Strichmännchenmutter hatte schulterlange gelbe Haare, und sie trug ein dreieckiges blaues Kleid. Ihre Mundwinkel zeigten nach unten, sie war traurig. Natürlich war sie traurig. So wie immer, solange ich mich erinnern konnte. Als ich das Bild genauer betrachtete, war mir nicht mehr zum Lachen.

Jemand half mir, es vor mir an die Wand zu hängen, und kurz darauf erklang die Stimme der Gruppenleitung aus den Lautsprechern. »Spürt eure Körper. Was fühlt ihr gerade? Was bewegt sich in euren Herzen? Wenn eure Mutter hier wäre, was würdet ihr ihr mitteilen?« Ich schwieg, wusste nicht, was ich sagen sollte. Mein Verstand sagte mir, dass das Schwachsinn war; ich sollte zu einer Zeichnung wie zu meiner Mutter sprechen? Erst als ich mein Gesicht berührte, bemerkte ich meine Tränen. Ob Schwachsinn oder nicht, ich kanalisierte Gefühle, die überaus real waren. »Bewegt euch«, forderte uns die Gruppenleitung auf. »Nutzt eure Stimmen! Schaut, was passiert.« Ich hörte, wie die Leute um mich herum zu sprechen begannen, und schon bald war der Raum voller Emotionen. Die Energie der anderen half mir, es auch zu versuchen. »Immer bist du traurig«, sagte ich zu dem Bild meiner Mutter vor mir an der Wand. *»Immer!«* Meine Stimme wurde lauter. »Auch wenn andere glauben, du bist glücklich. Ich weiß, dass du traurig bist. Es ist so anstrengend, dich die ganze Zeit aufzuheitern. Ich will das nicht mehr.« Plötzlich strömten die Worte nur so aus mir heraus. »Vor allem, ich *kann dich nicht* aufheitern! Ich kann es nicht! Allein der Versuch raubt mir schon Kraft. Außerdem hast du mich im Stich gelassen. Du hast versucht, dich umzubringen! Was für eine Mutter tut das ihren Kindern an?« Ich weiß nicht, wie es passiert war, aber mittlerweile schrie ich. Alles, was ich ihr schon immer hatte sagen wollen, mich aber nie getraut hatte, laut auszusprechen, brach jetzt aus mir heraus. Traurigkeit wurde zu Wut. *»Warum kannst du nicht einfach so glücklich wie eine normale Mutter sein?«*, brüllte ich. Mein ganzes Leben hatte ich mir mehr Sorgen um sie als um mich gemacht, und erst jetzt erkannte ich, dass ich achtzehn Jahre unterdrückte Wut und Ablehnung in mir hatte. *»Ich habe deine Gefühle so satt! Du nimmst zu viel Raum ein! Für mich ist überhaupt kein Platz, um irgendwas zu fühlen, wenn du immer so traurig bist!«* Die Worte waren mir einerseits neu – ich hatte nicht gewusst, dass ich so empfand –, andererseits aber die absolute Wahrheit. Mein ganzes Leben lang hatte ich mich klein gemacht, um Raum für sie zu schaffen. Wartete immer auf die nächste Hiobsbotschaft. Wartete ständig darauf, dass sie mich wieder verließ. Während ich brüllte, stampfte ich mit dem Fuß auf – ich war so unglaublich wütend. Jemand gab mir ein großes Kissen, und ich sank auf den Boden und schlug mit aller Kraft mit den Fäusten hinein.

Tränen liefen mir übers Gesicht, meine Nase war verstopft, aber es war mir egal. Während meiner achtzehn Jahre auf dieser Erde hatte ich nie meine Gefühle herausgelassen. Es war unglaublich befreiend, und ich dachte, ich könnte ewig so weitermachen. Wut und Liebe und Angst und Traurigkeit strömten aus mir heraus, alles auf einmal. Und dann sagte ich einen Satz, der mich innehalten ließ. »Es war nicht meine Schuld.« Er überraschte mich wirklich so, dass ich erstarrte. *Wo kam das denn her? Was war nicht meine Schuld?* Ich sagte es noch einmal. »Es war nicht meine Schuld. Es war nicht meine Schuld. Es war nicht meine Schuld.« Ich wiederholte es wie ein Mantra, und etwas, das ich im hintersten, dunkelsten Winkel meiner Seele verschlossen hatte, trat an die Oberfläche.

Ein Teil von mir hatte sich immer für Stefans Tod verantwortlich gefühlt. Als Kind war ich überzeugt davon gewesen, dass er wegen mir gestorben war, und auch wenn ich als Erwachsene objektiv wusste, dass es nicht so gewesen war, war da immer noch ein kleines fünfjähriges Mädchen in mir, das sich verantwortlich fühlte. Dieser Schmerz, diese Schuld waren mein ganzes Leben lang da gewesen. Die Wahrheit auszusprechen war wie ein Zauberspruch, der mich von den Selbstvorwürfen befreite. »Es war nicht meine Schuld. Es war nicht meine Schuld. *Es war nicht meine Schuld.*« Ich weinte bitterlich, hatte mich zusammengerollt und zitterte vor Trauer. Jede Träne, die ich seit dem Flugzeugabsturz zurückgehalten hatte, weinte ich jetzt. Den Schmerz, den ich nie zugelassen hatte, als meine Mutter sich umbringen wollte, fühlte ich jetzt. Ich weinte um meine Mutter und die schrecklichen Dinge, die sie hatte ertragen müssen. Ich weinte um meinen Bruder, der so jung war. Ich weinte um meinen Vater, den ich noch nie weinen gesehen hatte. Doch vor allem weinte ich um mich selbst. Weil ich so schnell erwachsen hatte werden müssen. Wegen des Traumas, das ich erlebt hatte. Wegen all dem, was ich mein Leben lang mit mir hatte herumschleppen müssen. Wegen des Schmerzes, den ich mit mir herumtrug. Wegen der Liebe, die ich verloren hatte. Wegen der Schuld, die ich empfand, die aber nicht meine war.

Ich weiß nicht, wie lange ich weinend auf dem Boden lag, aber als ich die Augen wieder öffnete, blickte ich verändert auf die Welt. Ich fühlte mich unendlich leichter. Etwas Monumentales hatte sich in mir bewegt. Ich stand aufrechter, atmete leichter. Es war traurig und gleichzeitig wunderschön. Als die Sitzung zu Ende war, verließ ich den Raum erschöpft, aber mit einem leichten Lächeln auf den Lippen. Ich fühlte mich befreit.

Dass ich diese Wunden aus der Vergangenheit heilen konnte, veränderte mein Leben völlig. Schwebend verließ ich das Zentrum und erkannte immer mehr, wie die Dinge, mit denen ich kämpfte, mir so oft begegneten, bis ich sie endlich geklärt hatte. Jetzt hatte ich Werkzeuge, um mit meiner Vergangenheit umzugehen, und konnte mich von dem allgegenwärtigen Schmerz und den Schutzmechanismen befreien, die mich niedergedrückt hatten, solange ich mich erinnern konnte. Auf einmal schlich sich Glück ein. Ich aß gesünder und meditierte jeden Tag. Ich wachte morgens auf und fühlte mich … glücklich. Einfach glücklich. Ein seltsames Gefühl, das ich so überhaupt nicht kannte. *Was könnte ich noch alles aus meinem Leben machen?*, fragte ich mich. Bald war mir klar, dass ich wegmusste. Ein Ziel hatte ich noch nicht, aber ich würde ohne Jonathan gehen müssen. Die Reise, auf die ich mich begeben musste, war weit außerhalb meiner Komfortzone, und mit ihm an meiner Seite würde ich mich meinen Ängsten nicht stellen.

Bevor ich zu viel darüber nachdenken konnte, schaltete sich das Universum ein. Zwei Freundinnen fragten, ob ich sie nach Costa Rica begleiten wollte. Ich zögerte nicht, sparte so viel Geld wie möglich und hoffte, dass es für drei Monate in Hostels reichen würde. Ich hatte furchtbare Angst – insgeheim wusste ich wohl, dass es kein Zurück gab. Am Flughafen machte ich beinahe einen Rückzieher; die Vorstellung, Jonathan zurückzulassen, war unerträglich. Ich weinte so sehr, dass ich keine Luft bekam. Es fühlte sich wie ein Verlust an, wahrscheinlich, weil es genau das war. Ich dachte an eine der wichtigsten Erkenntnisse aus dem Zentrum: Wenn du dich entscheiden musst, frag dich, welcher Weg der liebevollere ist. Und wähle diesen. Was war in dieser Situation liebevoller? Hierzubleiben oder in die Zukunft zu schauen? Ich schloss die Augen. Im Herzen wusste ich die Antwort bereits. Ich wählte den Weg nach vorn.

KAPITEL DREI

———

ÜBEN

Vom ersten Moment an, als meine Füße den Boden von Costa Rica berührten, fühlte ich mich von einer göttlichen Hand geführt. Meine Panik, weil ich ohne Jonathan gefahren war, ließ nach, und ich lernte Menschen kennen, die meine neue Sicht auf das Leben teilten. Ich fühlte mich wie eine Schlange, die sich häutete. Mit jedem weiteren Tag wurde ich leichter und ließ meine Vergangenheit immer mehr hinter mir. Während der ersten Wochen in Costa Rica konnte ich die Vorstellungen abschütteln, wer ich »zu sein« hatte, und zum ersten Mal in meinem Leben fühlte ich mich wie ich selbst. Ohne diese ganze schwere Vergangenheit auf meinen Schultern war ich sogar ein ziemlich toller Mensch! Ich fühlte mich wie ein Magnet, der überall wunderbare Erlebnisse anzog. In Schweden war ich allein auf meiner neu entdeckten spirituellen Reise; meine Gedanken und Vorstellungen über das Leben passten zu niemandem, den ich kannte. Hier fühlte ich mich zu Hause. Die Anspannung und Angst, die mich die meiste Zeit meines Lebens belastet hatten, verschwanden, und plötzlich fühlte ich mich stark, präsent und zielstrebig. Ich begann, Tagebuch zu schreiben, und verschlang spirituelle Bücher wie nie zuvor. Jeden Tag stand ich vor Sonnenaufgang auf, um am Strand zu meditieren. Zuerst wiederholte ich die Techniken, die ich in dem Zentrum gelernt hatte, doch bald hatte ich eine ganze Bibliothek mit verschiedenen Methoden und Meditationen, die ich nutzen konnte. Ich lernte: Wenn ich all das jeden Tag machte und nach Frieden suchte, dann fand ich ihn auch. Nicht am Boden einer Flasche Tequila, nicht auf der Couch vor dem Fernseher. Das Leben, das ich wollte, würde mir nicht einfach in den Schoß fallen – ich musste da raus und unerbittlich dafür kämpfen. Und wie magisch die Erkenntnis war, dass das Leben überhaupt nicht so schwer sein musste! Immer hatte ich das Gefühl gehabt, auf der Stelle zu treten, um mein Leben zu kämpfen. Und jetzt war ich hier, die Füße im warmen Sand vergraben, ohne einen blassen Schimmer von der Zukunft, und ich empfand mehr Frieden als je zuvor. Wer hätte gedacht, dass das Leben so leicht sein konnte?

Meine Freundinnen und ich schwammen im Meer, aßen einheimisches Essen, wanderten durch den Regenwald und tanzten die Nächte durch. Wir wohnten in Hostels mit Skorpionen und Kakerlaken, reisten mit Bussen über staubige Straßen die Pazifikküste entlang und gewöhnten uns so an das Gewicht unserer Rucksäcke, dass sie sich irgendwann wie ein Teil unseres Körpers anfühlten. Eine neue Phase meines Lebens war angebrochen, mit einer völlig neuen Version von mir. Meditation wurde so leicht wie das Atmen. Die Welt war meine Auster, und alles war neu und aufregend. Ich wollte mich nicht an diesen alten Teil von mir klammern, an dem ich aus Angst vor dem Unbekannten festgehalten hatte. Ich begann, mir zu vertrauen.

Dennoch ging ich fast jeden Tag zur Telefonzelle und rief Jonathan an. Er war die einzige Verbindung zu meinem alten Ich, und ich spürte den Gegensatz zu dem Leben, das ich mir hier in Costa Rica aufbaute. Bald schob ich die Anrufe immer weiter hinaus. Ich liebte ihn immer noch, aber mit ihm zu sprechen war wie ein Paar Schuhe, das zwei Nummern zu klein war. Ich hatte mich weiterentwickelt, und mein altes Leben daheim hatte nicht mit mir Schritt halten können. Bei einem dieser Telefonate erzählte Jonathan, er hätte sich meinen Namen tätowieren lassen. Ich erstarrte. Tief im Inneren wusste ich bereits, dass er nicht meine Zukunft war, aber ich war mir noch nicht im Klaren, wie ich dahin kommen würde. Er hatte gespürt, dass ich mich von ihm entfernte … und sich meinen Namen auf den Rücken tätowieren lassen. Die Dauerhaftigkeit eines Tattoos machte mir mit einem Schlag bewusst, dass ich nicht mehr in ihn verliebt war. Dieses nächste Kapitel meines Lebens handelte von mir, aber der Übergang würde nicht leicht werden. Seit meiner Teenagerzeit waren wir zusammen gewesen, ich war mit ihm erwachsen geworden. Und das Schlimmste war: Ich würde ihm das Herz brechen müssen. Die Vorstellung quälte mich, und ich war mir nicht sicher, ob ich es schaffen würde. Wieder musste ich mich fragen: Was ist liebevoller? Kann man jemandem auf liebevolle Weise das Herz brechen? Eines Morgens meditierte ich bei Sonnenaufgang; ich legte die Hände auf mein Herz und spürte die ganze Liebe, die ich für Jonathan empfand. Sie war groß, doch da war noch etwas anderes. Ich liebte ihn, aber ich war nicht mehr in ihn verliebt. Denn ich verliebte mich in mich selbst! Und diese Beziehung wollte ich nicht aufgeben, nachdem ich sie gerade erst gefunden hatte. Ich konnte diesen Weg nicht mehr mit Jonathan gehen. Ich wollte mich nicht verstellen müssen – das wäre ein noch größerer Betrug gewesen. Tränen liefen mir übers Gesicht, als mir die unausweichliche Entscheidung bewusst wurde: Am liebevollsten wäre es, loszulassen.

Meine Freundinnen und ich reisten nach Dominical, eine staubige kleine Surferstadt südlich der meisten Touristenziele. Es war ein ruhiger Ort, und wir fanden ein Hostel in der Nähe des

Strandes. Wir nahmen Surfstunden, kauften handgefertigte Armbänder von Straßenhändlern und tranken kaltes Bier im Sonnenuntergang. Ich hatte kaum meinen Rucksack ausgepackt, als ich schon Mike kennenlernte, den Manager eines veganen Restaurants in der Stadt. Mike war ein braun gebrannter und muskulöser Surfertyp, mit großen braunen Augen und einem unwiderstehlichen Lächeln. Ich war beinahe vier Jahre mit Jonathan zusammen gewesen und hatte nie das Bedürfnis nach jemand anderem gehabt. Und jetzt war da dieser Typ, das genaue Gegenteil von Jonathan – entspannt, locker, glücklich –, und es war klar, dass wir uns zueinander hingezogen fühlten.

Mike war Veganer, von den USA nach Costa Rica gezogen und wollte nah an der Natur leben. Er stand jeden Morgen bei Sonnenaufgang auf – genau wie ich –, um zu meditieren und zu surfen, und arbeitete mit Feuereifer an einem neuen Projekt: Er wollte seinen Dieselmotor so umbauen, dass er mit Pflanzenöl betrieben werden konnte. Alles an ihm war neu und faszinierend. Bei ihm hatte ich das Gefühl, ich könnte sein, wer immer ich sein wollte. Ich musste nicht Rachel mit der traurigen Familiengeschichte sein oder Rachel, das Partygirl. Ich war einfach nur Rachel, wie sie sich gerade entwickelte, die meditierte, die gern las, die um die Welt reisen und alles entdecken wollte, was das Leben zu bieten hatte. Sofort machte ich am Telefon Schluss mit Jonathan. Da ich mich von meinem alten Leben so weit entfernt fühlte und mir meiner direkten Zukunft so sicher war, schmerzte es nicht so sehr, wie ich erwartet hatte. Ich versuchte, das Gespräch so kurz wie möglich zu halten; wie man ein Pflaster am besten schnell abreißt. Doch in Wahrheit wollte ich die Qual in seiner Stimme nicht hören. Über das Chaos, das ich daheim hinterlassen hatte, dachte ich kaum nach; ich wollte einfach nur glücklich sein. *Jonathan würde auch einen Weg finden, ohne mich glücklich zu sein,* dachte ich.

Ein paar Wochen nachdem wir uns kennengelernt hatten, verbrachte ich die Nacht mit Mike. Es war etwas völlig Neues. Sex mit Jonathan war leidenschaftlich. Mit Mike war er weich, sanft und unkompliziert. Bald schlief ich jede Nacht bei ihm in seinem Haus im Dschungel. Ich schminkte mich nicht mehr und wurde Veganerin. Ich verschlang jedes Buch zu dem Thema und saugte alles wie ein Schwamm auf. Vorher hatte ich mir nie Gedanken über meine Ernährung gemacht – niemand hatte mir von der Fleischindustrie erzählt und davon, was tierisches Eiweiß mit dem Körper anrichtet. Die neue Ernährung veränderte mich; meine Haut wurde reiner, und das Asthma, das mich seit der Kindheit geplagt hatte, wurde besser. Nach einer Weile waren viele der Allergien, mit denen ich mich fast mein ganzes Leben lang herumgeschlagen hatte, völlig verschwunden. Mit jedem Tag fühlte ich mich besser, stärker und gesünder. Kein Stress saß in meinem Körper, keine Sorgen, keine Ängste. Ich fühlte mich unglaublich zu Hause, nicht nur in Costa Rica, sondern auch in mir selbst.

Nach drei Monaten im Paradies war es Zeit, zurückzufliegen. Als der Abschied nahte, wusste ich eins sicher: Das hier war nicht das Ende meiner Reise, sondern der Anfang. Mike fuhr uns zum Flughafen in San José, und auch wenn es hart war, ihn zu verlassen – mittlerweile hatten wir uns ineinander verliebt –, war es nicht das Ende der Welt. Ich wusste, ich würde ihn wiedersehen, aber auch, dass er nicht mein endgültiges Ziel war – nur eine wichtige Station in meiner Weiterentwicklung.

Als ich in Schweden landete, fühlte ich mich wie ein anderer Mensch. Ich war so gesund wie nie, ruhig, voller Selbstvertrauen und glücklich. Zu Hause fand ich in meinem Zimmer als Erstes eine große Kiste mit allen Sachen, die ich Jonathan je geschenkt hatte. Unser ganzes gemeinsames Leben lag darin – zerbrochen oder zerrissen. Ich setzte mich und sah alles durch – Fotos, Geburtstagsgeschenke, von ihm gemalte Bilder; dabei hatte ich das Gefühl, das Leben eines anderen Menschen vor mir zu haben. Ich bereute die Trennung von ihm nicht. Es hatte sein müssen. Mike und ich blieben in Kontakt, und ein paar Monate später besuchte er mich in Schweden. Ich war immer noch verzaubert von ihm, doch meine innere Stimme sagte mir, dass es das nicht war. Mich von etwas oder jemandem zu lösen, war allerdings noch nie meine starke Seite gewesen. Die Zeit mit Mike in Schweden war schön, auch wenn die Stimmung zwischen uns nicht so locker war wie in Costa Rica. Er begann sich beinahe von Anfang an von mir zu distanzieren, schlief mit dem Rücken zu mir und wollte meine Hand nicht in der Öffentlichkeit halten. Ich dagegen war ausgehungert nach Aufmerksamkeit. Ich wollte so unbedingt, dass Mike »der Richtige« war, dass ich die Anzeichen ignorierte, dass er es eben nicht war. Stattdessen konzentrierte ich mich auf oberflächliche Dinge, um Distanz zwischen uns zu bringen; die weiten Jeans, die ich im Dschungel so sexy gefunden hatte, sahen jetzt furchtbar und schlampig an ihm aus. In Costa Rica war er der perfekte Mann. In Schweden war auf einmal alles anders, doch das hielt mich nicht davon ab, so zu tun, als wäre noch alles in Ordnung.

Auf Einladung meines Vaters reisten wir von Schweden nach Spanien und verbrachten dort eine wunderschöne Woche mit Tapas, Strandspaziergängen und Shopping auf den kleinen Märkten überall in der Stadt. Die seltsamen Gefühle, die ich in Schweden gehabt hatte, ließen nach, und als Mike nach Costa Rica zurückfliegen musste, war ich traurig. Mein Vater reiste am selben Tag nach Schweden ab, und ich beschloss, noch eine Weile allein in Spanien zu bleiben. Ich wusste nicht, was ich mit meinem Leben anfangen sollte – wohin gehörte ich eigentlich? Ich musste allein sein, um das herauszufinden. Als alle abgereist waren, fühlte ich mich leer, hohl und erschöpft. Mir war nicht klar, warum ich plötzlich so unglücklich war.

Nachdem ich alle verdrängten Tränen geweint hatte, ließ ich mir ein Bad ein, gab ein wenig Lavendelöl hinzu und legte mich in das heiße Wasser. Langsam entspannte ich mich und atmete wieder ruhiger. *Okay,* sagte ich mir, *jetzt bin ich also allein. Ich kann das. Ich kann unabhängig sein.* Mir wurde klar, dass ich mich erst wieder wie ich selbst zu fühlen begann, seit ich allein war. In Beziehungen hatte ich ein bestimmtes Verhaltensmuster; meine Angst, verlassen zu werden, war so groß, dass ich mich völlig an den anderen Menschen anpasste. Die Wochen mit Mike waren anstrengend gewesen. Doch erst jetzt erkannte ich, wie sehr ich hatte allein sein wollen. Ich rief mir in Erinnerung: Meine wichtigste Beziehung war die zu mir selbst. Plötzlich war ich nicht mehr traurig und beschloss, mich auf die Kunst zu besinnen, allein mit mir selbst zu sein.

Am nächsten Morgen stand ich bei Sonnenaufgang auf und setzte mich auf die Terrasse, um zu meditieren. Nach ein paar tiefen Atemzügen wich die Anspannung aus meinem Körper. Seit ich wieder in Europa war, hatte ich nicht ein Mal meditiert. Als ich mich endlich wieder in die Stille versenkte, fühlte ich mich geerdet. Danach dachte ich plötzlich an die Frau im Meditationszentrum im letzten Jahr, wie sie sich auf ihrer Yoga-Matte bewegt hatte und morgens vor allen anderen aufgestanden war, um zu üben. Ich beschloss, dass ich das auch können wollte. Normalerweise hatte ich oft starke Rückenschmerzen, die jedoch in den letzten Monaten besser geworden waren. Ich stand auf und begann mich zu dehnen. Ich hatte keine Ahnung, was Yoga eigentlich genau war und ob ich echte Figuren übte, aber mich faszinierte die Vorstellung von mir allein auf einer Yoga-Matte – wie die Frau in dem Zentrum –, und so wollte ich sein. Denn es fühlte sich richtig gut an!

Nach dem Frühstück ging ich zum Hafen und in einen Buchladen. Als Erstes fiel mir ein Buch über Yoga ins Auge. Ich kaufte es, und aus einem Impuls heraus ging ich noch in das Sportgeschäft nebenan und holte mir auch eine Matte. Sobald ich wieder in meiner Unterkunft war, begann ich das Buch zu lesen; am Abend rollte ich meine neue Matte aus und setzte mich zur Meditation darauf. Genau wie am Morgen bewirkte die Stille beim Meditieren, dass ich mich bewegen und dehnen wollte. Anhand des Buches lernte ich eine liegende Drehung. Ich legte mich hin, zog die Beine an, überkreuzte sie und ließ sie auf eine Seite sinken. Mein Rücken knarzte und knackte. Das war überraschend, fühlte sich aber tatsächlich gut an. Ich legte die Beine auf die andere Seite und probierte noch ein paar andere Yoga-Stellungen aus dem Buch aus. Der Herabschauende Hund war eine Herausforderung – meine Handgelenke schmerzten, die Hinterseiten meiner Beine brannten. Doch nach ein paar Übungen hatte ich es bald raus und merkte, dass ich mich wie beim Meditieren auf meine Atmung konzentrieren und die Aufmerksamkeit nach innen richten musste, dann war es leicht. Am Ende lag ich in einer Stellung, die sich Savasana nannte – einfach nur flach auf dem Rücken. Ich schloss die Augen, und Ruhe erfüllte mich. Ich weiß nicht, wie lange ich so dalag, aber als ich die Augen wieder öffnete, waren die Sterne aufgegangen. *Wow,* dachte ich. *Dieses Yoga könnte echt was sein.*

Mit frischem Antrieb ging ich noch mal in den Buchladen und kaufte mir Bücher über Edelsteine und Kristalle, Meditation und Veganismus. Ich begann, alle Mahlzeiten frisch zuzubereiten, und experimentierte mit neuen Nahrungsmitteln und Geschmäcken. Ich entdeckte, dass ich kochen konnte! Früher hatte ich nie gekocht, doch jetzt erwachte eine Leidenschaft für gutes Essen in mir. Jeden Tag rollte ich meine Yoga-Matte auf der Terrasse aus, meditierte und übte. Abends stand

ich stundenlang in der Küche und kochte mir aufwendige Mahlzeiten. Mein Solo-Europaurlaub drehte sich nur um Meditation,
Yoga und veganes Essen.

Letztendlich blieb ich über einen Monat in Spanien. Die
meiste Zeit fühlte ich mich mit mir im Reinen, doch die Angst
kam trotzdem manchmal durch – immer in Zusammenhang mit
Mike. Jedes Mal, wenn er nicht schnell genug auf eine E-Mail
antwortete oder zurückrief, ich aber fand, er sollte das doch tun,
fühlte ich mich alleingelassen. Ich beharrte geradezu obsessiv darauf, dass wir jeden Tag miteinander sprachen, und je mehr ich
darauf bestand, desto mehr entfernte er sich von mir. Negative
Gedankenschleifen kreisten durch meinen Kopf. *Was, wenn er
mich nicht liebt? Warum ruft er nicht öfter an? Vielleicht bin ich
nicht gut genug.* Zum ersten Mal musste ich mich dem Ungleich-
gewicht stellen zwischen meiner Fähigkeit, im Hier und Jetzt zu
leben, und der Neigung meines Geistes, sich ständig die
schlimmsten Dinge auszumalen. Ich las gerade *Jetzt! Die Kraft
der Gegenwart* von Eckhart Tolle und dachte allmählich, dass
meine obsessiven negativen Gedanken vielleicht nicht wahr waren. Wenn ich einfach im gegenwärtigen Moment bleiben und
nur sein könnte, würde ich immer wieder zum selben Schluss
kommen: Alles ist gut. Jedes Mal, wenn mein Geist die Führung
übernahm, befahl ich mir, nicht in den Panikmodus zu geraten.
Es wurde zur Routine: Erst fühlte ich mich ruhig und unabhängig und geerdet, dann wurde ich an einem bestimmten
Punkt wieder in die Angstschleife katapultiert, meist von so
etwas Simplem wie, dass Mike nicht zurückrief.

Mir wurde bewusst, dass es eine Übung war: Ich kondi-
tionierte meinen Geist um, und dafür brauchte ich solche Herausforderungen. Die Co-Abhängigkeitsprobleme, die ich mit
Jonathan gehabt hatte, waren nach der Trennung nicht einfach
verschwunden. Doch jetzt war ich in einer Beziehung mit einem

Mann, der ganz anders tickte, einem Mann, der es gewohnt war, allein zu leben, sein Ding zu machen und lockere Affären einzugehen. In Costa Rica war ich eine selbstbewusste, ausgeglichene Frau gewesen, doch je enger unsere Beziehung wurde, desto mehr drängte sich mein altes Ich in den Vordergrund, und ich brauchte dringend – fast schon verzweifelt – Liebe und Anerkennung. Natürlich zog sich Mike zurück. Ich stellte mir wichtige Fragen: Liebte ich Mike eigentlich? Spiegelte meine Beziehung zu ihm mein neues, weiterentwickeltes Ich wider? Oder hatte ich ihn – und mich – bloß getäuscht, als ich mich so gab wie am Anfang? War Mike der Richtige oder ein Übergang von meinem alten Leben zu dem, auf das ich hinsteuerte? Wochenlang dachte ich über diese Fragen nach, schrieb Tagebuch, meditierte, schwankte zwischen Kampf und Leichtigkeit. Übte Yoga.

An meinem letzten Abend in Spanien ging ich hinunter zum Meer und setzte mich in eine kleine Bar am Strand. Ich bestellte ein Glas Weißwein, was ich normalerweise nicht tat. Es fühlte sich sehr erwachsen an: allein im Sonnenuntergang mit einem Glas Wein zu sitzen. Ich war erst neunzehn, und es gab so viel, was ich noch nie allein getan hatte. Alkohol hatte ich in meinem Leben schon literweise getrunken, aber immer mit dem Ziel, darin zu verschwinden, zu vergessen oder zu entkommen. Während ich dieses Glas kalten Wein trank, wurde mir klar, dass der Alkohol nicht das Problem war, sondern ein Symptom. Ich konnte alles bis zum Exzess betreiben und ein Problem daraus machen, genauso wie ich alles in etwas Heiliges verwandeln konnte, wenn ich es bewusst und im Moment verhaftet tat. Der Himmel verfärbte sich rosa und lila und golden, und ich schrieb in mein Tagebuch. In der Zeit hier hatte ich mich so stark weiterentwickelt, und vor allem hatte ich das völlig allein geschafft. Ich spürte jetzt eine innere Ruhe in mir, die nicht leicht von äußeren Ereignissen erschüttert wurde, und ich begann zu verstehen, dass die Herausforderungen, die mir in den Weg gelegt wurden, einen tieferen Sinn hatten.

Während ich den Wein trank, die Füße im Sand vergraben, breitete sich ein Lächeln auf meinem Gesicht aus. Ich schrieb: »Das ist ein perfekter Moment.« Und das war es auch. Ich bekam gerade eine Ahnung davon, dass die Liebe, die ich so verzweifelt bei anderen gesucht hatte, tatsächlich in mir selbst war.

Bei meiner Rückkehr nach Stockholm war ich bereit, meinen nächsten Schritt zu planen. Aus einer Laune heraus besuchte ich meine Freundinnen Olivia und Daniella in meiner alten Heimatstadt Uppsala und schrieb mich dort an der Universität ein. Es war eine spontane Entscheidung – ich wusste nicht, was ich als Nächstes tun wollte, warum also nicht ein Semester studieren? Über kurz oder lang wollte ich nach Costa Rica zurückkehren, aber nicht wegen Mike. Sondern wegen mir. Ich brauchte mein eigenes Ziel, meinen eigenen Grund, um auf meinem Weg zu bleiben. Ich wusste, ich würde Geld sparen müssen, um weggehen zu können und nicht zurückblicken zu müssen, weshalb ich in einem Restaurant in der Stadt an der Bar arbeiten wollte. Untertags studierte ich, und abends servierte ich Zwanzig-Dollar-Drinks.

Der Kontakt zu Mike war immer loser geworden, und eines Tages rief er an, um mir zu sagen, dass er jemand anderes kennengelernt hatte. Ich war traurig, aber auch froh, dass er Manns genug war, mir die Wahrheit zu sagen. Solange ich mich aus der Ferne an ihn geklammert hatte, war ich nicht völlig allein mit mir gewesen, und jetzt war ich es. Diese Erkenntnis erfüllte mich weniger mit Angst, sondern eher mit Kraft. Mein ganzes Leben lag vor mir – ich konnte tun, was immer ich wollte. Die Vorstellung war belebend.

Nach einem Semester wusste ich, dass die Universität nichts für mich war. Ich hatte genug Trinkgeld gespart, um nach Costa

Rica zurückkehren zu können. Es war nur die Frage, wann ich fahren würde. Die Antwort gab mir eines Morgens beim Aufwachen der Himmel. Meine Füße schmerzten von der Doppelschicht am Abend zuvor. Es war eiskalt draußen, der kälteste Winter seit dreißig Jahren, und ich wollte nicht aufstehen. Als ich durch das Fenster in den grauen Himmel sah, machte es klick. *Ja, es ist Zeit,* dachte ich. Am selben Tag buchte ich ein One-Way-Ticket nach Costa Rica. Die Zeit in Schweden war wichtig gewesen, um mir vollständig darüber klar zu werden, dass ich nicht denselben Weg einschlagen konnte wie meine Freunde. Die Universität war nichts für mich. Schweden auch nicht. Ich gehörte ans Meer.

KAPITEL VIER

———

VERGEBEN

Die Rückkehr nach Costa Rica war, wie nach Hause zu kommen. Am Flughafen stieg ich in den Bus und fuhr direkt nach Dominical. Ich war ein wenig nervös, wusste nicht, was mich erwarten würde; schließlich war ich völlig allein unterwegs. Ein paar Freunde hatte ich zwar in der Stadt, doch im Gegensatz zu früher reiste ich ohne Begleitung. Ich checkte in einem Hostel ein und plante, mir so bald wie möglich eine eigene Unterkunft zu suchen.

Mich wieder in das Leben dort einzufügen, war leichter, als ich erwartet hatte. Ich bekam einen Job als Kellnerin in einem italienischen Restaurant in der Stadt und arbeitete in zwei verschiedenen Bars hinter der Theke. Große Pläne hatte ich keine, ich wollte nur genug Geld verdienen, um über die Runden zu kommen. Ich wollte jeden Tag im Meer schwimmen und mich frei fühlen. In meiner Freizeit übte ich Yoga, entspannte in einer Hängematte beim örtlichen Tauchladen und hing mit den Touristen herum. Die Managerin des Ladens hieß Laura, ihr Mann war Tauchlehrer. Während meines vorherigen Aufenthaltes hatte ich mit Frauen nur oberflächlichen Kontakt gehabt. Mit ihnen Freundschaften aufzubauen fiel mir nicht leicht; mit Männern fühlte ich mich immer wohler. Meine Freundschaft zu Laura entwickelte sich eher durch Zufall. Sie erzählte mir, dass sie mich zuerst nicht gemocht hatte. Ich war »zu laut, zu blond und zu groß«, sagte sie. Wahrscheinlich habe ich sie mürbegemacht, denn schließlich wurden wir doch Freundinnen.

Laura übte Yoga in einem kleinen Studio in der Stadt, und ich begleitete sie irgendwann. Gleichzeitig machte ich mit dem weiter, was ich in Spanien angefangen hatte – ich verschlang spirituelle Bücher und Lehren und wollte unbedingt sowohl die Meditation als auch die Yoga-Praxis vertiefen. Ich fühlte mich stärker und ruhiger als je zuvor. Endlich lebte ich allein und traf Entscheidungen für mich, ohne dass mich etwas zurückhielt! Weil ich so im Reinen mit mir war, verbreitete ich überall um mich herum auch Frieden. Die seltsamsten Dinge ereigneten sich: Ich dachte an etwas, und plötzlich passierte es. Ich saß am Strand, hatte Lust auf eine Kokosnuss, und auf einmal kam ein Freund vorbei und bot mir eine an. Wenn ich Geld brauchte, gab mir ein Gast im Restaurant extra viel Trinkgeld. Solche Sachen. Nach ein paar Monaten nahm ich meine neu entdeckte Fähigkeit als selbstverständlich hin. Irgendwann war ich so weit, dass ich, wenn ich Musik auf meinem iPod hörte und die mehr als tausend Songs darauf auf Shuffle stellte, wusste, welches Lied als nächstes kommen würde. Jetzt weiß ich von dem Gesetz der Anziehung – dass die eigenen Gedanken Realität werden können –, aber damals erschien mir alles eher wie Magie.

Nachdem ich meinem Empfinden nach schon viel zu lange im Restaurant gearbeitet hatte, war ich bereit für etwas mehr Abenteuer, und genau dann ergab sich auch eine Möglichkeit. Eines Tages unterhielt ich mich an einem Tisch mit den Gästen, und noch bevor sie bezahlten, hatte ich einen neuen Job. Die Firma, für die sie arbeiteten, war gerade im Begriff, Land zu kaufen und dort nachhaltige Hotels zu bauen. Ich wurde als persönliche Assistentin des Projektleiters eingestellt, einem gewissen John. Es handelte sich um eine neu geschaffene Stelle, und ich glaube, weder John noch ich wussten, was sie beinhalten würde. Er sagte mir, weil er mich so unbedingt im Team haben wollte, hatte er die Position für mich eingerichtet. Ich erledigte administrative Arbeiten, kümmerte mich um seine E-Mails, aber auch persönlichere Angelegenheiten wie Reisebuchungen. Außerdem versorgte ich das Team jeden Tag mit gesundem vegetarischem Essen und frischen Smoothies. Eines Morgens rollte ich in der Pause meine Matte auf der Terrasse des Hauses aus, in dem die Firma ihren Sitz hatte. Ich übte die Stellungen so, wie ich sie gelernt hatte, fühlte mich mittlerweile so wohl mit allen, dass ich gar nicht mehr darüber nachdenken musste. Als ich zurück ins Haus ging, hielt John mich auf. »Kannst du uns das beibringen?«, fragte er. »Was denn?« »Yoga. Es wäre schön für das Team, wenn wir das morgens zusammen machen könnten.« Ich dachte darüber nach. Yoga unterrichten? Ich? »Klar«, antwortete ich. »Gerne.« Am nächsten Tag zeigte ich John eine Reihe von Yoga-Übungen und erklärte alles, während ich die Stellungen vorführte. Ich musste nicht innehalten und überlegen, auch wenn ich es noch nie vorher unterrichtet hatte. Seltsamerweise ging mir alles ganz natürlich von der Hand. Am Ende der Stunde dachte ich plötzlich: *Hatte ich gerade meine erste Yoga-Klasse unterrichtet?*

Eines der wichtigsten Grundstücke, mit denen die Firma zu tun hatte, gehörte einer Familie, die schon vor Jahren eine Kommune aufgebaut hatte. So etwas hatte ich noch nie gesehen – eine Gruppe von etwa dreißig Menschen, die freiwillig miteinander im Regenwald lebten. Sie teilten die Aufgaben untereinander auf – alle kümmerten sich um das Gelände, kochten und putzten. Der spirituelle Aspekt war sehr wichtig; alle meditierten, und viele praktizierten Yoga, und sie gingen offen und ehrlich miteinander um. Jeder hatte ein Mitspracherecht, wie das Grundstück genutzt werden sollte, weshalb wir viel Zeit dort verbrachten und viele heftige Diskussionen führten, meistens wegen der Finanzen der Kommune. Nach langen Verhandlungstagen schloss ich mich abends den Meditationskreisen an.

Eines Tages sagte mir John, dass die Kommune einen Kakaoschamanen zu Gast habe und es später noch eine Schokoladenzeremonie geben würde. Ich hatte schon von Schokoladenzeremonien als Mittel zur emotionalen Heilung gehört und war gespannt. Ein Kakaoschamane arbeitet mit speziellen Bohnenarten von heiligen Orten in Südamerika. Gemäß einem uralten Ritual zur Herstellung von Kakao werden die Bohnen erst geröstet und gemahlen, dann wird die heiße Schokolade mit braunem Zucker oder Agavensirup und Cayennepfeffer in einem großen Topf vermischt. Kakao verstärkt den Blutfluss zum Herzen und befreit das Herzchakra. Emotional gesehen löst er aufgestaute Gefühle, und das Ritual kann sowohl eine herausfordernde als auch therapeutische Erfahrung sein.

John und ich trafen am frühen Nachmittag auf der Farm ein und gesellten uns zu der Gruppe auf der Terrasse. Zwanzig oder mehr Menschen, einige waren mir unbekannt, saßen in einem Kreis um den großen Topf voll blubberndem Kakao. Ich hatte noch nie einen Schamanen getroffen und war gespannt, wie er wohl aussehen würde. Ich stellte mir einen indigenen Mann vor, der in Roben gekleidet und mit Perlen behangen war. Doch dann stellte sich heraus, dass er ein Amerikaner in den Sechzigern war, mit weißen Haaren und einem langen weißen Bart. Etwas unsicher setzte ich mich in den Kreis – worauf hatte ich mich hier eingelassen? Der Schamane ließ sich ausgerechnet neben mir nieder, und unsere Blicke trafen sich. Als ich in seine klaren, blauen Augen sah, durchzuckte mich ein elektrischer Schlag. Er schien in die Tiefen meiner Seele blicken zu können.

»Interessant«, sagte er. »Um dich kümmern wir uns als Letztes.« Ich hatte keine Ahnung, was er meinte, aber mir liefen Schauder über den Rücken. Wir alle tranken den Kakao, und mein Mund wurde von dem bitteren, scharfen Geschmack ganz trocken. Es schmeckte überhaupt nicht wie der heiße Kakao, den ich früher im Skiurlaub getrunken hatte! Meine Freunde von der Farm sagten mir, es könne eine Weile dauern, bis der Kakao »seine Magie wirken« würde, aber schon nach wenigen Minuten stiegen mir die Tränen in die Augen. Wie war ich nur hier gelandet? Mitten im Dschungel, bei Menschen, die ich kaum kannte, denen ich aber irgendwie völlig vertraute? Der Kreis war von einem goldenen Licht umgeben und fühlte sich zutiefst heilig an.

Einer der Teilnehmer war ein netter Mann namens Jesse, der auf der Farm wohnte und seine Frau und die Kinder zur Zeremonie mitgebracht hatte. Jesse war Immobilienmakler in der Stadt und ein Freund von John. Sein Nachname war Angell (im Ernst!). Ich fühlte mich von seiner vierjährigen Tochter Grace merkwürdig angezogen. Sie saß auf einem Kissen und meditierte – mit überkreuzten Beinen, die Augen geschlossen, die Finger formten Gyana Mudras. Grace versuchte nicht, wie die anderen im Moment zu leben. Sie tat es einfach. Ihr Anblick, wie sie so mühelos auf das Hier und Jetzt konzentriert war, weckte etwas tief in mir. Wir alle versuchten nur zu dem zurückzufinden, was wir bereits waren! So werden wir geboren, voller Licht, voller Liebe. In Kindern sehen wir, wie mühelos wir das können. Doch später verirren wir uns. Ein Licht strahlte direkt von Grace in mein Herz, und auf einmal hatte ich jedes Gefühl für Zeit und Raum verloren. Meine Augen waren geöffnet, doch ich atmete tief und gleichmäßig und war völlig von der Komplexität des Moments gefangen, der sich um mich herum offenbarte. Ich fühlte mich eins mit dem Kreis, eins mit der Erde und dem Himmel, eins mit allem, und es schien eine Ewigkeit anzudauern. Es war das intensivste spirituelle Erlebnis, das ich je gehabt hatte. Es gab keine Gedanken, kein Ego, nur Licht.

In der Zwischenzeit ging der Schamane von Teilnehmer zu Teilnehmer, setzte sich zu allen und führte sie tiefer. Nach vielen Stunden war nur noch ich übrig. Er drehte sich zu mir und sagte laut zu der ganzen Gruppe: »Wir werden jetzt gleich zusammen einen sehr heiligen Ort betreten.« Ich hörte seine Stimme deutlich, aber mir war, als wäre ich woanders. Als würde ich über dem Boden schweben. »Dir steht etwas bevor, das dein Leben verändern wird«, erklärte er mir. »Jeder hat einen Sinn im Leben, aber es ist sehr selten, dass ich jemanden treffe und sofort seine Bestimmung weiß. Ich wusste es in dem Moment, in dem ich dir in die Augen gesehen habe. Und du sollst es jetzt auch erkennen und verstehen.«

Bei seinen Worten begann ich zu weinen, doch die Tränen waren anders als die, die ich in der Vergangenheit vergossen hatte. Tränenbäche rannen, nein, strömten aus meinen Augen, aber ich hatte nicht das Gefühl zu weinen. Es war eher, als ob ich gereinigt würde. *Das sind nicht meine Tränen,* dachte ich. Aber woher kamen sie dann? »Das sind die Tränen deiner Vorfahren«, sagte der Schamane, als hätte er meine Gedanken gelesen. »Das Licht, das du in deiner Brust spürst, fühlen wir alle. Lass es weiter anwachsen. Atme weiter hinein. Wir werden uns jetzt zu deinen Vorfahren begeben, an einen dunklen Ort, und du musst das Licht mitnehmen.«

Ich gehorchte und schloss die Augen. »Hinter dir stehen sie alle«, sagte der Schamane. »Links von dir ist deine Mutter, rechts von dir dein Vater.« Hinter ihnen standen deren Eltern – meine Großeltern – und dahinter wiederum deren Eltern und so weiter. »Sie bilden ein unendliches Dreieck aus Generationen hinter dir, deine gesamte Vergangenheit und deine Abstammung. Wie du merkst, gibt es viel Schmerz in deiner Familie.«

Plötzlich überwältigten mich die Gefühle. Ich spürte immer noch das Licht, das aus meiner Brust strahlte, doch der Rest meines Körpers wurde schwer vor Traurigkeit und Angst. Ich sah Dinge, die wie Erinnerungen wirkten. Alles war so deutlich. Wie die Tränen, die ich weinte, nicht meine waren, waren auch die Erinnerungen, die vor meinen Augen aufblitzten, nicht meine. Ich sah meinen Vater, wie er als Baby von seinem Vater in einem Wutanfall durchs Zimmer geworfen wurde; wie er mit einem Gürtel geschlagen wurde; wie er allein in einem sterilen Krankenhausbett lag. Meine Mutter als kleines Mädchen mit blauen Flecken an den Armen, wie sie allein unter der Bettdecke weinte, während ihre Schwestern mit meiner Großmutter in einem anderen Zimmer zu Abend aßen. Meine Großmutter, wie sie als Kind in einen kalten Erdkeller gesperrt wurde, in dem sie nicht aufstehen, sich aber auch nicht hinlegen konnte. Mein Großvater, der von seinem Vater verfolgt und mit der Faust verprügelt wurde. Die Bilder von Misshandlungen gingen so weit zurück, dass ich die Kinder darin nicht mehr erkannte, doch ich spürte überdeutlich ihre Angst und ihre Traurigkeit. Ich wurde Zeuge, wie Trauma und Misshandlungen durch die Generationen weitergegeben wurden. Ich fühlte, wie diese Last mein ganzes Sein nach unten drückte, doch wenn ich in das Licht in meinem Herzen atmete, wie der Schamane es mir zeigte, konnte ich es ertragen. Ein Bild nach dem anderen zuckte vor meinen Augen an mir vorbei, und auch wenn ich nichts sagte, konnte der Schamane alles benennen. Er sah, was ich sah. Nach einer Weile fühlte ich mich seltsam distanziert und gleichzeitig eng mit den Bildern verbunden. Mir war bewusst: Das alles lebt in mir. Ich beobachtete, wie der Schmerz weitervererbt wurde, und so schrecklich das war, so war es eben. Ich konnte es nicht ändern. Diese Vergangenheit hatte man mir mitgegeben, und das hatte einen Grund. Plötzlich hatte ich eine durchschlagende Erkenntnis: Keiner aus meiner Familie hatte bewusst grausam gehandelt. Alle verhielten sich nach den Mustern, die sie kannten, wiederholten nur, was lange vor ihrem eigenen Bewusstsein begonnen hatte; Generationen bevor sie überhaupt geboren waren. Das Trauma war auf sie übertragen worden, und sie hatten gar keine andere Wahl. Das war das Beste, wozu sie fähig waren.

Schließlich sah ich mich als Kind und den ganzen emotionalen Schaden, der mir zugefügt worden war. Ich sah flüchtig die Depression meiner Mutter, ihren Selbstmordversuch, wie sie mich alleinließ und ich mich selbst um mich kümmern musste. Die ganzen Trennungen und Scheidungen in unserer Familie. Ich sah, wie mein Vater uns verließ und eine neue Familie gründete. Wie er uns bedrohte, mich anschrie. Bei jedem Flashback spürte ich den Schmerz, den ich so viele Jahre in mir getragen hatte. Mein ganzes Leben lang war ich der Ansicht gewesen, dass meine Eltern vieles anders hätten machen »sollen« – als ob sie sich bewusst dafür entschieden hätten, so viel Schmerz zu verursachen. Nachdem ich gesehen und gefühlt hatte, was sie als Kinder erleiden mussten, verstand ich meine eigene Kindheit besser. Blitzartig wurde mir klar, dass meine Eltern mich auf die einzige Weise liebten, die sie kannten. Sie hatten ihr Bestes gegeben mit dem, was ihnen selbst an Erfahrung zur Verfügung stand. Was konnte ich noch mehr von ihnen verlangen?

Mein nächster Atemzug war so tief, dass ich dachte, das ganze Universum würde durch mich atmen. Als ich die Luft wieder ausstieß, ließ ich einen großen Teil der Wut los, die ich fast mein gesamtes Erwachsenenleben in mir getragen hatte. Der Schmerz war noch da, jetzt jedoch erträglich. Ich war noch nicht geheilt, aber ich war nicht mehr so traurig. Bei dieser Erkenntnis schluchzte ich so heftig, dass ich dachte, die ganze Welt würde durch mich weinen. Ich hatte recht gehabt zuvor, als ich dachte, die Tränen wären nicht meine. Es waren die Tränen einer ganzen Abstammungslinie, all meiner Vorfahren zusammen. Ich weinte um meine Mutter, meinen Vater, die auch nur Kinder gewesen waren. Ich weinte um meine Großeltern und deren Eltern. Ich weinte um all die Kinder, die sich nicht sicher gefühlt hatten, um jeden Moment des Kummers, den sie durchlitten hatten. Ich weinte um die gesamte Menschheit, bis ich plötzlich keine Tränen mehr hatte.

Als ich die Augen wieder öffnete, wurde es bereits dunkel. Der ganze Tag war vergangen, und es waren nur noch der Schamane, mein Chef John und eine Frau da, die ich nicht kannte. Alle sahen mich an, während ihnen Tränen die Wangen hinunterliefen. Der Schamane sagte zu mir: »Deine Bestimmung ist es, die gesammelten Traumata deiner Vorfahren auf dich zu nehmen, sie auf deinen Schultern zu tragen und sie im Lauf deines Lebens in Licht zu verwandeln.« Während er sprach, spürte ich ein greifbares Licht aus meiner Brust strahlen. Wenn Licht ein Gefühl war, dann war es genau so. »Mit dir endet der Schmerz. Es ist eine schwere Bürde, aber du wirst es schaffen. Deshalb bist du hier. Deine Tochter wird die erste in deiner Familie sein, die ihn nicht übernimmt.« Plötzlich bekam ich Gänsehaut am ganzen Körper. »Meine Tochter?«, fragte ich. »Ja«, antwortete er. »Deine Tochter. Der Geist hat auch für sie große Pläne.« Ich lächelte. Eines Tages. Eine Tochter. Er sah zu den anderen und fuhr fort: »Legt eure Hände auf Rachel. Sie muss die Verbindung spüren.« Sie folgten seiner Anweisung, doch es war mir unangenehm. Meine eigenen Hände waren glühend heiß – da brauchte ich nicht noch den direkten Kontakt zu anderen Menschen. *Ich* musste die Wärme weitergeben. Ich drehte mich um und legte John und der Frau je eine Hand auf den Rücken. Flammen schienen aus meinen Handflächen zu schießen. John sagte später, dass er das Gefühl gehabt hatte, abzuheben.

Ich weiß nicht, wie lange wir vier auf dieser Holzterrasse saßen, aber ich musste mich ausruhen und schloss die Augen. Als ich aufwachte, war ich allein. Leiser Regen fiel auf das Zinndach, Nebel stieg vom Gras auf. Das Licht, das zuvor aus meinem Körper gestrahlt hatte, war immer noch da, und mein Herz schien zu groß für meine Brust zu sein. Alles war so unglaublich schön. Die Stille war geradezu überirdisch, so etwas hatte ich noch nie erlebt. Doch nicht die Welt war still geworden. Sondern mein Geist. Ständig hatte eine Stimme in meinem Kopf gesagt: *Du bist nicht gut genug … keiner liebt dich … deshalb verlassen dich alle …* Diese Stimme, die ich nur in Momenten intensiver Meditation zum Schweigen hatte bringen können, war jetzt ruhig. Die Stille kam aus mir selbst. *Ist das Erleuchtung?*, fragte ich mich. Gleichzeitig wusste ich, dass es das nicht war, denn sonst hätte ich diese Frage gar nicht gestellt. Ich empfand keine Enttäuschung. Na gut, dann eben keine Erleuchtung. Aber verdammt nahe dran.

Ich stand auf; mein rosa-türkisfarbenes Kleid klebte an meiner verschwitzten Haut. Ich streckte die Arme über den Kopf und seufzte tief. Mein Geist war immer noch ruhig, als ich barfuß in den Dschungel ging. Ich fühlte mich wie wiedergeboren. Alles leuchtete, als wäre es mit glitzerndem Licht bestäubt. Nach einer Weile legte ich mich auf den Bauch und vergrub das Gesicht im feuchten Gras. Ich atmete die Erde ein und fühlte mich eins mit ihr – dem Boden, den Bäumen, jedem Grashalm. Bald setzte eine tiefere Erkenntnis ein: Ich bin diese Erde. Diese Erde ist ich. Alles ist lebendig, wie ich es bin. Wir sind zusammen am Leben. All diese Klischees, die ich im Yoga-Unterricht oder in Meditationskreisen gehört oder in spirituellen Büchern gelesen hatte, waren wahr. Wir sind eins.

Als ich wieder zur Farm zurückkam, war die Sonne untergegangen. Ich trat auf die Terrasse und fühlte immer noch das

Vibrieren der tiefen Heilung, die hier stattgefunden hatte. Ich sehnte mich nach meiner Mutter und meinem Vater. Ich sehnte mich danach, ihnen zu sagen, wie sehr ich sie liebte. »Das war ganz schön wild!«, sagte jemand. Ich drehte mich um. Der Schamane. »Ja«, erwiderte ich. »Es war …« Er unterbrach mich. »Du musst nichts erklären. Schweig, lass alles auf dich wirken. Du hast heute hier etwas Lebensveränderndes getan. Heilung wirkt in zwei Richtungen. In die Vergangenheit und in die Zukunft. Du hast eine große Aufgabe im Leben. Verlier sie nicht aus den Augen.« Dann fragte er: »Hat man dich kürzlich zu einer Ayahuasca-Zeremonie eingeladen?«

Woher wusste er das? Eine Woche zuvor war ich zu einem Ayahuasca-Retreat eingeladen worden, doch nach einiger Überlegung hatte ich beschlossen, es abzulehnen. Ayahuasca ist eine Schlingpflanze mit halluzinogenen Eigenschaften, die zu einem Tee gekocht und für intensive spirituelle Erfahrungen genutzt wird. Ich fühlte mich von der Vorstellung etwas überfordert. »Normalerweise rate ich davon ab«, sagte der Schamane. »Bei der Kakaozeremonie gehst du deinen eigenen Weg. Du wirst nur mit dem konfrontiert, wofür du bereit bist. Du hast das Steuer in der Hand. Doch Ayahuasca … bestimmt über dich, du hast keine Kontrolle. Es kann sehr Furcht einflößend sein, die Medizin zu nehmen. Aber ich habe das starke Gefühl, dass du gerufen wirst. Tu es, wenn du die Gelegenheit dazu hast.«

Er legte mir seine Hand auf die Schulter und lächelte. »Vergiss nicht: Du musst vor nichts Angst haben.« Seine Augen funkelten. »Es gibt nur die Liebe.«

KAPITEL FÜNF

———

AUFGEBEN

Einen Tag später rief John mich an und sagte mir, dass er sich entschieden hatte, an der Ayahuasca-Zeremonie teilzunehmen, und ich solle doch mitkommen. Alles ist göttlich, dachte ich. Nichts ist zufällig. Ich hatte ihm nicht erzählt, dass der Schamane es mir bereits nahegelegt hatte.

Kim, eine junge Frau von der Farm, begleitete John und mich, und ich nahm auch meinen neuen Hund mit, Quila. Kim kannte sich mit Ayahuasca aus und erklärte uns, was wir zu erwarten hatten. Die Medizin würde uns zeigen, welchen Dingen wir aus dem Weg gingen, und uns zwingen, uns mit schmerzhaften Ereignissen aus der Vergangenheit auseinanderzusetzen. Dadurch sollten Negativität und alte Verletzungen ausgetrieben werden, um eine optimale spirituelle Heilung zu ermöglichen. »Aber das Zeug ist halluzinogen, nicht wahr?«, fragte ich. Mit Drogen jeglicher Art hatte ich nie etwas am Hut gehabt. Als Teenager hatte ich herumexperimentiert, aber nichts davon wollte ich wiederholen. Ich rauchte nicht einmal Gras, im Gegensatz zu fast allen, die ich kannte. Ich mochte es nicht, die Kontrolle zu verlieren, und ich fühlte mich mit Marihuana einfach nicht wohl, egal wie oft ich es versuchte. Ayahuasca war technisch gesehen keine Droge, sondern ein zutiefst spirituelles Ritual, eine uralte Zeremonie, die indigene Schamanen in bestimmten Teilen der Welt durchführten. Ja, die Substanz wurde als halluzinogene Droge verwendet, bestätigte Kim. »Aber nicht wie Pilze oder LSD.« Ich hatte weder mit Pilzen noch mit LSD Erfahrung, weshalb ich nicht genau verstand, was sie meinte. Ich beschloss, darauf zu vertrauen, dass man mich aus einem guten Grund auf diesen Weg schickte, doch Angst hatte ich immer noch.

Das Retreatzentrum war nur schwer zu erreichen. Wir fuhren stundenlang bis zur nächstgelegenen Stadt, dann mit einem kleinen Boot durch die Mangroven bis zu einem einsamen Strand. Die Sonne ging gerade unter. In der Ferne sah ich eine kleine Gestalt in hellrosa Kleidung. Als wir uns näherten, erkannte ich einen sehr kleinen, sehr alten Mann in indigener Kleidung und mit weiß geschminktem Gesicht. Er lächelte und hatte die Hände vor der Brust zum Gebet gefaltet. So hatte ich mir einen Schamanen vorgestellt! Aber jetzt wusste ich ja, dass das Licht jede Form annehmen kann. Bei der Kakaozeremonie hatte mich die vierjährige Grace eingeführt. Auf gewisse Weise war sie auch eine Schamanin.

Der Mann bedeutete uns, ihm in den Regenwald zu folgen. Er war barfuß, ging aber leichtfüßig wie ein Kind über die schmalen Wege, sprang über Steine und balancierte auf Wurzeln, die aus dem Boden ragten. Nach einer Weile gelangten wir zu dem Retreatzentrum. Es war von Kerzenlicht erleuchtet, und eine Gruppe von etwa zwanzig Menschen saß um einen Tisch und unterhielt sich. Sie waren von unserer Ankunft überrascht – in dem Zentrum gab es keinen Strom, und nachdem das Retreat schon einige Tage zuvor begonnen hatte, wusste niemand, dass wir kommen würden. Sie hatten gerade zu Abend gegessen, als der Schamane plötzlich aufgestanden war und verkündet hatte:

»Sie sind hier.« Dann war er gegangen. Woher wusste er, dass wir kommen? Ich war sprachlos. Dieser Schamane … war echt. Er sprach nur die indigene Sprache seines Stammes; ein Dolmetscher aus dem Dorf übersetzte ins Spanische. Als ich ihn fragte, wie alt er sei, lächelte er und antwortete etwas in seiner Sprache. »Er sagt, er wisse es nicht genau«, erklärte der Dolmetscher. »Er glaubt, hundertsiebenundzwanzig.« Ich lächelte, als wäre das ein Witz, aber sein Gesicht war ernst. Man teilte uns kleine Hütten zu, und wir bereiteten uns auf die große Ayahuasca-Zeremonie am nächsten Tag vor.

Am nächsten Morgen übte ich Yoga auf einer großen Terrasse mit Blick auf den Regenwald. Kim war Lehrerin für Kundalini-Yoga und führte mich durch einige anspruchsvollere Atemübungen. Wir verbrachten den Tag mit Wandern und schwammen im Meer, während wir auf den Sonnenuntergang warteten, wenn die Zeremonie beginnen sollte.

Als die Sonne tief am Horizont stand, kleidete ich mich ganz in Weiß und wurde immer nervöser. Mittlerweile wusste ich genauer, was uns bevorstand: Die Ayahuasca-Ranke wird einige Tage in Wasser gekocht, bis eine dicke, sirupartige Substanz entstanden ist. Dieser »Tee« ist sehr stark und mächtig. Einige der Teilnehmer erzählten, dass sie nach der Einnahme des Tranks andere Dimensionen besucht hätten oder von horrorartigen Visionen und albtraumhaften Erfahrungen. Das Ziel war, sich durch die Angst hindurch auf das Licht und die Freiheit zuzubewegen. Ich erinnerte mich, was der Kakaoschamane mir gesagt hatte: Du musst vor nichts Angst haben. Es gibt nur die Liebe.

Bei Sonnenuntergang ging ich zu der großen Terrasse, auf der die Zeremonie stattfinden würde. Hängematten hingen von den hölzernen Querbalken, was mir seltsam vorkam. Der Dolmetscher des Schamanen, der gestern Abend für mich übersetzt hatte, stellte sich als Rodrigo vor, unser Guide. »Du bist Raquel, ja?«, fragte er auf Spanisch. In dieser Sprache nannte ich mich oft Raquel. »Das ist deine Hängematte«, sagte er und deutete auf eine blau-grüne Hängematte, die von einem Holzbalken hing. »Nein, vielen Dank«, lehnte ich höflich ab. Ich sprach fließend Spanisch und war froh, dass ich mir die Zeit genommen hatte, die Sprache zu lernen. »Die brauche ich nicht, ich möchte herumgehen können.« Ich hatte mir vorgestellt, dass ich den Ayahuasca-Tee trinke und mich Bewegung und der Geist durchdringen und ich herumtanzen möchte. »Nein, *amor*.« Rodrigo lächelte, doch ich konnte seinen Gesichtsausdruck nicht deuten. »*No vas a mover. La medicina, te paraliza*«, sagte er. »*Te paraliza?*«, fragte ich. Hatte ich ihn richtig verstanden? Die Medizin würde mich lähmen?

Meine Brust wurde eng. *Ayahuasca lähmt einen? Ich würde gleich freiwillig einen Tee trinken, der mich in Gemüse verwandelte?* Ich bekam Panik und ließ Rodrigo mitten im Satz stehen, rannte von der Plattform auf einen Weg, der in den Dschungel führte. Nach ein paar Minuten setzte ich mich auf einen Baumstamm. *Worauf hatte ich mich da nur eingelassen?* Meine Brust hob und senkte sich. Als ich nach oben in den goldenen Himmel sah, hörte ich eine Stimme. *»Hab Vertrauen!«* Sie war fest und kam aus der Tiefe meiner Brust. Die Härchen auf meinen Armen richteten sich auf. *Wie sollte ich Vertrauen haben, wenn ich so ängstlich war?*, fragte ich mich. Nun, ich war nicht so weit gereist, nur damit ich jetzt umkehrte und wieder fuhr. Mir wurde klar, dass ich es nur mit Sicherheit wissen konnte, wenn ich mich darauf einließ.

Als ich zurückkam, sammelten sich einige Menschen auf der Plattform. In der Mitte befand sich eine riesige Feuerstelle mit Kristallen, Salbei und einem großen Topf, der vermutlich den Sud enthielt. Krüge mit Wasser und Ylang-Ylang-Blüten standen in der Nähe. Der Schamane saß bereits da, mit geschlossenen

Augen und gesenktem Kopf. Als Rodrigo mich sah, kam er zu mir und nahm meine Hand. »Hab Vertrauen«, sagte er. Ich riss die Augen auf. »Hab Vertrauen, dass du aus einem bestimmten Grund hier bist.«

Als er genau dieselben Worte sagte, die mich gerade aus meiner Panik geholt hatten, wurde ich völlig ruhig. Er führte mich zu meiner Hängematte. »Wenn du in der Nacht irgendwann etwas brauchen solltest – Unterstützung, Hilfe, wenn du dich übergeben musst, was auch immer –, ruf einfach meinen Namen«, fuhr er fort. »Ich werde die ganze Zeit an deiner Seite sein.« Andere Teilnehmer hatten mir von der reinigenden Wirkung von Ayahuasca erzählt; es kam oft vor, dass man sich übergeben musste. Die Zeremonie sollte bis zum Sonnenaufgang dauern.

Die Luft war elektrisch aufgeladen, und alle wirkten konzentriert. Ich wollte mich gerade in die Hängematte legen, als Kim zu mir kam. »Ich habe etwas für dich«, sagte sie und gab mir eine Kette aus hellrosa Steinen. »Hör zu. Irgendwann in der Nacht wirst du ganz sicher glauben zu sterben«, fuhr sie fort. »Du kannst dem nicht entkommen. Wenn es so weit ist, geh in die Stellung des Kindes und bete. Bete zu Gott, dem Universum, dem Geist – bete zu allem, an das du glaubst. Behalte die Steine bei dir. Sie werden dir helfen. Bitte um göttliche Führung. Bitte Gott, dich zu retten.« Ich war starr vor Angst. Irgendwann würde ich mir sicher sein zu sterben? *Worauf hatte ich mich da nur eingelassen?* Kim rieb Lavendelöl auf meine Handgelenke. »Die Steine und das Öl werden dir helfen«, sagte sie. »Hab einfach Vertrauen.« Da war das Wort wieder. Ich schloss die Augen und klammerte mich an den Steinen fest. Holte tief Luft und stieg in die Hängematte.

Der Schamane begann zu chanten und zu trommeln. Unsere Gruppe umfasste etwas mehr als zwanzig Personen, alle lagen in einer Hängematte. Das Trommeln wurde schneller, mein Atem dagegen langsam und gleichmäßig. Lange Zeit lag ich einfach nur so da und sah, wie der Himmel sich flammend orange färbte. Die Trommeln, der Geruch nach Rauch vom Lagerfeuer und das Chanten des Schamanen waren so hypnotisierend, dass ich mich ganz benebelt fühlte. Ich weiß nicht, wie viel Zeit vergangen war, doch es war dunkel, als Rodrigo mich schließlich ans Feuer führte. Ich setzte mich vor den Schamanen, der immer noch mit geschlossenen Augen fieberhaft chantete. Jemand mit einem großen Bündel glühendem Salbei in der Hand rezitierte etwas in einer mir unbekannten Sprache. Der Schamane spuckte aus und machte gurgelnde Geräusche, während sein Gesang immer lauter wurde. Plötzlich hörte er auf. Er öffnete die Augen und sah mich an. Mein Herzschlag dröhnte in den Ohren. Er nickte mir zu, dann nahm er eine hölzerne Schöpfkelle und rührte in dem Topf. *Ayahuasca. Die Medizin.* Er goss etwas von der Flüssigkeit in eine Kokosnussschale und reichte sie mir. Der Sud war dunkelbraun, fast schwarz und dick wie Sirup. Der alte Mann nickte, als wolle er sagen: »Na los.« Ich trank das Gebräu, das so bitter schmeckte, dass ich es fast wieder ausgespuckt hätte. Rodrigo gab mir ein Glas mit Ylang-Ylang-Wasser. »Nicht schlucken. Es soll nur den Mund reinigen«, sagte er. Ich nahm einen großen Schluck, spülte damit und spuckte es aus. *Was jetzt?* Rodrigo brachte mich zurück zu meiner Hängematte, und ich kletterte hinein. Man hatte mir gesagt, es würde einige Stunden dauern, bis ich die Wirkung spürte, doch wie schon bei der Kakaozeremonie merkte ich beinahe sofort, wie sich etwas in mir regte.

Zuerst konnte ich es nicht benennen, nur dass ich mich überfordert fühlte. Ich versuchte mich zu entspannen und mich auf meine Atmung zu konzentrieren, doch etwas geschah in mir, und es war kein gutes Gefühl. Die Brise, die bis vor Kurzem noch sanft und beruhigend durch die Bäume geweht hatte, klang auf einmal wie ein Gewitter. Der Rhythmus der Trommeln, der mir gerade noch so gut gefallen hatte, irritierte mich jetzt. Überall um mich herum schienen Riesenwellen an Land zu schlagen. *Das Ayahuasca,* dachte ich. *Es wirkt.*

Die Geräusche wurden immer lauter. Das Meer, das eine lange Wanderung entfernt lag, rauschte so sehr, dass ich dachte, meine Trommelfelle würden platzen. Ich hielt mir die Ohren zu und versuchte, den Lärm auszublenden. Das Lavendelöl auf meinen Handgelenken wurde brennend heiß. Mein Gesicht glühte in der Luft. Alles wurde so schnell unglaublich intensiv, und mir wurde klar: Das hier würde ein richtiger Trip werden. Ich war wirklich naiv gewesen, hierherzukommen und zu denken, dass ich damit irgendeine Art Erleuchtung erlangen würde. Stattdessen war ich auf einem ausgewachsenen, schlechten Trip. Die Wellen schlugen so laut an die Küste, dass sie mein Gehirn schmerzhaft durchbohrten. Wenn ich mir die Ohren zuhielt, schien es schlimmer zu werden, und die Hitze, die das Öl an meinen Handgelenken verursachte, ließ die Haut zischen, als stünde sie in Flammen. Nein, ich konnte es sogar riechen. Meine Haut brannte. Ich bekam Panik. *Das hier werde ich nicht überstehen,* dachte ich. Die Erkenntnis lähmte mich geradezu vor Angst. Der Trip sollte die ganze Nacht dauern, bis Sonnenaufgang, und wir hatten gerade erst begonnen. *Das ist erst der Anfang. Ich überlebe das auf keinen Fall.* Die Angst, die sich in diesem Moment in mir ausbreitete, war das Schlimmste, was ich je erlebt hatte. Es war das Gefühl absoluten, herzzerreißenden Bedauerns und einer so starken Furcht, dass ich am liebsten aus meiner eigenen Haut gekrochen wäre. Ich hatte keine Ahnung, in was ich mich da hineingeritten hatte, aber ich wusste, dass ich auf einem ganz, ganz schlechten Weg war. Ich erinnerte mich an Kims Worte, kletterte auf den Boden und ging in die Stellung des Kindes. Die kühlen Fliesen fühlten sich gut unter meinen brennenden Händen an. Ich versuchte zu beten. Ich versuchte, mich an alle guten Dinge in der Welt zu erinnern, aber ich war zu ungeschützt, zu verletzlich. Die Geräusche um mich herum waren wie aus einem Horrorfilm. Ich lag in der Stellung des Kindes und hörte etwas neben mir. Kleine Tiere, die auf mich zukrabbelten. Ich versuchte, den Kopf zu drehen, doch es gelang mir nicht. Auch meine Hände ließen sich nicht bewegen. Ich wollte vom Boden aufstehen, doch mein Körper gehorchte mir nicht. Ich war gelähmt. Was hatte Rodrigo gesagt? »*Te paraliza.*« – *Es wird dich lähmen.* Ich rief nach ihm. Er hatte versprochen, bei mir zu sein. »Rodrigo!«, schrie ich. »Hilf mir! … Rodrigo! Ich kann mich nicht bewegen! … *Rodrigooo!!!*« Nichts. Niemand kam zu mir. Ich war ganz allein auf der Welt, völlig auf mich selbst gestellt. Warum hatte ich meine sichere Hängematte verlassen? Dort war ich wenigstens geborgen, hier lag ich auf dem Steinboden, allen Gefahren der Welt ausgeliefert. Ich hatte einen riesigen Fehler gemacht. Das alles war ein furchtbarer Fehler.

Mitten in diesem ganzen Horror hörte ich etwas, das wie eine Horde Kakerlaken klang, die über den Boden krabbelten. Ich hasste Kakerlaken, und jetzt wuselten ganze Armeen davon auf mich zu, ergossen sich über meinen Körper, krochen in meine Haare. Ich war so in dieser Albtraumsituation gefangen, dass ich nicht länger klar denken oder sie objektiv beurteilen konnte – es passierte wirklich. Es war so real wie der Steinboden unter mir, und ich konnte nicht fliehen. Die Kakerlaken waren überall. Manche krochen in meine Ohren und nagten am Schädelknochen. Ich konnte sie hören, spüren, riechen. Sie krabbelten in meine Nase. Ich erstickte an dem Ungeziefer. Als ich ihre stacheligen kleinen Beine meine Kehle entlanghuschen spürte, hätte ich mich am liebsten übergeben, doch ich war am Boden festgekettet. Ich konnte mich nicht bewegen. Dann sah ich Leichen, die auf mich zukamen. Zombies, Knochen bohrten sich durch ihre Haut, Fleischfetzen hingen von ihren Gesichtern. Ich roch die Verwesung und spürte, dass sie verzweifelt gerettet werden wollten.

Der Horror hörte nicht auf: Spinnen mit haarigen Beinen und scharfen Fängen, fremdartige Tiere, klebrige, grüne Ranken wuchsen durch den Boden und wanden sich um meine Knöchel, um mich in die Erde zu ziehen. Dichter, schwarzer Nebel hüllte mich ein, der mir den Atem raubte. Am schlimmsten war die überwältigende Panik in dem Bewusstsein, dass ich das hier nicht überleben würde. Eine Schlange richtete sich auf und zeigte ihre rasiermesserscharfen Zähne. *Jetzt sterbe ich,* dachte ich. Ich schrie wieder nach Rodrigo. *»Rodrigo!!! Ayúdame!«* Seit Stunden lag ich auf dem Boden und durchlebte die schrecklichsten, furchtbarsten Dinge. Dinge, die ich mir nie hätte vorstellen können. Alles war real. Ich hegte keinerlei Zweifel daran. Es passierte tatsächlich, hier, jetzt. Plötzlich hörte ich wie aus dem Nichts Rodrigos Stimme. »Brauchst du meine Hilfe?«, fragte er. »Natürlich brauche ich deine Hilfe!«, antwortete ich panisch. »Kannst du nicht sehen, dass ich sterbe? Ich muss von diesem Boden weg!« Da ich mich nicht bewegen konnte, hob Rodrigo mich hoch und trug mich zu einem Sofa an der Hauswand. Einen Moment lang dachte ich, der Albtraum wäre vorbei und ich würde überleben, doch die Halluzinationen kamen mit voller Macht zurück: die Kakerlaken, die verwesten Leichen, die Spinnen, die Ranken, der schwarze Nebel, die Schlange – alles auf einmal. All meine schlimmsten Albträume bündelten sich zu einer wahrhaft höllischen Erfahrung, zusammen mit dem Wissen, dass mein Tod kurz bevorstand. Vom Boden wegzukommen war mein Ziel gewesen, mein Ausweg, doch jetzt wusste ich, dass nichts half. Es gab kein Entkommen. Ich war zu erschöpft, um zu schreien, und Hoffnungslosigkeit überwältigte mich. Ich konnte nicht mehr dagegen ankämpfen. *Wenn ich schon sterben werde, dann kann ich auch aufhören zu kämpfen,* dachte ich. Der Tod war so nahe. Ich wusste, ich würde es hier nicht lebendig herausschaffen. *Ich gebe auf. Ich ergebe mich. Ich lasse los.* Und das … tat ich auch.

Statt mich gegen den Horror zu wehren, lud ich ihn ein. Ich leistete keinen Widerstand mehr und erlaubte stattdessen allem, sich auf mich zu stürzen – wenn es je eine Verkörperung von »Loslassen« gegeben hatte, dann das. Ich hieß den Horror willkommen. Und dann passierte es: Sobald ich losließ, mich dem Tod ergab, änderte sich alles. Es war, als hätte ich einen Schalter gedrückt – die Dunkelheit wich blendender Helligkeit. Die Kakerlaken verwandelten sich in weiße Tauben und flogen davon. Die Ranken wurden zu wunderschönen, langstieligen Gänseblümchen. Die verwesenden Leichen wurden wieder zu Menschen – Menschen, die ich liebte: meine Schwester, meine beste Freundin, meine Großmutter. Die Schlange wurde zu meinem Hund Quila, der mit dem Schwanz wedelte. Der dichte, erstickende Nebel, der mich eingehüllt hatte, war jetzt ein warmes, weißes Licht, und ich glühte von innen heraus. Ich badete in dem Licht und hatte das Gefühl, Gott wäre bei mir. Nein, nicht bei mir. Ich war Gott. Es gab keinen Unterschied mehr zwischen uns, keine Trennung. Ich erlebte die intensivste spirituelle Erleuchtung meines gesamten Lebens. All die Jahre, die ich gegen das Dunkel gekämpft hatte, hatten mich vom Licht ferngehalten. Der Schmerz ist nicht das Problem, die Probleme auch nicht. Der Widerstand ist es. Ich spürte, wie ich Jahre, Äonen, ganze Leben voller Leiden ausatmete. Alles, was ich durchgemacht hatte, hatte mich hierhergebracht. Jetzt war nur noch Liebe übrig. Unendlich lange badete ich in dem Licht. Die Erfahrung, sich in alles zu ergeben, ist sehr schwer in Worte zu fassen. Ich hatte davon in spirituellen Texten gelesen, aber ich hatte nie ganz verstanden, was es hieß, frei zu sein. Ich war ganz. Mit mir im Reinen. Eins mit Gott.

Als ich schließlich die Augen öffnete, schienen Jahre vergangen zu sein. Ich war Mutter geworden, Großmutter, und so viele Leben waren verstrichen, und trotzdem war ich gerade erst auf die Welt gekommen. Zeit war ein abstraktes Konzept. Die Sonne ging auf, der Himmel war mit Pinselstrichen in Rosa, Orange und Goldgelb überzogen. *Jemand hat das erschaffen,* dachte ich. Doch es war mehr als ein Gedanke, es war ein Verständnis. Im selben Moment wurde mir klar: Ich hatte das erschaffen. Es gab keine Trennung zwischen Gott und mir oder zwischen Gott und irgendeinem von uns. Ich war allein, aber ich hatte mich nie aufgehobener im Leben gefühlt. Ich stand auf und ging barfuß ins Gras. Ich blickte nach unten und sah wundersame Formen, die sich unter mir bewegten. *Was sind das für magische Dinge?,* dachte ich. Erst nach einer Weile erkannte ich sie. Meine Füße! Meine Füße waren gebräunt und ein wenig schmutzig, und an meinen Zehen sprossen winzige blonde Haare. Ich hatte noch nie etwas so Kostbares, so Wunderschönes gesehen. Wie konnten das meine Füße sein? Hatte ich sie schon immer gehabt? Grenzenlose Liebe zu meinen zehn Zehen erfüllte mich. Ich hob den Kopf und sah in den Himmel. Die Schönheit, die mich umgab, war anders als alles, was ich bisher erlebt hatte. Meine Füße. Der Himmel. Alles dazwischen. Das ganze Leben ist so unglaublich kostbar. Warum hatte ich das nicht schon immer gewusst?

Rasender Hunger überfiel mich, und ich ging ins Haupthaus, immer noch verzückt von allem um mich herum. In der Ferne hörte ich ein Bellen. Quila! Mein geliebter Hund lief auf mich zu. Er sprang mir in die Arme und leckte mir das Gesicht. Die Liebe, die sein kleiner Körper ausstrahlte, war greifbar. *Wieso war mir das alles nicht schon vorher aufgefallen?*, fragte ich mich. Hatten mich die Dunkelheit und der Schmerz so niedergedrückt, dass ich die Schönheit und die Liebe nicht erkannt hatte, die mich umgaben?

Die anderen saßen im Garten um einen großen Tisch bei einem Festmahl. »Da ist sie!«, sagte jemand. John stand auf und umarmte mich. »Du hast mich letzte Nacht gerettet«, gestand er, während ihm Tränen über die Wangen liefen. »Mich auch«, sagte jemand. »Mich auch!«, meldete sich eine dritte Stimme. Ich ließ den Blick über den Tisch schweifen. Sie waren alle so wunderschön. »Was meinst du damit?«, fragte ich. John versuchte es zu erklären. Die letzte Nacht war furchtbar gewesen. Alle hätten Tod und Schwärze gefühlt. »Ich war mir sicher, dass ich sterben würde«, erzählte er. So hatten es alle erlebt. Es war mit Abstand die schlimmste Erfahrung mit der Medizin gewesen, die die Gruppe je gemacht hatte. Dann war etwas passiert: Ein riesiges helles Licht war in der Ecke des Raums erstrahlt und hatte alle eingehüllt. »Plötzlich waren wir alle ruhig und friedlich«, erzählte John. »Wir reden schon den ganzen Morgen darüber. Wir haben alle die Quelle gesehen. Es war so klar, woher das Licht kam – es war gottgleich. Es hat uns alle gerettet, die ganze Nacht verändert. Als die Zeremonie vorbei war, bin ich sofort zu der Stelle gegangen, von der das Licht strahlte. Und da lagst du auf einer Couch und hast geschlafen.« Ich nickte, verstand ihn völlig. Auch wenn ich seinen Glauben, das Licht sei von mir ausgegangen, nicht teilte – ich wusste, dass es nicht stimmte. Es war unser Licht. Überhaupt hatte ich keinen Bezug zu dem Begriff »Ich«. Meine Wahrnehmung der Welt veränderte sich – oder kehrte ich zu etwas zurück, das ich schon immer gekannt und nur vergessen hatte?

Rodrigo erklärte es uns. »Manchmal durchlebt eine Person in der Gruppe eine so große Veränderung, dass es auf die ganze Gemeinschaft ausstrahlt – wie Ringe auf der Wasseroberfläche. Und genau das ist gestern passiert.« Rodrigo setzte sich neben mich. Er war so wunderschön. Alles ergab perfekten Sinn. Ich umarmte ihn. Dann fiel mir etwas ein. »Kann ich dich etwas fragen?«, sagte ich neugierig auf Spanisch. »Letzte Nacht habe ich nach dir gerufen, aber du bist nicht gekommen. Ich lag Stunden auf dem Boden, bis du endlich da warst. War das Absicht? Musste es so sein, damit die Transformation stattfinden konnte?«

Rodrigo sah mich verwundert an. »Was meinst du? Als du gerufen hast, bin ich sofort gekommen.« Jetzt war ich verwirrt. »Du hast die Medizin getrunken. Ich habe dich zu deiner Hängematte gebracht, bin aber in deiner Nähe geblieben. Ich wusste, dass es dein erstes Mal war. Außerdem bist du die Jüngste der Gruppe. Fast sofort bist du wieder aus der Hängematte geklettert und hast dich auf den Boden gelegt. Nur ein paar Minuten sind vergangen. Du hast mich gerufen, und ich habe dich auf das Sofa getragen. Du hast die ganze Nacht dort gelegen. Hast du es nicht so empfunden?«

Ich lächelte, und dann stieg ein Lachen tief aus meinem Bauch auf. Ich konnte nicht mehr aufhören, konnte meine Freude nicht für mich behalten. Und dann lachten alle, sie wussten zwar den Grund nicht, aber das war egal. Als das Gelächter verstummte, schmerzten meine Wangen, weil ich so breit gegrinst hatte. Die schrecklichen Visionen der letzten Nacht, der Horror, der ein ganzes Leben gedauert zu haben schien, war in Wirklichkeit nur einige Minuten lang gewesen. Rodrigo sah mich wissend an. »*Que belleza.* Die Nacht war dunkel. Dann kam das Licht durch dich«, sagte er.

Dieses Licht blieb auch auf der Rückreise in mir, und es hat mich seither nicht verlassen. Ich habe die Lektionen eines ganzen Lebens gelernt. Was wir bekämpfen, bleibt. Ob es Schmerz ist, Angst, Furcht, Verlust – welche Emotionen auch immer –, kämpf nicht dagegen an. Lass es zu. Fühle es. Nimm es an. Ergib dich darin. Lass den Atem hineinströmen. Breite die Arme aus und heiße alles willkommen. Lass los. Es wird dich ins Licht führen.

KAPITEL SECHS

——

BEKOMMEN

Nachdem ich ein Jahr in Costa Rica gelebt hatte, bekam ich endlich mein eigenes Haus. Ein richtiges Haus? Okay, es war eher eine Hütte. Das Dach war undicht, ich hatte keinen Kühlschrank, in der Dusche lebte eine Skorpionfamilie, und wenn die Straßen überflutet waren, strömte schlammiges Wasser durch die Haustür. Ich hatte kein heißes Wasser, nur sporadisch Strom, und es roch nach Schmutz und Schimmel. Trotzdem war ich dort glücklich. Ich wachte jeden Morgen vor Sonnenaufgang auf und hörte die Wellen ans Ufer rollen; so nahe wohnte ich am Meer. Den Tag begann ich immer mit Meditieren. Ich ging zum Strand, zu einem der verlassenen Rettungsschwimmertürme. Wenn ich die Treppe nach oben stieg, fühlte ich mich fast wie elektrisiert – diese Morgen waren heilig, und das Leben, das ich mir geschaffen hatte, war so einfach und doch so schön, dass ich kaum glauben konnte, dass es meins war. Ich setzte mich auf den Boden, sah auf das Meer und den Sonnenaufgang hinaus, dann schloss ich die Augen und meditierte mindestens eine Stunde. Es fiel mir so leicht wie das Atmen. Ich musste nur die Augen schließen und mich mit meinem Atem verbinden, und schon befand ich mich außerhalb von Raum und Zeit. Quila war immer an meiner Seite. Manchmal ging ich nach dem Meditieren noch ins Wasser oder gleich zum Obststand, um zu frühstücken. Ich praktizierte auch jeden Tag Yoga, doch die einzelnen Stellungen kamen für mich erst nach dem Meditieren. Meine Priorität lag darauf, meinen Geist zur Ruhe zu bringen. Den Tag über führte ich viele gute Gespräche mit den Backpackern, die durch die Stadt kamen, und geriet überall in tiefgründige Unterhaltungen. Zu der Zeit hatte ich weder Handy noch Computer noch einen »richtigen« Job. Ich arbeitete für John und sein Team, doch die waren oft lange am Stück unterwegs, und dann hatte ich nicht viel zu tun. Ich arbeitete hier und dort hinter der Bar und kellnerte ein paar Tage in der Woche, doch das deckte kaum die Miete ab. Ich war so arm, dass ich an manchen Tagen entscheiden musste, wer frühstücken konnte: Quila oder ich. Der Hund gewann immer. Ich hatte nicht viel Besitz, aber ich hatte Freunde und inneren Frieden und sonnengeküsste Haut und Zöpfe im Haar.

Eines Nachmittags ging ich in den Tauchladen, in dem meine Freundin Laura arbeitete, um nach einer Hängematte und Gesellschaft zu suchen.

»So ein Hippiemädchen versucht, dir den Freund auszuspannen!«, sagte sie anstelle einer Begrüßung.

»Welchen Freund?«

»Diego!«

Diego war ein Brasilianer, mit dem ich mich traf. Mein Nachbar, ein ruhiger, freundlicher Mittzwanziger, der aus demselben Grund in Costa Rica lebte wie jeder andere Typ mit einem Surfboard – auf der Suche nach der nächsten perfekten Welle.

»Eine junge Frau mit braunen Stiefeln und langen Haaren hat hier im Laden nach ihm gefragt«, erzählte Laura. »Sie hat gesagt, dass sie seit einer Weile zusammen wären. Sie sah ein bisschen aus wie du, nur dass sie kleiner war und dunkle Haare hatte, und sie trug auch nicht so viele Armbänder. Eine Tica-Version von dir. Sie wirkte nett, aber sie ist mit deinem Freund zusammen! Regt dich das nicht auf?«

»Er ist nicht mein Freund«, antwortete ich. Seit ein paar Monaten traf ich mich locker mit Diego, genauso, wie ich ein paar andere Männer gedated hatte, seit ich in die Stadt gezogen war. Laura sah mich skeptisch an. »Natürlich nicht«, meinte sie. »Na gut!«, sagte ich. »Ich frage ihn nach ihr.«

Als ich Diego darauf ansprach, sagte er, er wüsste nicht, wen ich meinte und dass er sich mit niemand anderem traf. Ich beschloss, dass die Frau das Ganze entweder erfunden hatte oder jemand war, vor dem ich mich in Acht nehmen musste. Ich brauchte nicht lange zu warten, um es herauszufinden.

Kurze Zeit später ging ich zum Strand und die Sesame Street entlang, die kleine Schotterstraße, an der hauptsächlich Expats und Langzeiturlauber wohnten, und da sah ich sie. Ich war barfuß, mein Hund dicht hinter mir. Die Frau, die auf mich zukam, trug ein Spaghettiträgertop mit einem fließenden, lilafarbenen Rock und wunderschöne Stiefel. Irgendwie wusste ich sofort, dass sie es war, von der Laura gesprochen hatte. Ich wollte sie gerade ansprechen, als sie mich zu meiner Überraschung ansah und lächelte.

»Hey! Ist heute nicht ein *großartiger* Tag?«, sagte sie, und ihre braunen Augen funkelten.

»Hi … äh … ja, das stimmt«, stotterte ich.

»Ich bin Andrea. Schön, dich kennenzulernen! Du bist Rachel, richtig?«

»Ja.«

Wir schwiegen, und ich musterte ihr Gesicht. Sie war unglaublich schön. Wenn das die Frau war, die mit mir um Diegos Aufmerksamkeit wetteiferte, dann hätte ich mich bedroht fühlen müssen, aber aus irgendeinem Grund tat ich das nicht.

»Ich liebe dein Kleid«, sagte Andrea.

»Und ich deine Stiefel.«

»Du kannst sie dir gern ausleihen. Gehst du zum Strand?« Ich nickte. »Soll ich dich begleiten? Ich bin eine wirklich nette Gesellschaft. Und ich habe was zu essen dabei.«

Nach etwa fünf Minuten hatten wir herausgefunden, dass wir uns tatsächlich mit demselben Mann trafen. Noch schneller hatten wir beschlossen, ihn abzuschießen. Wir stellten auch fest, dass wir Nachbarinnen waren. Andrea war gerade in das Haus neben meinem eingezogen. Sie wollte »eine unbestimmte, überwältigende Zeit lang« bleiben, wie sie sagte.

Andrea sprach Englisch wie eine Amerikanerin, aber mit kolumbianischer Intonation und viel Costa-Rica-Slang. Sie sagte, sie sei in Kolumbien geboren und in Costa Rica aufgewachsen, aber in den Staaten zur Schule gegangen, und jetzt bereiste sie das Land und versuchte, die Universität so lange wie möglich zu umgehen. Sie hatte langes, unordentliches kastanienbraunes Haar, dichte, dunkle Wimpern und blasse Haut. Sie war dünn, mit Rundungen an den richtigen Stellen – sie war wirklich umwerfend, doch ihr Aussehen war ihr nicht wichtig. Ihr Selbstvertrauen ließ mich viel über mein Bild von mir selbst nachdenken. Ich bin groß, mit breiten Schultern und langen Beinen, aber im Gegensatz zu Andrea war ich wegen meines Aussehens immer unsicher gewesen. Ich werde nie vergessen, als ich mit dreizehn einmal nach der Schule auf dem Weg nach Hause war und mir ein Bauarbeiter hinterherpfiff und rief: »Du bist ja niedlich! Aber pass auf, dass du nicht noch mehr zulegst!« Ich war bestürzt. Wie viel war »noch mehr«? Als ich nach Hause kam, stellte ich mich sofort auf die Waage meiner Mutter und notierte von da an jeden Tag mein Gewicht, um zu kontrollieren, dass ich auch ja nicht zunahm. Die meiste Zeit meines Lebens hatte ich mich immer von außen betrachtet und genauestens analysiert. Andrea hingegen schien noch keinen Tag ihres Lebens unsicher gewesen zu sein. Wenn Wasser in der Nähe war, fühlte sie sich so wohl in ihrer Haut, dass sie ihre Kleider abstreifte und splitterfasernackt schwimmen ging. Nach unserer ersten Begegnung wurden wir bald unzertrennlich.

Sie verpasste mir den Spitznamen »Macha«, was in etwa »blond« oder »Blondie« bedeutet. Eines Tages lag ich unter den Mandelbäumen am Strand und dachte: *So ist also eine echte Freundschaft?* Wir hatten am Morgen nebeneinander im Schatten gelesen, kaum miteinander gesprochen, nur gelegentlich nach einem Stück Ananas gegriffen oder uns etwas laut vorgelesen. Wir mussten nicht die ganze Zeit reden. Ich musste die Stille nicht mit Plattitüden oder Höflichkeiten füllen. Wir konnten einfach nur … sein. Es war seltsam, aber vom ersten Tag an fühlte es sich an, als würden wir uns schon sehr, sehr lange kennen. Wir beendeten gegenseitig unsere Sätze, trugen die Kleidung der anderen, teilten Schmuck, flochten einander die Haare und mochten dasselbe Essen, dieselben Bücher, Lieder und Männer. Ich hatte noch nie eine Freundin gehabt, die so sehr wie eine Schwester war; als wären wir aus demselben Fleisch und Blut. Diego war unsere Freundschaft schließlich so unangenehm, dass er die Stadt verließ.

Nach einer Weile zog Andrea zu mir; wir verbrachten sowieso jede freie Minute zusammen, da war es idiotisch, zweimal Miete zu bezahlen. Innerhalb weniger Monate hatten wir eine Routine etabliert: Morgens meditierten wir und verbrachten Zeit am Strand, wir machten Yoga, kochten, tranken Wein und alberten mit den Surfertypen herum. Sie zeigte mir, wie ich meinen ersten Altar bauen und mit den Engelkarten arbeiten konnte. Sie führte mich in Palo Santo und Trancetanz ein und brachte mir bei, wie man Armbänder häkelte. Sie lehrte mich, den Flüssen zu den besten Wasserfällen zu folgen und traditionelle Lieder zu singen. Wie ich verschlang Andrea spirituelle Bücher und war auf der Suche nach einem tieferen Sinn. Ich hatte viele Freundinnen in meinem Leben gehabt, doch aus irgendeinem Grund fühlte ich mich zum ersten Mal wirklich aufgehoben, was mir einiges über meine früheren Freundschaften sagte. Ich wusste, es lag nicht an meinen alten Freunden – sondern an meinem alten Ich. Es dauerte lange, bis ich Vertrauen fasste, und ich hielt Menschen oft auf Abstand oder beschwor ein Drama herauf. In meinen Frauenfreundschaften durchlebte ich viele anstrengende Muster aus der Beziehung zu meiner Mutter wieder und wartete ständig darauf, dass mich die andere verließ. Erst als ich Andrea kennenlernte, wurde mir klar, was Schwesternschaft tatsächlich sein konnte. Unsere gemeinsame Zeit war heilig – meine Seele entwickelte sich mit ihr zusammen weiter. Die Liebe, die ich für sie empfand, und die Leichtigkeit unserer Freundschaft waren völlig anders als jede andere meiner bisherigen Beziehungen zu Menschen. Vor Andrea hatte ich keiner Freundin völlig vertraut. Ich schuf oft Probleme in meinen Freundschaften, um mir selbst einen Grund zu geben, mich zurückzuziehen, bevor ich verlassen wurde. Ich wusste nicht, dass Freundschaft Intimität und Verletzlichkeit erforderte, von beiden Seiten. Andrea hatte keine Angst, Zuneigung zu zeigen oder sich zu öffnen. Sie liebte es zu kuscheln – sie brauchte Körperkontakt und hielt immer meine Hand oder meinen Arm oder spielte mit meinem Haar. Mit der Zeit begannen diese Eigenschaften, die ich so sehr bewunderte, auf mich abzufärben. Je besser wir einander kennenlernten, desto mehr hatten wir gemeinsam. Das ganze nächste Jahr über wusste jeder in der Stadt, dass wenn ich irgendwo auftauchte, Andrea nicht weit sein konnte, und umgekehrt. Als ein paar Touristen in einer Bar sagten: »Mann, ihr seht euch aber ähnlich!

Seid ihr Zwillinge?«, nannten wir uns ab da *gemela,* Zwilling. Tatsächlich sahen wir völlig unterschiedlich aus. Ich war groß und blond, sie war klein und braunhaarig. Aber irgendwas war wohl sehr ähnlich, und wir gewöhnten uns daran, dass man uns fragte, ob wir Schwestern seien. Auf gewisse Weise waren wir das ja auch. Und schienen es schon immer gewesen zu sein.

Dates hatte ich in dieser Zeit auch: Ich traf mich mit Luigi, einem Einheimischen aus San José, dem ich schließlich das Herz brach, der dann aber einer meiner engsten männlichen Freunde wurde. Und mit Brock, der aus Portland, Oregon nach Costa Rica gezogen war, auf der Suche nach der perfekten Welle. Ich liebte beide, aber ich war körperlich und seelisch nicht in der Lage, mich voll auf jemanden einzulassen, und zog immer bald weiter. Meine Angst, mich zu binden, erstreckte sich auf jeden Teil meines Lebens. Ich kündigte zum Beispiel nie endgültig meine Wohnung in Schweden. Nach zwei Jahren in Costa Rica hatte ich genug Geld für eine Reise nach Europa gespart. Ich flog zurück und schlüpfte für ein paar Wochen wieder in mein altes Leben in Uppsala, während Andrea auf Quila und unser kleines Haus am Strand aufpasste.

Es war zwar schön, meine Familie und alte Freunde wiederzusehen, doch ich konnte es kaum erwarten, zurück nach Dominical zu fliegen. Schweden war schon lange nicht mehr meine Heimat. Nach Weihnachten lud mein Vater mich und meine kleine Schwester zu einem Urlaub auf Aruba ein. Das lag auf der Strecke zurück nach Costa Rica, weshalb ich das Angebot gern annahm. Ich hatte zuvor noch nie von Aruba gehört, doch mir gefiel die Insel vom ersten Moment an. Sie hatte das tropische Flair von Costa Rica, die wunderbaren Strände, das warme Wasser, den Sonnenschein und den entspannten Lebensstil, war aber ähnlich ordentlich und strukturiert wie Schweden. Die Straßen waren befestigt (nicht wie in Costa Rica, wo die

Straßen nach jeder Regenzeit ausgewaschen waren), man konnte das Wasser trinken, es gab eine gute Gesundheitsversorgung und quasi keine Verbrechen.

Die ersten zwei Tage auf Aruba verbrachte ich mit meinem Vater und meiner Schwester am Strand und im Meer. Andrea schickte mir eine SMS. Jetzt bist du nur noch einen kurzen Flug entfernt! Sie vermisste mich. Als ich auf das türkiseste Meer blickte, das ich je gesehen hatte, hatte ich es plötzlich gar nicht mehr eilig, nach Costa Rica zu kommen. Aruba war bezaubernd. Wer weiß, vielleicht lerne ich ja einen süßen Karibik-Typen kennen und bleibe noch eine Weile! Das war ein Witz; ich befand mich gerade in einer anstrengenden Trennungsphase, und sie wusste alles darüber. Sehr witzig. Hör auf, Herzen zu brechen, und komm schnell wieder heim. Sie hatte recht. Ich musste allein sein.

Eines Morgens beschlossen Dad und ich, in einen Surfshop in der Stadt zu gehen. Ich betrat das Geschäft und stieß mit einem großen, blonden, unglaublich gut aussehenden jungen Mann zusammen.

»Hallo«, sagte er hoch über mir.

Mein Gesicht glühte, und ich brachte kaum ein Wort heraus. Erst nach einer Weile begriff ich, dass er mir die Hand entgegenstreckte, um mich zu begrüßen. Schließlich nahm ich sie. »Ich bin Dennis. Alles okay?« Ich nickte. »Rachel«, antwortete ich. Ich weiß nicht, was mit mir los war, aber es hatte mir die Sprache verschlagen. *Wer war dieser Typ?* Dennis sprach dann mit meinem Vater, der sich irgendwann zu mir umdrehte und fragte: »Hast du nicht nach einem Surflehrer gesucht, Rachel?« Worauf Dennis seine Nummer auf einen Zettel kritzelte und sie mir gab. »Ruf mich an, wenn du surfen gehen magst. Es wäre mir eine Freude, dich zu begleiten.«

»D…danke«, stotterte ich verlegen.

Sonst war ich doch viel selbstbewusster. Was war denn nur mit mir los? Ich konnte keine zwei zusammenhängenden Wörter herausbringen! Ich wollte nur noch weg. Dennis lächelte mir zu, als ich den Laden verließ, doch ich konnte ihn nicht einmal ansehen. Ich war völlig neben mir. Dad sagte verzweifelt zu mir, als wir im Freien waren: »Du hast wirklich einen ganz furchtbaren Männergeschmack. Schau dir nur den Typen da drin an! Bescheiden, ehrlich, gut aussehend. Man hat sofort gesehen, dass das ein toller Mann ist. Und du hast ihn einfach links liegen lassen!«

Wenn er wüsste!

Eine Woche verging, und jeden Tag dachte ich beim Aufwachen an den Mann im Surfshop. Ich wusste nicht genau, warum, aber ich bekam ihn nicht mehr aus dem Kopf. Allein der Gedanke, ihn wiederzusehen, war lächerlich – ich war auf einer winzigen Insel im Nirgendwo, auf die ich nie wieder einen Fuß setzen würde! Ich konzentrierte mich auf meine Familie und das wunderschöne Meer, doch mein erster Gedanke am Morgen galt weiterhin ihm. Als Dad einen kurzen Abstecher nach Kolumbien machte, brachte ich endlich den Mut auf, zurück in den Laden zu gehen. *Was kann es schon schaden?,* dachte ich. *Ich sage nur schnell Hallo. Keine große Sache.* Mit meiner kleinen Schwester Emelie zusammen stieg ich in ein Taxi, und wir fuhren in die Stadt. Ich hatte das Gefühl, als würde ich gleich etwas Bedeutendes tun, und das jagte mir Angst ein. Deshalb ging ich einen Handel mit dem Universum ein. *Wenn es irgendeinen Grund gibt, warum das hier nicht sein soll, dann gib mir ein Zeichen, und ich werde es glauben.*

In der Stadt stellten wir fest, dass alles geschlossen hatte. Es war Sonntag, und offensichtlich war das wirklich ein Ruhetag auf Aruba. Enttäuscht fuhren wir mit dem Taxi zurück ins Hotel, doch ich bekam den Typen immer noch nicht aus dem Kopf.

Das war kein Zeichen, sagte ich mir. *Alles hatte zu! Ich werde es morgen noch einmal versuchen.* Am nächsten Tag überredete ich meine Schwester, noch einmal mitzukommen. Und wieder handelte ich mit dem Universum. *Wenn das aus irgendeinem Grund nicht sein soll, gib mir noch ein Zeichen, und dieses Mal werde ich es ernst nehmen.* Wir kamen zu dem Laden und … Dennis war nicht da. Ich war enttäuscht. Doch seine Kollegen waren alle da.

»Du hast Dennis gar nicht angerufen!«, rief einer. »Er dachte wirklich, du würdest dich melden.«

Vor Verlegenheit wäre ich beinahe gestorben. Man hatte ganz offensichtlich über mich gesprochen, und jetzt war ich wieder da, zusammen mit meiner neunjährigen Schwester, und versuchte, mich völlig locker zu geben, während mich fünf Surfer anstarrten.

»Er ist oben im Büro«, sagte einer. *Das ist kein Zeichen,* redete ich mir ein. *Kein Zeichen.* »Oh, schon gut, wir sehen uns nur ein bisschen um!«, antwortete ich.

Ich lungerte so lange herum, wie ich konnte, schaute mir Sachen an, die mich überhaupt nicht interessierten, und gab vor, alles Mögliche zu benötigen, was ich überhaupt nicht brauchte. Nach einer gefühlten Ewigkeit tauchte Dennis dann endlich auf.

»Du bist wieder da«, sagte er.

»Ja«, erwiderte ich. »Ich … brauche Boardshorts.«

»Stimmt gar nicht!«, rief Emelie. »Du hast doch schon welche! Tonnen!«

Ich warf ihr einen Blick zu, den sie hoffentlich richtig verstand: »Wenn du nicht die Klappe hältst, bekommst du *nie wieder* Eis.«

»Na gut, ich bin hier, wenn du was brauchst«, sagte Dennis und ging hinter die Theke.

Das war's?, fragte ich mich. *Er wollte nicht mit mir reden? Oder sich mit mir treffen? Warum machte es mir das Universum so schwer, diesen Mann zu sehen?* Es war mir zu peinlich, ihn vor seinen Kumpels nach einem Date zu fragen, weshalb ich schließlich nur für unsere Sachen zahlte und wir das Geschäft verließen.

Als ich durch den Markt ging, spürte ich, dass mich jemand beobachtete. Ich drehte mich um und sah Dennis, der sich am Türrahmen des Ladens festhielt, sich hinauslehnte und mir nachblickte. Ich nahm allen Mut zusammen und warf ihm ein strahlendes Lächeln zu (ein sehr vielsagendes!) und ging weiter. Ich hatte meiner Schwester versprochen, dass wir etwas essen würden, weshalb wir uns in ein Restaurant setzten. Plötzlich tauchte Dennis auf. Jetzt wirkte er nervös.

»Hallo! Ich weiß nicht, ob du Zeit hast ... Vielleicht auch nicht ... Aber ich bin in zwanzig Minuten fertig und wollte mir mal die Wellen anschauen. Willst du mitkommen?«, fragte er.

»Surfen? Ich? Ja! Klar! Absolut!«, antwortete ich ein bisschen zu enthusiastisch.

»Oder wolltet ihr gerade etwas essen?«, fragte er.

»Essen? Wir? Nein, nein ... Gar nicht. Wir wollen nichts essen! Gehen wir surfen«, sagte ich.

»Was heißt das, wir wollen nichts essen?«, rief meine Schwester und wedelte mit der Speisekarte. »Du hast gesagt, wir würden hier etwas essen! Ich verhungere!«

O Gott, Emelie. Sei. Einfach. Still. »Ich bringe dich zum Hotel«, sagte ich auf Schwedisch. »Dad ist sicher wieder zurück. Ich kaufe dir ein Eis, und du kannst im Zimmer einen Film anschauen. Bitte mach einfach mit!«

»Ah ... Du magst ihn! Jetzt kapiere ich es!«, antwortete sie ebenfalls auf Schwedisch. »Na gut. Aber vergiss nicht mein Eis.«

Wir lieferten Emelie bei Dad ab, und Dennis und ich fuhren zum Strand. Die Brandung war zu hoch für mich, und der Break war voller Surfer, die um die besten Wellen wetteiferten.

»Ist es okay, wenn du hier etwas chillst?«, fragte Dennis.

»Ja, klar.«

Damit sprang mein neuer Bekannter aus dem Wagen und zog sich aus. Auch die Unterwäsche. Wir hatten uns gerade erst kennengelernt, und jetzt stand er nackt hier und zog sich um? *Was macht er da?*, fragte ich mich. Ich hatte noch nie jemanden getroffen, der sich in seiner Haut so wohlfühlte, und einen Moment dachte ich an Andrea und daran, dass auch sie in Sekundenschnelle ihre Kleidung abwerfen konnte. *Die beiden würden sich wirklich gut verstehen.* Eine Vision von uns dreien, wie wir am Strand entlanggingen, erschien vor meinen Augen. Ich verdrängte sie – was dachte ich da eigentlich? Ich kannte diesen Typen seit fünf Minuten! Eine Sekunde später war Dennis in seine Boardshorts geschlüpft und lief auf das Wasser zu.

Ich saß am Ufer und sah ihm zu, bis die Sonne unterging. Als er zurück an den Strand paddelte, hatte ich Schmetterlinge im Bauch. Warum war ich so nervös? Er war schließlich nicht der erste süße Surfer, mit dem ich Zeit verbrachte. Er war nur einer von vielen, mit denen ich in diesem Jahr geflirtet hatte – männerbezogen war es wirklich das aufregendste Jahr meines Lebens gewesen. Die meisten waren Surfer gewesen wie er. Warum fühlte ich mich dann so … komisch?

Dennis trocknete sich ab und setzte sich neben mich in den Sand.

»Willst du was essen gehen?«, fragte er.

Wir landeten in einem Thai-Restaurant und blieben stundenlang dort, aßen vegetarische Rollen und gelbes Curry, tranken Singha-Bier und unterhielten uns. Keiner von uns wollte, dass der Abend zu Ende ging.

Als das Restaurant schließlich schloss, bezahlten wir widerwillig. Danach standen wir im Freien und wollten nicht nach Hause gehen. »Sollen wir noch ein wenig herumfahren?«, schlug er vor. Blöde Frage! Wir fuhren mit heruntergelassenen Fenstern, seine Hand lag auf dem Schaltknüppel, ich hatte die Füße auf dem Armaturenbrett. Wir kamen zu einem Aussichtspunkt und stiegen aus. Tausende Lichter glitzerten in der Ferne. Plötzlich fehlten uns die Worte. Er trat näher an mich heran, und lange Zeit standen wir so da, eng beieinander, berührten uns aber nicht. Gleich würde etwas Bedeutendes passieren. Tief in mir wusste ich: *Wenn ich diesen Mann küsse, gibt es keinen Weg zurück.*

»Vielleicht sehen wir Sternschnuppen«, sagte Dennis, als wir nach oben auf die glitzernde Leinwand starrten.

»Ich habe noch nie eine gesehen«, erwiderte ich.

Das stimmte. Ich war schon so oft nachts unterwegs gewesen und hatte noch nie eine erwischt. Andrea sagte immer, dass ich kein Glück brachte. »Wir werden nie eine sehen, wenn Macha dabei ist!«, sagte sie, wenn wir uns abends am Strand um ein Feuer versammelten. Also gut. An diesem Aussichtspunkt, auf einer kleinen Karibikinsel, auf die ich wahrscheinlich nie wieder zurückkehren würde, beschloss ich, einen letzten Handel mit dem Universum einzugehen. *Wenn wir eine Sternschnuppe sehen, küsse ich ihn.* Eine Sekunde später raste ein Stern über den Himmel und zog einen langen, orange glitzernden Schweif hinter sich her. Sofort trafen sich unsere Lippen. Ich weiß nicht, wer wen küsste, aber er schmeckte nach Salzwasser und Sonne.

Nach fünf wunderschönen gemeinsamen Tagen musste ich nach Costa Rica zurückkehren. Ich war schon eine ganze Weile weg gewesen, und mittlerweile hatte Andrea meinen Hund Quila von Dominical nach San José mitgenommen. Ich fühlte mich schuldig, schließlich war ich einfach abgehauen und hatte mein ganzes Leben hinter mir gelassen. Ich fühlte mich so verantwortungslos. Andrea schien es nichts auszumachen, sie freute sich einfach nur, mich wiederzusehen.

Wir beschlossen, eine Woche in Dominical zu verbringen. Ich ging davon aus, dass ich dort nach einem neuen Haus suchen und wieder in der Bar arbeiten würde.

Wir verlebten eine großartige Zeit am Strand. Ich war wieder in meinem Element, zusammen mit dem Menschen, den ich am meisten auf der Welt liebte. Wir meditierten jeden Morgen, wanderten zu den Wasserfällen, schwammen nackt, sangen, chanteten und spielten mit den Hunden – Andreas zwei und Quila. Die Abende verbrachten wir mit unseren alten Freunden, saßen am Lagerfeuer, tanzten. Das Leben war schön.

Trotzdem dachte ich jeden Tag an Dennis, auch wenn ich mir nicht vorstellen konnte, dass es mit uns funktionieren würde. Seit ich Aruba vor zwei Wochen verlassen hatte, hatten wir nicht mehr miteinander gesprochen – vielleicht dachte er überhaupt nicht mehr an mich? Eines Morgens wachte ich auf, nachdem ich wieder von ihm geträumt hatte, und erzählte Andrea davon.

»Ruf ihn an!!!«, sagte sie. »Schau, was passiert. Eigentlich finde ich, dass du besser allein bleiben und dir eine gute Zeit machen solltest. Aber dieser Mann! Was hat er nur an sich? Du träumst jede Nacht von ihm. Ruf ihn an. Lass das Universum entscheiden, was passieren soll.«

Ich hatte kein Telefon, weshalb ich mit ein paar Hundert Colones zum Münztelefon auf der anderen Straßenseite ging. Ich wählte Dennis' Nummer. Meine Hände waren schweißnass, als es am anderen Ende der Leitung läutete. Er nahm sofort ab. Allein seine Stimme zu hören, ließ mein Herz rasen.

»Hallo, hier ist Rachel«, sagte ich. »Ich habe an dich gedacht.«

»Ich auch an dich«, antwortete er. »Oft.«

Ich wurde rot. Er hatte also tatsächlich an mich gedacht!

»Also, wie wäre es, wenn ich zurückkomme und dich besuche?« Ich hielt den Atem an.

»Ja, das wäre schön«, erwiderte er.

»Morgen?«, fragte ich halb im Scherz.

»Ja, morgen ist super! Dann hole ich dich am Flughafen ab.«

»Bis bald.« Ich legte auf.

Vom Münztelefon aus konnte ich Andrea auf unserem Balkon stehen sehen.

»Ich fliege nach Aruba!«, brüllte ich.

Sie rannte die Treppe hinunter und fing mich auf der Straße ab. »*Aruba! Aruba! Aruba!*«, riefen wir und hüpften wie wild herum.

Ich buchte einen Flug für den nächsten Morgen, bevor ich es mir anders überlegen konnte. Andrea und ich fuhren noch am selben Abend vom Strand zurück nach San José, wo wir sehr spät ankamen. Wir schliefen in einem Bett, und am Morgen wachte ich mit ihrem Arm in meinem Gesicht auf. Als sie mich am Flughafen absetzte, wurde ich plötzlich sehr emotional. Ich war auf dem Weg nach Aruba, um mit einem Mann zusammen zu sein, den ich kaum kannte, wo ich doch hierbleiben und mein Leben mit meiner besten Freundin verbringen könnte.

Andrea packte mich an den Schultern und sah mir in die Augen. »Das wird alles ganz großartig«, sagte sie. »Hab Vertrauen.«

Ich entspannte mich ein wenig. »Aber was, wenn er so eine Art Psychopath ist?«, fragte ich.

»Nun, dann ist er zumindest ein wirklich süßer.«

Andrea hatte recht. Wir umarmten uns, und ich war weg.

KAPITEL SIEBEN

ZUHÖREN

Dennis wartete in einem leuchtend grünen T-Shirt in der Ankunftshalle auf mich. Wir umarmten uns und fuhren zu ihm; er wohnte zusammen mit seinem besten Freund Cado in einem kleinen Haus, das sie gemietet hatten. Es ging alles sehr schnell mit uns, doch es war ein völlig anderes Gefühl als bei meinen früheren Affären. Zum ersten Mal verspürte ich nicht das Bedürfnis, wegzulaufen oder mich nach dem nächsten Mann umzusehen. Wenn ich nachts in Dennis' Armen lag, war ich so entspannt wie nie zuvor. Ich fühlte mich zu Hause. Voller Frieden. Dennis war wie ein Anker in meinem chaotischen Leben.

Nach etwa einem Monat auf der Insel entdeckte ich einen winzigen Welpen in einer Mülltonne am Straßenrand. Er musste etwa zwei oder drei Wochen alt sein. Seine Beine sahen wie Zahnstocher aus, sein Bauch war aufgebläht, sein Fell schmutzig und verfilzt. Ich verliebte mich sofort, nahm den Welpen mit nach Hause, fütterte und badete ihn und ließ ihn in einer offenen Umzugskiste mit einer Nachricht für Dennis zurück: »Nicht böse sein – wir sprechen später darüber.«

Ich wusste nicht, wie er reagieren würde, schließlich waren

wir erst seit einem Monat zusammen, doch als ich wieder zurückkam, saß Dennis mit dem Welpen auf dem Schoß und Tränen in den Augen da. Auch für ihn war es Liebe auf den ersten Blick. Wir versuchten, uns auf einen Namen für unser neues Familienmitglied zu einigen. Dennis wollte ihn Dynamite nennen, mir gefiel Yogi. Schließlich entschieden wir uns für Sgt. Pepper (abgekürzt Pepper) nach unserem Lieblingsalbum der Beatles. Dennis' Hund Laika liebte den Welpen auch. Armer Cado. Mit zwei Hunden und einem frisch verliebten Pärchen zusammenzuwohnen … Das hatte er sich so nicht vorgestellt, weshalb er sich bald eine eigene Unterkunft suchte.

Während ich herauszufinden versuchte, was ich mit meinem Leben anstellen wollte, arbeitete ich in zwei Halbzeitjobs, als Kellnerin und als Barkeeperin. Nach ein paar Wochen, in denen ich nachts und Dennis tagsüber gearbeitet hatte, kamen wir zu dem Schluss, dass das nicht funktionierte, weil wir uns kaum noch sahen. Ich ging zum Strand, um darüber zu meditieren, was ich wirklich machen oder »sein« wollte. *Was liebe ich wirklich?*, fragte ich mich. Wenn ich mich hier auf der Insel niederlassen und mehrere Stunden am Tag arbeiten wollte, dann musste es etwas sein, das mir Freude bereitete. Die Antwort war klar. Yoga. Ich wollte Yoga unterrichten. Es war zu einem großen Teil meines Lebens geworden, und jeden Morgen rollte ich meine Matte auf unserer kleinen Terrasse aus, um mich zu dehnen und mich im Einklang mit meinem Atem zu bewegen. In Costa Rica hatte ich schon öfter unterrichtet. Ein Traum fing an, Gestalt anzunehmen. Was, wenn ich hauptberuflich Yoga unterrichten könnte?

Schließlich fand ich einen Job an der Rezeption eines kleinen Studios auf der Insel und gab allmählich auch selbst Kurse, auf die ich mich mit Büchern und der Hilfe von erfahrenen Lehrern vorbereitete. Nach einer Weile stellte man mich als

Yoga-Lehrerin in einem Resort ein, und mit der Zeit wurden meine Kurse so populär, dass ich zur Leiterin des Yoga-Bereichs befördert wurde. Ich tauchte völlig in die Yoga-Welt ein. Ich hatte keine offizielle Ausbildung, doch was ich aus Büchern gelernt hatte, aus persönlicher Erfahrung, in Kursen und Workshops, zahlte sich aus. Das Lehren fiel mir leicht; wie etwas, das ich schon die ganze Zeit hätte tun sollen. Der nächste Schritt war eine zertifizierte Ausbildung zur Yoga-Lehrerin.

Zu diesem Zeitpunkt war ich seit neun ganzen Monaten auf Aruba. Die Ausbildung, die ich mir ausgesucht hatte, fand in Costa Rica statt. Mit dem Segen meines Arbeitgebers meldete ich mich an und flog mit dem Rückflugticket, das ich seit meiner Abreise zu Dennis nie eingelöst hatte, zurück. Ich dachte, ich würde bald zurückkommen. Mein Plan war, bei Andrea zu bleiben, bevor die Ausbildung drei Wochen lang im Regenwald stattfand. Danach würde Dennis für einen Urlaub zu mir stoßen, und dann wollten wir meine Sachen packen und mit Quila nach Aruba zurückkehren.

In San José holte mich Andrea am Flughafen ab. Ich war so glücklich, sie wiederzusehen. Wir hatten die ganze Zeit über miteinander geskypt und uns fast täglich Nachrichten geschickt, aber ich hatte es vermisst, persönlich Zeit mit meiner besten Freundin zu verbringen. In den nächsten Tagen erzählten wir uns alles über unsere derzeitigen Beziehungen. »Weißt du noch, dass du Angst hattest, er könnte ein Psychopath sein?«, erinnerte sie mich. Wir lachten. Wie schnell mein Leben sich verändert hatte. Ich war auch anders, was Andrea ebenfalls bemerkte. Ich war ruhiger, gefestigter, sagte sie. Dennis hatte mir geholfen, mich zu erden.

Andrea setzte mich am Busbahnhof ab, und ich brach zu meinem nächsten Abenteuer auf. Ich war unglaublich aufgeregt und nervös vor der Lehrerausbildung. Sie fand in einem Retreatzentrum in Puerto Viejo statt, auf der Karibikseite des Landes. Mir war ganz schwindelig vor Vorfreude, als ich zur ersten Unterrichtsstunde ging. Der Unterrichtspavillon war mitten im Regenwald, und wir waren eine Gruppe von dreißig Frauen, die Matte an Matte im Kreis saßen. Als die Lehrerin dazukam, war die Atmosphäre fast heilig.

Lori war etwa Mitte fünfzig und hatte die Haare zu einem festen Knoten zurückgebunden. Sie begrüßte uns, setzte sich auf ihre Matte und legte die Hände vor ihrem Herzen aneinander, das Anjali Mudra, das Herz vor dem Herzen. Es herrschte Stille. Gerade als sie anfangen wollte zu sprechen, entdeckte sie ein Insekt auf ihrer Matte und zerquetschte es. *Zack!* Ich schnappte nach Luft. Die Lehrerin hatte ein Insekt getötet? Auf ihrer Yoga-Matte? Ich hatte schon immer eine angeborene Ehrfurcht vor Tieren und Insekten gehabt und noch nicht einmal eine Mücke getötet. Die erste der fünf Yamas, die moralischen, ethischen und gesellschaftlichen Regeln für Yogis, ist Ahimsa – man fügt niemandem Schaden zu. Darunter fielen garantiert auch Insekten! Von dem Moment an wusste ich, dass sie die falsche Lehrerin für mich war. Und es wurde nur noch schlimmer.

Ich rate Menschen, die nach einem neuen Lehrer oder einer neuen Lehrerin suchen, sich für jemanden zu entscheiden, mit dem sie auch gerne gemeinsam eine Tasse Tee trinken würden. Bei Lori konnte ich mir das nicht vorstellen. Einmal sprach sie über die Herausforderungen, denen man sich als Yoga-Lehrerin stellen musste, und benutzte mich als Beispiel. »Einige von euch werden ein paar schmerzhafte Lektionen lernen müssen«, sagte sie. »Rachel etwa wird lernen müssen, dass Yoga mehr ist, als hübsch auszusehen.« Alle Köpfe drehten sich zu mir. Mein Gesicht glühte. *Yoga war mehr, als hübsch auszusehen? Was? Warum dachte sie dabei an mich?* Ich besaß ganze zwei Yoga-Hosen, war nie geschminkt und hatte mein langes Haar auf der Matte immer zurückgebunden. Ich verstand nicht, warum sie so von mir sprach, aber ihre Bemerkung hatte mich tief verletzt, und ich versuchte die ganze restliche Ausbildung über, die Aufmerksamkeit von mir abzulenken und mich auf den Unterricht zu konzentrieren.

Jeder Tag des Zweihundert-Stunden-Kurses hatte ein Motto, damit wir uns in die verschiedenen Yoga-Arten vertiefen konnten. Am meisten gespannt war ich auf Kundalini. Ich erinnerte mich daran, was Kim darüber gesagt hatte, die Kundalini-Lehrerin von der Farm, die bei der Ayahuasca-Zeremonie dabei gewesen war. Das Üben bestand aus einer Wiederholung einfacher Positionen und intensiver Atemarbeit, die machtvolle Energie aus dem Rückgrat nach oben durch den Scheitel freigab, sie mit dem Göttlichen verband und, wenn man Glück hatte, zur Erleuchtung führte. »Es kann einen ganz schön mitnehmen, und zu viele Menschen lehren es, die es besser lassen sollten«, hatte sie gesagt.

Ich hatte gehört, dass Lori Kundalini nur selten unterrichtete, und ich war nervös, als wir uns auf unsere Matten begaben. Die Gruppendynamik war seltsam – ich fühlte mich nicht sicher. Wir übten, wiederholten einfache Stellungen. Ich vertiefte mich in meinen Körper und meinen Atem, und schnell hatte ich die Zeit vergessen. Am Ende des Unterrichts meditierten wir, und ich hatte das Gefühl, als stünden meine Hände und Füße in Flammen – ähnlich wie bei der Kakaozeremonie. Eine tiefe Traurigkeit überkam mich, und plötzlich hatte ich Visionen. Ich sah, wie Menschen, die ich in meinem Leben verloren hatte, von oben herabschwebten und vor mir landeten: mein Stiefvater Stefan, der bei dem Flugzeugabsturz umgekommen war; mein Großvater mütterlicherseits, der vor meiner Geburt gestorben war; Marianne, die Stiefmutter meiner Mutter, die den Kampf gegen den Krebs verloren hatte, als ich ein Teenager war. Als ich die Hand nach ihnen ausstreckte, entfernten sie sich von mir. Trauer und Verzweiflung überwältigten mich, und ich begann so heftig zu weinen, dass ich keine Luft mehr bekam. Ich verlor die Verbindung zur Erde unter mir und hatte das Gefühl, von einer grauen, dunklen Wolke verschlungen zu werden.

Als ich die Augen wieder öffnete, waren drei Stunden vergangen. Es war fast dunkel, der Pavillon war leer. Ich sammelte meine Sachen zusammen und ging auf das Zentrum zu. Kurz vor dem Gebäude hörte ich eine Stimme, die nach mir rief.

»Hallo, du!«

Ich sah eine Frau, die auf der Treppe zu der benachbarten Hütte stand. Es war die Heilerin des Zentrums. Sie bot Massagen und Energiearbeit an.

»Möchtest du einen Moment hereinkommen?«, fragte sie.

Leicht benebelt nickte ich und ging langsam die Treppe hinauf. Sie führte mich in den hinteren Bereich der Hütte.

»Leg dich hin«, sagte sie und deutete auf eine gepolsterte Bank.

Ich legte mich auf den Rücken, und sie begann zu chanten und mit Kristallen und ätherischen Ölen an mir zu arbeiten. Nach und nach fühlte ich mich wieder normal. Danach lud sie mich auf einen Tee ein.

»Was ist mit dir passiert?«, fragte sie mich. »Ich habe gesehen, wie du vorbeigelaufen bist ... Ich habe *gespürt,* wie du vorbeigelaufen bist. Ich habe noch nie eine so niedrige, schwere Energie um einen Menschen gefühlt. Ich weiß nicht, was dir zugestoßen ist, aber du warst überhaupt nicht in deinem Körper. Und auf gar keine gute Art und Weise.«

Ich erzählte ihr von dem Kundalini-Unterricht, den Visionen und dem Gefühl der Verzweiflung, das mich überwältigt hatte. Sie wurde wütend.

»Das ist so unverantwortlich!«, rief sie. »Dabei hat man es mit sensiblen Energien zu tun. Und sie haben dich einfach so liegen gelassen? Keiner hat dich unterstützt? Du warst ganz allein?«

»Ja.«

Die Frau wirkte zutiefst aufgewühlt. »Manche Menschen sind bei dieser Art Körperarbeit sehr empfänglich und können sich leicht in der Kundalini-Energie verlieren«, sagte sie. »Du bist offensichtlich so ein Mensch. Mit der Zeit und genügend Übung wirst du lernen, sie zu beherrschen und sie zum Licht zu drehen, aber jemand Unerfahrenes kann davon überfordert und verschlungen werden.«

Ich lauschte ihr aufmerksam, als sie fortfuhr: »Ich habe den Eindruck, als hättest du eine ausgeprägte Fähigkeit, eine Verbindung zur anderen Seite aufzubauen – das ist eine gute Eigenschaft, aber ohne Führung kann sie richtiggehend gefährlich werden. Versprich mir: Lass dich nie auf diese Art Körperarbeit ein, ohne sicher zu sein, dass du mit deinem Lehrer oder deiner Lehrerin harmonierst.«

»Ich verspreche es«, antwortete ich.

Ein paar Tage später schloss ich die Ausbildung ab und erhielt mein Zertifikat. Ich hatte eine wichtige Lektion gelernt. Vertrau darauf, was dein Körper dir sagt, wenn du einen Menschen neu kennenlernst. Wenn dein Bauch dir sagt, dass etwas nicht stimmt, folge diesem Instinkt. Und am wichtigsten: Forsche nach, bevor du Zeit in etwas steckst, das dein Herz betrifft. Es erfordert Übung, auf die eigene Intuition zu hören, und manchmal muss man sich in eine Grauzone begeben, um wirklich herauszufinden, wo die eigenen Grenzen liegen. Ich werde nie wieder bei einem Lehrer oder einer Lehrerin lernen, dem oder der ich nicht aus tiefstem Herzen vertraue, aber ich bin dankbar für die Lektionen.

Wir holten Dennis in San José am Flughafen ab. Endlich lernte er Andrea kennen. Es war ein großer Moment – meine beste Freundin traf meinen Traummann –, und ich war nervös. Was, wenn sie einander nicht mochten? Dennis küsste mich, dann zog er Andrea in eine bärenhafte Umarmung an sich.

»Endlich lernen wir uns kennen!«, sagte er.

Im Auto redeten und lachten wir, als wären wir schon immer ein Dreiergespann gewesen. Nach wenigen Stunden hatten sie ihre eigenen Insiderwitze etabliert – von denen viele auf meine Kosten gingen.

»Wie ist es, mit jemandem zusammenzuwohnen, der die ganze Zeit mit offenem Mund kaut?«, fragte Andrea und stieß Dennis den Ellbogen in die Seite.

Er verdrehte die Augen. »Ich dachte, ich wäre der Einzige, dem das auffällt! Es macht mich *wahnsinnig!* Als würde sie auf Metall herumkauen! Das ist so laut!«

Ich tat so, als wäre ich beleidigt, aber tatsächlich war ich begeistert. Sie benahmen sich wie Bruder und Schwester.

»Er sieht so gut aus«, sagte Andrea, als wir allein waren. »Ich finde ihn großartig! Er ist der Richtige für dich! Spürst du das?«

»Ja«, erwiderte ich errötend.

Sie legte ihren Kopf auf meine Schulter. »Heißt das, dass du nie wieder zurückkommen wirst?«, fragte sie. »Keine Gemela-Zeit mehr?«

Wir wischten uns beide die Tränen ab.

»Du bist meine beste Freundin«, sagte ich. »Ich werde nie weit weg sein.«

Am Ende meines Aufenthaltes packten Dennis und ich meine Sachen und Quila und kehrten mit neuer Gewissheit zurück nach Aruba: Wir waren jetzt wirklich ein Paar. Ich hatte ihn nicht einfach nur besucht und war geblieben – ich war eine Bindung eingegangen. Ich hatte sogar meinen Hund mitgenommen. Wir zogen in ein süßes kleines Haus mit einem großen Garten mit drei Mangobäumen, einer großen Terrasse und Palmen. Wir waren eine Familie. Dennis, ich und unsere Hunde.

KAPITEL ACHT

———

ERDEN

Das nächste Jahr verbrachten Dennis und ich in völliger Glückseligkeit. Doch auch wenn so viel Gutes in meinem Leben passierte, schien mich das Unglück trotzdem zu verfolgen. Seit ich Schweden verlassen hatte, hatte ich bis auf gelegentliche Telefonate nicht viel Kontakt mit meiner Familie gehabt. Meine Schwestern, die bei meiner Abreise noch Kinder gewesen waren, wurden schnell älter. Hedda war jetzt ein Teenager und hatte laut meiner Mutter eine Menge Probleme. Sie trank und litt unter Depressionen. Mom rief mich eines Tages weinend an, weil Hedda versucht hatte, sich umzubringen. Ich war am Boden zerstört. »Ich glaube, sie sollte dich eine Weile besuchen«, sagte meine Mutter. »Sie braucht jetzt ihre große Schwester und ein bisschen Sonne.« Ich liebte meine kleine Schwester und sagte, dass sie natürlich kommen könne. Schließlich hatte ich schon immer versucht, andere zu retten, und für meine Geschwister fühlte ich mich besonders verantwortlich.

Als ich Hedda am Flughafen abholte, traute ich meinen Augen nicht. Ihre Haut war so bleich, dass sie fast bläulich wirkte, und sie hatte dunkle Ringe unter den Augen, die schwarz geschminkt waren; ihr Haar war leuchtend türkis gefärbt. Ich rannte auf sie zu und umarmte sie fest, doch während ich die Tränen zurückdrängte und ihren winzigen Körper umklammerte, erwiderte sie die Begrüßung kaum. Als wir im Auto saßen und sie ihren Pulli auszog, sah ich erschrocken die feuerroten Narben auf ihren Armen. Sie sahen aus wie Linien in einem Schreibheft. Hedda ritzte sich. Ich sah weg und versuchte, mich auf die Straße zu konzentrieren.

»Freust du dich, hier zu sein?«, fragte ich.

»Ich weiß es nicht«, sagte sie.

Ich wusste zwar nicht, wie, aber ich war fest entschlossen, ihr zu helfen.

In den nächsten zwei Wochen überschütteten Dennis und ich Hedda mit Aufmerksamkeit. Wir schwammen im Meer, aßen leckeres Essen und kuschelten mit den Hunden. Ich versuchte sie zu überreden, bei meinen Yoga-Kursen am Strand mitzumachen, doch sie saß immer nur am Rand und starrte aufs Wasser. Wenn ich ihr in der ersten Woche Fragen stellte, gab sie mir nur vage Antworten. Anfang der zweiten Woche kam der Durchbruch.

»Es geht mir nicht gut zu Hause«, sagte sie einmal. »Ich bin immer traurig.«

»Ich bin für dich da«, antwortete ich. »Willst du darüber reden, warum du immer so traurig bist?«

Sie seufzte und wandte den Blick ab. »Nein. Ich will einfach nur bei dir sein.«

Unsere gemeinsame Zeit verging viel zu schnell, doch sie schien Hedda etwas geholfen zu haben. Als ich sie zum Flughafen brachte, war sie nicht mehr so bleich, und die Narben auf ihren Armen waren etwas verblasst. Sie wirkte fröhlicher und nicht mehr so niedergedrückt.

»Alles okay, ja?«, fragte ich.

»Ja«, antwortete sie lächelnd. »Ich musste nur mal weg von allem. Es geht mir gut.«

Wir umarmten und verabschiedeten uns. Als Hedda zum Gate ging, hatte ich ein mulmiges Gefühl im Bauch.

»Es geht ihr gut«, versuchte Dennis mich zu beruhigen. »Du hast doch gesehen, wie glücklich sie letzte Woche war. Es ist alles in Ordnung.«

»Du hast recht«, erwiderte ich.

Eigentlich hatte ich alles getan, um Hedda aufzumuntern. Doch ich fragte mich, ob es genug gewesen war.

Nach einem Tag zurück in Stockholm versuchte Hedda, von einem hohen Gebäude zu springen. Die Polizei brauchte Stunden, um sie zu überreden, wieder herunterzukommen. Als Mom es mir am Telefon erzählte, zerbrach etwas in mir. Die negative Stimme in meinem Hinterkopf kam mit voller Wucht zurück, die ich so lange auf Abstand hatte halten können. Ich hatte bei meiner kleinen Schwester unverzeihlich versagt. Wenn ich eine bessere Schwester wäre, hätte sie nicht versucht, sich umzubringen. Es war meine Schuld, dass sie sterben wollte.

Hedda begann dann eine Therapie. Ich dagegen beschloss, dass ich endlich Party machen sollte. Ich hörte auf zu meditieren und verbrachte viel Zeit mit neuen Bekannten, ging in Clubs und trank viel. Zuerst ging ich ein- oder zweimal die Woche aus, dann war ich jeden Tag in Bars. Dennis war völlig überrascht. Diese Seite an mir hatte er noch nicht kennengelernt – von der ich außerdem gedacht hatte, ich hätte sie schon vor langer Zeit hinter mir gelassen. Ich hatte wieder das Gefühl, sechzehn zu sein und meine Emotionen in Tequila zu ertränken. Er versuchte, mit mir mitzuhalten, ging jedoch immer früh nach Hause. Und ganz ehrlich, ich wollte ihn auch nicht dabeihaben. Ich wollte allein mit meinen neuen Freunden sein. Freunden, die mich nicht kannten und keine Fragen stellten.

Dennis hörte irgendwann auf zu fragen, ob er mitkommen

solle. Und anstatt mich damit zu konfrontieren, was eigentlich los war, wurde er still und distanziert.

Von außen betrachtet schien ich eine großartige Zeit zu haben – tanzen, trinken, jeden Abend Party. *Ich habe das Beste aus zwei Welten – nur weil ich Yoga unterrichte, muss ich ja nicht langweilig sein,* redete ich mir ein. Tief drinnen wusste ich, dass irgendetwas ganz und gar nicht in Ordnung war, aber ich weigerte mich, mich meinem Schmerz zu stellen, und betäubte mich stattdessen mit Alkohol und anderen Ablenkungen.

Wochen vergingen auf diese Weise, und Dennis und ich entfernten uns immer weiter voneinander. Und natürlich lernte ich einen anderen kennen. Er war ein relativ durchschnittlicher Typ, der Manager eines der Nachtclubs, die ich besuchte. Er hieß Miguel und war aus Mexiko, wohnte aber bereits seit zwei Jahren auf Aruba. Er war Fotograf, charismatisch, lustig und vor allem »spirituell«. Zumindest war das mein Eindruck. Wenn ich irgendetwas benennen sollte, was mir an Dennis fehlte, dann war es der Sinn für Spiritualität. Er war ein nüchterner Mensch, der mit beiden Beinen auf der Erde stand, pragmatisch war und sich selbst niemals als spirituell bezeichnet hätte. Er interessierte sich nicht so für Meditation wie ich, und er sprach nicht wie Miguel über Dinge wie Meditation oder den Sinn des Lebens.

Im Lauf der nächsten zwei Monate kamen Miguel und ich uns immer näher. Wir sprachen jeden Tag miteinander, schrieben Nachrichten, trafen uns in der Bar. Ich belog Dennis, wo ich war und mit wem. Ich war verwirrt und traurig. Je enger das Verhältnis zu Miguel wurde, desto mehr entfremdete ich mich von Dennis. Wir redeten nicht mehr miteinander und stritten über Kleinigkeiten. Nach Wochen, in denen ich ein so großes Chaos angerichtet hatte, dass ich keinen Überblick mehr hatte, war meine einzige Lösung die Flucht. Dennis erklärte ich, dass ich eine Pause bräuchte, um in Ruhe über alles nachzudenken.

Ich war mir nicht mehr sicher, ob ich die Beziehung fortführen wollte.

Ich flog zurück nach Schweden und weinte dort die meiste Zeit. Ich brach den Kontakt zu Miguel ab und redete lange mit meiner Mutter. Als ich erzählte, dass ich mit Dennis vielleicht Schluss machen wollte, begann sie zu weinen. »Oh, Liebes«, sagte sie, »bitte mach nicht dieselben Fehler wie ich. Du musst nicht vor der Liebe davonrennen.«

»Dennis ist das Beste, was dir je passiert ist«, fuhr sie fort. »Vielleicht«, antwortete ich. »Aber ich glaube nicht, dass er mich versteht. Er meditiert nicht, er denkt nicht über das Universum nach wie ich. Ich weiß nicht, ob wir zusammenpassen.« Mom nahm kein Blatt vor den Mund. »Bist du bescheuert?«, fragte sie aufgebracht. »Er ist der spirituellste Mann, den ich je getroffen habe! Er muss nicht meditieren – er versteht jetzt schon alles. Man muss nicht die ganze Zeit herumlaufen und über das Universum nachdenken, außer man ist sich unsicher. Dennis ist nicht unsicher. Er ist hier, lebt im Jetzt. Du versuchst nur, einen Fehler an ihm zu finden, damit du weglaufen kannst.«

Ich war nicht überzeugt. Ich erzählte ihr von Miguel und unserem Flirt. Sofort mahnte sie mich zur Vorsicht. »Bitte denk sehr genau darüber nach, was du als Nächstes tust. Diese Entscheidung wird dein ganzes restliches Leben beeinflussen. Dieser andere Mann … ist nur eine Illusion. Er ist nicht echt. Ich weiß instinktiv, dass es falsch ist. Dennis ist der Richtige für dich. Du weißt es, ich weiß es. Ihr seid füreinander bestimmt.«

Während der zwei Wochen in Schweden überlegte ich die ganze Zeit hin und her. Ein- oder zweimal telefonierte ich mit Dennis. Sein Herz war gebrochen. Wie hatte es nur so weit kommen können? Erst waren wir so glücklich miteinander, und jetzt herrschte nur noch Unsicherheit und Misstrauen zwischen uns. Ich fühlte mich schuldig, weil ich ihm so wehtat. Am Ende meines Aufenthaltes in Schweden wusste ich immer noch nicht, was ich wollte, aber eigentlich hatte ich mich schon entschieden, ihn zu verlassen. Ich verdiente ihn nicht, redete ich mir ein. Er war zu gut für mich. Ich sollte weiterziehen, an einen neuen Ort, einen neuen Mann finden. Am Abend vor dem Rückflug rief ich ihn an. Dennis war mittlerweile nicht mehr traurig und verzweifelt, sondern kalt und abweisend. Ich hörte Gelächter im Hintergrund. »Wo bist du?«, fragte ich. »Unterwegs«, antwortete er ausdruckslos. »Mit wem?« »Du hast mich verlassen, weißt du noch?«, antwortete er verbittert. »Wieso fragst du überhaupt?« Mein Magen verkrampfte sich. »Ich fliege morgen zurück«, sagte ich. »Zurück zu was?«, fragte Dennis. »Ich weiß es nicht«, gestand ich. Wir schwiegen. »Ich werde dich nicht zwingen, bei mir zu bleiben«, meinte Dennis schließlich. »Mach, was du willst.« Seine Worte taten weh. »Kannst du mich am Flughafen abholen?«, fragte ich. Nach kurzem Zögern antwortete er schließlich: »Na gut.« Dann war das Gespräch vorbei.

Mein Vater wohnte in der Nähe des Flughafens, weshalb ich vor meinem Rückflug am Morgen bei ihm übernachtete. »Was ist zwischen dir und Dennis passiert?«, fragte er mich. »Es funktioniert einfach nicht mehr«, antwortete ich. Dad ließ nicht locker. »Das glaube ich nicht«, sagte er. »Dennis ist ein toller Typ. Du warst so glücklich mit ihm. Könnte es auch etwas in *dir* sein, das nicht mehr funktioniert?« Mein Vater hatte einen Nerv getroffen. Ich wurde rot vor Ärger und erwiderte scharf: »Warum solltest ausgerechnet du mir Ratschläge geben? Du hast vier Kinder mit drei Frauen, und sie alle hassen dich!« Er war sprachlos. Ich hatte ihn tief verletzt. »Vielleicht kannst du etwas aus meinen Fehlern lernen«, sagte er mit brechender Stimme. »Renn nicht so schnell vor etwas davon, das wirklich gut ist.« Heiße Tränen liefen über meine Wangen. »Hör auf, dich in mein Leben einzumischen«, sagte ich weinend. »Lass mich verdammt noch mal in Ruhe!« Ich rannte nach oben und schluchzte verzweifelt. *Wie konnte das alles nur passieren?,* fragte ich mich. Wieder fühlte ich mich wie ein Teenager. Ich war völlig irrational und hatte keine Heimat. Niemand hielt mich und sagte mir, dass alles in Ordnung kommen würde. Ich hatte mich noch nie so allein gefühlt.

Mitten in meiner tiefen Verzweiflung meldete der Computer eine neue Nachricht. *Dennis?* Mir blieb der Mund offen stehen, als ich den Absender erkannte. Lauren, Dennis' Ex-Freundin, hatte mir geschrieben. Wir hatten uns nie kennengelernt, aber soweit ich wusste, hasste sie mich zutiefst. Dennis hatte mit ihr Schluss gemacht, um mit mir zusammen zu sein, und ihre Beziehung hatte sehr böse geendet. Warum schrieb sie mir?

Hi, Rachel,

ich glaube, ich habe diese E-Mail hundertmal in den letzten Wochen angefangen, hatte aber nie den Mut, sie fertig zu schreiben. Doch ich weiß, dass ich mich bei dir melden muss, oder ich ohrfeige mich sonst selbst dafür. Ich habe dich vor zwei Jahren so mies behandelt, als du Dennis kennengelernt hast. Ich habe dich verurteilt, schreckliche Dinge über dich gesagt und hinter deinem Rücken etwas Furchtbares getan. Ich kannte dich nicht und dachte, du würdest mein Leben mit Absicht ruinieren. Und für all das will ich mich entschuldigen. Es tut mir so leid. Nach Dennis war ich so wütend. Ich hasste mein Leben damals, und ich wusste nicht, was ich dagegen tun sollte. Ich suchte nach jemandem, der mich aus meinem eigenen schrecklichen Leben retten würde, und ich hatte das Gefühl, als hättest du mir diese Möglichkeit genommen und als sei alles deine Schuld. (O mein Gott, also bitte.

Wie unglaublich unreif ich war.) Etwa fünf Monate nachdem er mit mir Schluss gemacht hatte, hatte ich keine Lust mehr, auf einen Retter zu warten. Ich nahm ein Sabbatical von der Arbeit, reiste nach Asien und machte eine Ausbildung zur Yoga-Lehrerin (auch wenn ich nie unterrichten wollte, sondern nur besser werden). Seit damals, in den letzten zwei Jahren, sehe ich mein Leben völlig anders als je zuvor. Ich bin offener und mitfühlender, und ich versuche, ehrlicher mit mir selbst zu sein. Ich bin wirklich auf dem Weg zu dem, was ich sein möchte. Ich arbeite an einem Lebensstil, den ich liebe, an einem Ort, den ich liebe, mit einem Menschen, den ich liebe. Manchmal wird mir alles zu viel, nicht zu wissen, ob dieser Schritt der richtige ist oder der nächste oder der danach. Aber ich weiß, dass ich weitergehen muss, um meine Bestimmung zu finden. Und ironischerweise wäre es nie so weit gekommen, wenn es dich nicht geben würde und du nicht Dennis kennengelernt hättest. Warum also schreibe ich dir? Weil du mich so sehr inspirierst. Als ich nicht mehr wütend war und erkannt habe, dass ich mein Leben in den Griff bekommen musste, habe ich deine Facebook-Seite gelesen. Du bist nach Aruba gezogen und hast dir da ein Leben aufgebaut. Du hast all das getan, was ich vor zwei Jahren machen wollte und wozu ich nie den Mut hatte. Und ich will dir danken. Dass du die ganze Zeit Menschen überall auf der Welt inspirierst, mich eingeschlossen, und dass du du selbst bist. Es ist großartig, wie sehr durch dich die Yoga-Gemeinschaft auf Aruba gewachsen ist. Als ich dort gelebt habe, war sie quasi nicht existent, und ich weiß noch, dass ich mich ständig darüber aufgeregt habe.

Und dann kommst du, regst dich nicht auf, sondern tust etwas dagegen. Ich habe den ganzen Sommer über Teenagermädchen Yoga-Unterricht gegeben und stelle mich am Freitag in einem richtigen Studio vor. Deshalb habe ich an dich gedacht. Ich hatte in letzter Zeit wirklich das Gefühl, dass ich unterrichten sollte, und ich freue mich so (und bin so nervös) über die Gelegenheit. Ich weiß, wenn es so sein soll, wird es auch so kommen. Und wenn nicht, dann wartet da draußen etwas anderes auf mich. Wie auch immer, ich danke dir so sehr, dass du mein Leben verändert hast (zum Besseren! Auch wenn ich es zuerst nicht wusste) und mich ironischerweise viel mehr inspiriert hast, als dir wahrscheinlich bewusst ist. Ich hoffe, dass wir eines Tages Freundinnen sein können (ist das komisch? Vielleicht ein bisschen, aber es ist mir egal). Dein Mut, deine Authentizität, sogar dein Look inspirieren mich sehr. Manchmal wünschte ich, ich hätte dich anstatt Dennis kennengelernt, aber die Wege des Universums sind unergründlich, nicht wahr?
Lauren

Ich war sprachlos. Dennis' Ex-Freundin war mit Abstand der letzte Mensch, von dem ich je eine Nachricht erwartet hätte. Soweit ich wusste, hasste sie mich. Aber jetzt schrieb sie mir, erzählte mir ihre Geschichte und schickte mir ihre Liebe. Und sie folgte mir auf Facebook? Ich hatte erst vor ein paar Monaten eine Seite erstellt, auf der ich meine Yoga-Reise dokumentierte, meine Unterrichtszeiten postete und gelegentlich ein paar Fotos. Ich konnte es nicht glauben. Irgendwie hatte sie mich genau im richtigen Moment vor mir selbst gerettet. Ich riss mich aus meiner Verzweiflung und antwortete ihr sofort.

Das ist so was von total verrückt. Du hast ja keine Ahnung. Ich weiß nicht, wo ich anfangen oder was ich sagen oder tun soll außer: Danke. Danke, danke, danke. Du hast mir nicht schon vor ein paar Tagen geschrieben, weil ich deine Mail in genau diesem Moment so unglaublich dringend gebraucht habe. Nicht vor ein paar Tagen. Sondern jetzt. Es geht mir so schlecht wie seit Jahren nicht mehr, und heute war der schlimmste Abend von drei der schwierigsten Monate meines Lebens. Es ist eine lustige Mischung aus Familienproblemen, zu viel Alkohol und einer ziemlich ernsten spirituellen Krise. Richtig cool. Oh, und Dennis und ich haben uns getrennt oder trennen uns gerade oder irgend so etwas. Es läuft gerade richtig scheiße, und ich habe es nicht mehr ausgehalten, weshalb ich für zwei Wochen nach Schweden geflüchtet bin. Du willst das sicher alles gar nicht hören, und ich werde dich auch nicht mit Einzelheiten nerven, aber dass du mir das alles gerade jetzt schreibst, ist wunderbar und großartig und auch auf gewisse Weise so traurig, dass ich am liebsten weinen würde. Heute ist mein letzter Tag in Schweden, und es geht mir noch viel schlechter als bei meiner Abreise aus Aruba. Ich saß wortwörtlich auf dem Boden meines Zimmers und habe geweint, weil ich mich so völlig nutzlos und allein gefühlt habe, und dann habe ich die Mail gesehen. Ausgerechnet von dir. Du schreibst mir diese wunderschönen Worte und lässt mich an deinem Weg teilhaben und sagst mir, dass ich sogar ein bisschen daran beteiligt bin. Du erinnerst mich daran, dass die schweren Zeiten ihren Grund haben und wir sie brauchen. Ich freue mich so sehr, dass ich dir eine Inspiration sein konnte. Du bist

mutig und genau die coole Frau, als die ich dich mir
vorgestellt habe. Ich meine, alles andere wäre auch
komisch; schließlich haben wir uns in denselben tollen
Typen verliebt. Außerdem bist du noch viel cooler als
ich, weil du diejenige von uns beiden bist, die ihn sich
nicht unter den Nagel gerissen hat. Ich weiß, dass die
Situation damals schrecklich war, und ich kannte dich
nicht, und was passiert ist, war nicht schön. Es tut mir
leid, dass er dich verletzt hat, und gleichzeitig bin ich
sehr froh, dass er es getan hat, wenn ich das hier lese.
Am meisten bin ich bisher immer an wirklich beschis-
senen und traumatischen Situationen gewachsen und
habe Erkenntnisse gewonnen. Davon gab es einige,
und ich habe gelernt, sie zu akzeptieren und dankbar
für sie zu sein. Auch wenn es hart war. Doch je
schmerzvoller etwas war, desto mehr bin ich daran gewachsen und habe schließlich gelernt, loszulassen,
und ich weiß, dass wir alles durchmachen, weil wir es
brauchen. Oder zumindest wusste ich es. Ich glaube, in
den letzten Monaten habe ich diese überaus wichtige
Erkenntnis vergessen, und deine Mail hat alles zurück-
gebracht. Wenn dieser Schmerz nicht zu etwas gut
wäre, dann wäre er nicht da. Im Moment fühle ich mich
überhaupt nicht inspirierend oder mutig, wie ich hier
weinend auf dem Boden in einem Land sitze, das nicht
mehr meins ist, und ich fühle mich sehr, sehr weit entfernt von dem Menschen, den du in mir siehst. Doch
irgendwo in mir ist er noch. Danke, dass du mich daran
erinnerst, dass auch das vorbeigehen wird. Ich bin so
froh, dass du da bist. Und wie großartig, dass du
unterrichtest! Wirklich. Wenn es sich für dich richtig
anfühlt, dann ist es das auch. Und das Vorstellungs-

gespräch wird super laufen. Sei einfach du selbst, dann rockst du den Unterricht. Dennis hat immer gesagt, dass du und ich richtig gute Freundinnen sein könnten. Und das denke ich jetzt auch. Ist es komisch, wenn wir das werden? Wahrscheinlich. Ja. Es ist mir egal. Danke, dass du so cool bist. Ich stehe dann jetzt mal vom Boden auf.

Rachel

Etwas hatte sich in mir verändert. Ich erkannte, dass ich wie in einem Nebel gelebt hatte – nein, eigentlich überhaupt nicht gelebt hatte. Wie hatte es so weit kommen können? Gerade noch hatte ich mit der Liebe meines Lebens großartige Jahre verbracht, und jetzt hatte ich so ein Chaos geschaffen? Es war, als leuchtete eine Glühbirne in meinem Kopf, und ich konnte endlich klarer sehen. Nach dem Selbstmordversuch meiner Schwester war etwas in mir zerbrochen. Die nächsten Monate hatte ich damit verbracht, diesen Schmerz auf alles um mich herum zu übertragen, darunter die wertvollste Beziehung meines Lebens – mit Dennis. Immer alle »retten« zu wollen, war ein so integraler Bestandteil meiner Identität, dass meine ganze Unsicherheit aus meinem tiefsten Inneren herausbrach, als ich meiner Schwester nicht hatte helfen können. Seither hatte ich mir selbst geschadet, weil ich dachte, ich verdiente nichts Gutes. Die Nachricht von Dennis' Ex-Freundin, die mich eigentlich abgrundtief hassen sollte, zog mich aus meiner benebelten Traurigkeit ins Licht. Ich hatte völlig die Synchronizität des Universums aus den Augen verloren. Ihre Geschichte holte mich zurück. Der Mann, den sie geliebt hatte, hatte sie für mich verlassen, und dieser Schmerz hatte sie auf einen Weg gebracht, der zu einem wunderschönen Leben voller Reichtum und Liebe geführt hatte. Natürlich! Ich wusste, wie es lief. Unsere tief greifendsten Erkenntnisse kommen zu uns in der Dunkelheit, wenn wir uns nur erlauben, sie zu sehen. Düstere Zeiten bringen alles durcheinander und geben uns die Möglichkeit, wieder auf den richtigen Kurs zu kommen.

Plötzlich war mir klar, dass mein Flirt mit Miguel nicht bedeutete, dass ich eine Beziehung zu ihm haben wollte; überhaupt nicht. Jetzt konnte ich ihn realistisch sehen und ekelte mich vor mir selbst. Was hatte ich mir nur dabei gedacht? Angst schnürte mir die Kehle zu. Ich war kurz davor, Dennis zu verlieren. Der Grund, weshalb ich ihn hatte verlassen wollen – dass er nicht spirituell genug war –, war wirklich idiotisch. Ich hatte einen Grund gebraucht, um zu gehen, und wenn es das nicht gewesen wäre, hätte ich irgendetwas anderes erfunden. Meine Rolle seit der Kindheit war die der Retterin gewesen. Ich war mit der Vorstellung aufgewachsen, dass ich meine Mutter retten musste, und das hatte sich auf jeden anderen übertragen. Und doch war ich bei meiner eigenen Schwester gescheitert. Mein Selbstwertgefühl war zerstört. Unterbewusst hatte ich beschlossen, dass ich Glück oder Liebe nicht verdiente, weshalb ich das Beste untergrub, was mir je passiert war. Jetzt wurde alles klar und deutlich. Und da ich nun genau verstand, was ich zu verlieren drohte, konnte ich etwas dagegen tun.

Am nächsten Tag landete ich auf Aruba, und Dennis wartete auf mich. Ich ging auf ihn zu und wusste, dass ich in den letzten Monaten alles falsch gemacht hatte. Ich ließ meine Tasche fallen und warf mich ihm um den Hals. Er zog mich an sich. Wir weinten beide. Mir wurde klar, dass ich immer mit einem Fuß in der Tür gewesen war, seit wir uns kennengelernt hatten, egal, wie nahe wir uns waren. So hatte ich es immer gemacht. Ich wusste nicht, wie man sich auf eine echte Bindung einließ – ein Teil von mir sah sich immer nach etwas Neuem um. Ich hatte nie das Gefühl, dass ich mich irgendwo voll und ganz entspannen konnte. Als ich ihn am Flughafen umarmte, fühlte ich seinen Herzschlag an meinem. *Ich hätte beinahe das Beste zerstört, was mir je passiert ist.* Der Gedanke war herzzerreißend, aber irgendwie wusste ich in diesem Moment: Wir würden das schaffen. Ich würde es wieder geradebiegen. Er war die Liebe meines Lebens. Dass ich ihn beinahe verloren hätte, machte alles viel bedeutungsvoller und intensiver. Ich wusste jetzt, dass ich nur bei ihm sein wollte, nirgendwo anders. Ich war aufgewacht. Ich würde nirgendwo hingehen, niemals. Ich war mit ganzem Herzen dabei.

KAPITEL NEUN

———

BEWEGEN

Dennis und ich richteten uns wieder in unserem Leben auf Aruba ein und erholten uns von den Monaten voller Unsicherheit. Zuerst lief es etwas holprig, doch mit der Zeit wurde unsere Beziehung immer stärker. Vor dieser Krise hatte ich mich immer gewunden, wenn jemand scherzhaft das Thema Heiraten oder Kinder angesprochen hatte; eine so enge Bindung hatte mir Angst eingejagt. Doch jetzt erschien mir die Vorstellung gar nicht mehr absurd. Dennis beinahe verloren zu haben war ein Weckruf, und ich hatte einige wichtige Dinge über meine Vergangenheit und meine Verhaltensmuster erkannt, die mich bisher begleitet hatten. Nur weil ich tausend Meilen von zu Hause weggezogen war, hieß das nicht, dass meine Probleme auf einmal verschwunden waren. Meine Angst vor festen Bindungen lauerte immer noch unter der Oberfläche, und ohne die Hürden, die Dennis und ich in diesem Jahr meistern mussten, hätte ich andere Wege gefunden, mir zu schaden. Jetzt wusste ich: Ich hatte großes Glück gehabt, die Liebe meines Lebens gefunden zu haben. Ich würde nie wieder das Risiko eingehen, ihn zu verlieren.

Im Lauf des nächsten Jahres konzentrierte ich mich auf zwei Dinge: meine Beziehung und meine Karriere. Yoga half mir, zu heilen und auch meinem Unterricht neues Leben einzuhauchen. Aus einer Laune heraus hatte ich mich für den Instagram-Benutzernamen @yoga_girl entschieden und richtete meine Social-Media-Präsenz immer mehr in Richtung Yoga aus – ich veröffentlichte Bilder von schönen Yoga-Stellungen und schrieb dazu Gedanken über das Leben und die Liebe. Ich versuchte, so ehrlich wie möglich zu sein. Nicht nur von guten Dingen zu erzählen, sondern auch von schmerzhaften und schwierigen Zeiten. Je echter ich war, desto mehr offenbarte ich von meinem unperfekten Leben und desto mehr Menschen erkannten sich in mir wieder. Ich war nicht ganz sicher, woran es lag, aber immer mehr Menschen folgten meinem Account. Während meine Online-Community, die zunächst aus meiner Familie und Freunden bestanden hatte, durch Tausende fremde Follower wuchs, steckte ich immer mehr Energie in Social Media. Das Medium war neu für mich – ich hatte gerade mein erstes Smartphone bekommen, Jahre nach meinen Freunden in Schweden, doch ich fand mich schnell zurecht. Ich benutzte eine Self-Timer-App, um Fotos von mir beim Yoga zu machen, und postete diese auf Instagram zusammen mit einem Text zu etwas, worüber ich an diesem Tag nachgedacht hatte. Am Anfang schrieb ich hauptsächlich über Yoga, gab Followern Tipps und Ratschläge, die mit Yoga anfangen wollten. Bald wurden mir immer mehr Fragen gestellt, und ich tat mein Bestes, um sie zu beantworten. »Wie weit voneinander entfernt sollten die Füße beim Herabschauenden Hund stehen?«, wurde oft gefragt oder »Was sind gute Yoga-Stellungen gegen Rückenschmerzen?« oder »Wie finde ich einen Lehrer oder eine Lehrerin, mit der ich auf einer Wellenlänge bin?« Als ich etwas geübter darin war, online von meinem Leben zu erzählen, schrieb ich auch über persönlichere Dinge. Nach einer Weile war es überhaupt nicht mehr seltsam, mein Herz völlig Fremden auszuschütten. Jeden

Tag schrieb ich über meine Suche nach Gleichgewicht oder Selbstliebe oder Vergebung. Mir wurde bewusst, dass alles, was ich je empfunden hatte, auch andere Menschen fühlten. Ich war nicht allein auf diesem Weg. Schon bald war meine Follower-Anzahl so sehr gewachsen, dass ich nicht mehr alle Fragen beantworten konnte. Als ich quasi aus dem Nichts heraus fünfzigtausend Follower hatte, konnte ich es kaum glauben. Das entsprach der Hälfte der Bevölkerung von Aruba! Ich konnte nicht fassen, dass so viele Menschen Interesse an meinem Weg hatten. Ich war dankbar und schrieb weiterhin jeden Tag von meinem Leben.

Zur selben Zeit füllten sich meine Kurse auf Aruba schneller, als ich sie ankündigen konnte, und ich bekam Einladungen, in Studios in anderen Ländern zu unterrichten. Dennis war gerade dabei, einen Skateshop auf der Insel zu eröffnen, und wir fuhren zur Surf Expo nach Orlando, um Waren für das Geschäft zu bestellen. Als ich dort einmal unterwegs war, sah ich, wie ein paar Mädchen miteinander tuschelten und flüsterten und auf mich zeigten. Ich dachte mir nichts dabei, vielleicht hatten sie mich mit jemandem verwechselt, doch dann sagte eine: »Ich schwöre es! Das ist sie, das ist Yoga Girl!« Ich war unglaublich verlegen und ging so schnell weiter, wie ich konnte. Diese Mädchen … hatten sie mich tatsächlich erkannt? Von Instagram? Das war mir noch nie passiert, und aus irgendeinem Grund war es mir peinlich. Es war mir unangenehm gewesen, wie das Mädchen die anderen auf mich aufmerksam gemacht hatte – ich war mir entblößt vorgekommen, wie auf dem Präsentierteller. Ein paar Stunden später sah ich die Mädchen wieder, und dieses Mal kamen sie auf mich zu. Ich atmete tief durch und wusste nicht, was ich tun sollte, als eine von ihnen plötzlich in Tränen ausbrach. »Du bist Yoga Girl, oder? Du bist es wirklich! Ich kann es nicht glauben! Du hast mich so sehr inspiriert – durch dich habe ich

Yoga für mich entdeckt. Es hat mein Leben völlig verändert. Können wir ein Selfie machen?« Ich war sprachlos. Ich war eine Inspiration? Wie bitte? Ich traute meinen Ohren nicht. Wir machten das Foto, und als ich meinen Arm um ihre Schultern legte, spürte ich, wie sie zitterte. »Tut mir leid«, sagte sie. »Ich kann nicht glauben, dass du es bist. Danke für alles, was du tust. Wirklich.« Sie umarmte mich fest, und schon waren die Mädchen wieder verschwunden. Dennis sah mich an, als hätte ein Ufo vor uns abgehoben. Er konnte auch nicht glauben, was er gerade gehört hatte. »Wow«, sagte er. »Das war irgendwie cool.« »Wirklich?«, fragte ich. »Total! Sie hat gesagt, dass sie durch dich Yoga für sich entdeckt und dass das ihr Leben verändert hat! Das ist Wahnsinn! Das heißt doch, dass du etwas Gutes tust, Babe.« Er umarmte mich.

Es war ein komisches Gefühl. Wie konnte ich Einfluss auf das Leben eines Menschen ausgeübt haben, dem ich zuvor noch nie begegnet war? Als ich etwas später am Tag auf Instagram postete, dass ich in Orlando war, fragten ein paar Leute in den Kommentaren, ob ich nicht eine Unterrichtsstunde geben könnte, solange ich da war. Meine Begegnung auf der Messe hatte mich ermutigt, weshalb ich beschloss, es einfach mal zu versuchen. Was konnte schon passieren? Ich googelte »Orlando + Yoga-Studio«, schrieb an jedes Studio in der Gegend und fragte, ob sie Interesse hätten, kurzfristig einen Kurs mit mir anzubieten. Die meisten machten sich nicht mal die Mühe zu antworten, und wenn, dann stellten sie mir Fragen, die ich nicht beantworten konnte. Ich hatte keine Website oder andere Referenzen oder einen Lebenslauf, den ich ihnen schicken könnte. Als ich erklärte, dass ich den Kurs über Instagram bewerben würde, waren sie skeptisch. Das war im Jahr 2012, und die Verbindung von Social Media und Yoga war vielen noch unbekannt. Ein Studio in einem Vorort von Orlando antwortete, dass man mir einen Raum zur Verfügung stellen würde, wenn wir die Einnahmen zur Hälfte teilten. Ich sagte, dass wahrscheinlich drei oder vier Leute kommen würden und wir natürlich alles teilen könnten! Ich freute mich einfach nur auf die Gelegenheit, außerhalb von Aruba zu unterrichten. Als wir zu dem Studio fuhren, war ich so nervös, dass Dennis kurz anhalten musste, weil ich fürchtete, mich übergeben zu müssen. Zum Glück passierte das nicht, und als wir beim Studio ankamen, blieb mir vor Überraschung der Mund offen stehen: Vor dem Gebäude wartete eine Schlange vom Eingang bis auf die Straße! *War dort vor meinem Kurs ein anderes großes Event?*, fragte ich mich. Als wir hineingingen, waren alle Blicke auf mich gerichtet. »O mein Gott!«, sagte eine Frau. »Sie ist hier!« Das Studio fasste maximal siebenunddreißig Leute, und mehr als fünfzig warteten vor dem Eingang. Manche waren durch ganz Florida gefahren. Die Frau am Empfang versuchte hektisch, den Shop frei zu räumen, sodass die Kunden auch dort ihre Matten ausrollen konnten. Die größte Gruppe, die ich bis dahin je unterrichtet hatte, waren wahrscheinlich fünfzehn Leute gewesen. Auf dem Weg hinein umarmte ich so viele, wie ich konnte, und als ich mich in der Umkleide umzog, sagte ich mir: *Wenn du in Panik geraten solltest, dann wäre jetzt der richtige Zeitpunkt.* Doch stattdessen zog ich meine Yoga-Hose an und ging in den Unterrichtsraum. Als Dennis und ich das Studio ein paar Stunden später verließen, schwebte ich auf Wolke sieben. Ich konnte mich an nichts erinnern, was ich gerade unterrichtet hatte.

»Es war großartig«, sagte Dennis. »Du warst richtig, richtig toll.« Ich drückte seine Hand. »Danke«, erwiderte ich. »Also … Glaubst du, so etwas könnten wir öfter machen?« Er sah mich an. »Ja. Auf jeden Fall.« Diese erste Unterrichtsstunde in Orlando führte zu einer weiteren und noch einer und noch einer. Ein paar Monate später gingen Dennis und ich auf eine Tournee durch sechsunddreißig Städte in den USA und gaben Kurse an so vielen Orten wie möglich. Ich lernte, besser mit den Studios zu verhandeln (Fifty-fifty ist ein ganz schlechter Deal!), und mit der Zeit kamen bis zu hundert Leute zu meinem Unterricht. Jeden Tag bekam ich Tausende neue Instagram-Follower dazu. In dieser kurzen Zeit hatten wir ein anscheinend perfektes Leben geschaffen – wir verbanden unsere Arbeit für den Skateshop auf Aruba mit Reisen durch die ganze Welt, die wir mit Yoga-Kursen finanzierten. Ein absoluter Traum für uns.

Eine dieser Reisen führte uns nach Maui, und an einem wunderschönen Nachmittag ging Dennis mit mir auf den Gipfel des Haleakala-Vulkans und machte mir einen Heiratsantrag. Wir standen über den Wolken, vor uns der atemberaubendste Sonnenuntergang, den wir beide je gesehen hatten, und plötzlich sank er auf ein Knie. Meine erste Reaktion war nicht überwältigende Freude, wie ich es mir vorgestellt hätte, sondern Panik – ich musste tief durchatmen und mich zwingen, nicht kopflos zu werden. Ich war so ans Weglaufen gewöhnt, daran, mir selbst zu schaden, dass ich mich bewusst in diesen Moment zurückholen musste. Mein ganzes Leben lang hatte ich nur Trennungen, Scheidungen und Verlust gekannt. Alle in meiner Familie waren geschieden – meine Eltern und die Großeltern auf beiden Seiten. Ich wusste nicht, wie eine solide Beziehung aussah, und in diesem Augenblick musste ich mir zwei Dinge in Erinnerung rufen: 1. Du bist nicht deine Vergangenheit. Du kannst den Kreislauf aus Chaos durchbrechen, in den du hineingeboren wurdest. 2. Du darfst lieben und geliebt werden. Dennis bleibt bei dir. Du hast eine schlimme Zeit durchgemacht, und er ist nicht gegangen. Er wird bei dir bleiben. Jetzt ist es an dir zu entscheiden, ob du das auch willst. Als ich auf diesem Gipfel stand, in einem der wichtigsten Momente meines Lebens, tauchte eine altbekannte Frage in meinem Kopf auf, die ich mir schon lange nicht mehr gestellt hatte: *Was wäre gerade das Liebevollste?* Als ich Dennis ansah, auf einem Knie, mit Tränen in den Augen, war die Antwort klar. Die Liebe meines Lebens war hier vor mir und hielt einen Ring in der Hand. Es gab nichts zu fürchten – es gab nur die Liebe. Die Antwort kam aus tiefstem Herzen. Ja. Ja! Tausend Mal ja.

Ich rief meine Mutter an, um ihr die Neuigkeiten zu erzählen, doch sie wusste es schon. Dennis hatte nicht nur meine beiden Eltern um ihren Segen gebeten, sondern sogar den alten Ehering meiner Großmutter aus Europa einfliegen lassen. Es war eine Verbindung aus Alt und Neu – ein Stück meiner Vergangenheit verschmolz mit meiner Zukunft, die an meinem Ringfinger steckte. Ich erinnerte mich an die Worte des Kakaoschamanen: »Heilung wirkt in zwei Richtungen. In die Vergangenheit und in die Zukunft.« Der Ring meiner Großmutter an meinem Finger verkörperte das: Ich schloss Wunden aus meiner Vergangenheit, weil ich mich im Hier und Jetzt für die Liebe entschied. Es war wunderschön. Den Rest des Jahres fühlten wir uns wie frisch verliebt und waren außer uns vor Freude. Voller Ehrfurcht blickte ich auf mein Leben und war dankbar dafür, wie viel sich in so kurzer Zeit verändert hatte. Noch vor wenigen Jahren hatte ich mich depressiv und gefangen gefühlt, und jetzt war ich mit der Liebe meines Lebens verlobt, lebte meine größte Leidenschaft und bereiste dabei die Welt. Warum hatte ich so viel Glück?

Als ich eine Million Follower auf Instagram hatte, feierten Dennis und ich mit einem Glas Champagner – die Community war unglaublich groß geworden! Dadurch konnten wir alles in die Tat umsetzen, was wir wollten. Ich war so dankbar, vermisste aber gleichzeitig auch unser altes, privates Leben. Überall wurde ich erkannt, doch dabei hatte ich das Gefühl, nur angeschaut, aber nicht gesehen zu werden. Immer öfter mied ich Yoga-Studios und Orte, von denen ich wusste, dass dort sicher viele

Leute mit mir sprechen wollten, und schon bald war ich skeptisch bei dem Gedanken an eine weitere Tournee und nicht mehr voller Begeisterung. Ich wusste, dass ich die Dinge langsamer angehen lassen musste, nahm allerdings trotzdem jede Gelegenheit wahr, die sich mir bot.

Nach Unmengen dicht aufeinanderfolgender Retreats und einem Jahr pausenloser Arbeit flog ich im Februar 2014 zum Envision Festival nach Costa Rica. Ich war völlig erschöpft. Warum schien sich das Leben plötzlich immer weiter von mir zu entfernen? Zu diesem Zeitpunkt war ich jede Woche auf Reisen, und meine Social-Media-Followerschaft war mittlerweile auf die Bevölkerungsgröße eines kleinen Landes angewachsen. Jeden Tag warteten Kommentare und Fragen auf mich, und manchmal urteilten Leute über mich, die ich gar nicht kannte. Was anfangs eine aufregende Möglichkeit gewesen war, durch meine Leidenschaft für Yoga die Welt zu bereisen, wurde zu einem zwar immer noch wunderbaren, aber vor allem anstrengenden und oft stressigen Unterfangen. Vor dem Festival brauchte ich eine Pause und musste dringend Zeit mit meiner besten Freundin verbringen.

Andrea wartete am Flughafen in San José auf mich. Wir hatten uns seit zwei Monaten nicht mehr gesehen, und ich wollte sie fragen, ob sie meine Trauzeugin sein wollte.

Ich werde diesen Tag nie vergessen. Ich hatte ein Retreat in den Bergen über Dominical veranstaltet, und Andrea, die gerade erst mit Yoga angefangen hatte und begeistert war, war für eine Woche gekommen. Als das Retreat zu Ende war, schauten wir uns am Strand den Sonnenuntergang an und redeten über alte Zeiten. Wir hielten uns an den Händen, als wir ins Meer wateten und unsere Haut in den goldenen Sonnenstrahlen wärmten. Ich hatte den ganzen Tag gewartet, und jetzt war der richtige Moment, das Thema anzusprechen.

»Ich wollte dich etwas fragen«, sagte ich.

»Was denn?«

»Okay, bitte flipp nicht aus, aber … Willst du meine Trauzeugin sein?«

Andrea riss die Augen auf. »Ich dachte schon, du würdest niemals fragen!«, rief sie. Sie watete lachend zu mir und umarmte mich so stürmisch, dass wir beide ins Wasser fielen und eine Welle über uns zusammenschlug. Als wir wieder auftauchten, lachte sie laut.

Ich fragte sie: »Heißt das ja?«

»Ja!«, quietschte sie. »O mein Gott! Ich werde die beste Trauzeugin der Welt sein! Ich werde dir das Haar flechten und mich um alles kümmern. Aber mutiere bloß nicht zu einem Brautmonster!«

»Das bin ich doch schon.« Ich lachte.

»Wir fahren nach *Schweden!*«, rief sie aufgeregt. »Schweden! Heilige Scheiße! Dieses Jahr wird fantastisch!«

Als sie mich zwei Monate später am Flughafen abholte, umarmte mich Andrea wieder, diesmal jedoch so fest, dass sie mir fast die Luft abdrückte. »Hey!«, sagte ich. »Du hast mich echt vermisst, oder?« Sie sah mich ernst an. »Ich hatte das Gefühl, dass du eine richtige Umarmung gebraucht hast. Du warst so viel unterwegs in letzter Zeit. Wir haben die ganze Woche nicht miteinander gesprochen!« Sie hatte recht. Ich nahm mir nicht so viel Zeit für meine Freunde, wie ich es normalerweise tun würde, entschuldigte mich immer mit Unterricht oder Reisen. Ich brauchte dringend Zeit mit meiner besten Freundin.

An unserem ersten gemeinsamen Abend fuhren wir zu einer kleinen Weinbar und brachten einander auf den neuesten Stand. So viel war in so kurzer Zeit passiert. Ich würde heiraten, sie hatte einen neuen Freund. Unser beider Leben war gefestigt. Sie studierte engagiert an der Universität, ich bereiste die Welt und unterrichtete Yoga. Auf gewisse Weise waren so viele unserer

Träume zur gleichen Zeit wahr geworden. Ich erzählte ihr, wie erschöpft ich wirklich war, und Andrea sagte, dass sie sich Sorgen um mich machte. »Ich weiß, dass du gerade dieses Hoch hast, viel reist, großen Social-Media-Erfolg hast. Ich möchte einfach nicht, dass du so durchs Leben hetzt. Dein Körper teilt dir etwas mit. Du musst es langsamer angehen lassen, Liebes.«

Ich wusste, dass sie recht hatte. Mein Nacken schmerzte immer wieder, und ich schlief schlecht. »Ich weiß, dass ich auf dem Weg zu etwas Gutem bin, aber ich habe das Gefühl, als hätte ich ein Stück von mir verloren«, erzählte ich, während mir plötzlich die Tränen in die Augen stiegen. »Und das ist so komisch, weil ich doch so viel Glück habe und mich schuldig fühle, mich über irgendetwas zu beschweren. Ständig starrt mich jemand an. Ich bin nie allein, habe nie mehr meine Ruhe. Ich kann nicht glauben, dass ich das sage, aber ich vermisse mein altes Leben.«

Andrea, die alte Optimistin, lächelte. »Aber du hast jetzt so viel Freiheit«, sagte sie. »Und Einfluss! Du kannst Menschen dazu bewegen, das Richtige zu tun. Das ist doch ganz schön cool, oder? Ich glaube, du solltest dich mehr auf das konzentrieren – Menschen zu helfen. Dafür musst du nicht durch die ganze Welt rasen. Schalt einen Gang zurück. Finde heraus, wie du wirklich etwas bewegen kannst. Wenn du dort angekommen bist, wirst du auch nicht mehr gestresst sein.«

Ich wusste, dass sie recht hatte. Ich hatte so ein großartiges Leben. Bald würde ich meine große Liebe heiraten. Ich durfte um die Welt reisen und das tun, was ich liebte. Ich hatte mich von Instagram und meiner Karriere vereinnahmen lassen und für beides eigentlich keine Vision. Alles hatte mich wie eine Lawine überrollt, und jetzt wusste ich bald nicht mehr, was ich eigentlich tat. Ich sollte wirklich weniger arbeiten und mir überlegen, was ich alles Gutes tun könnte. Bei Andrea klang alles immer so einfach.

Nach ein paar gemeinsamen Tagen in San José brachte sie mich zum Busbahnhof, von dem aus ich vier Stunden Richtung Süden in die kleine Stadt Uvita am Pazifik fahren würde, wo das Festival stattfand. Envision ist ein Musik-, Yoga- und Kunstfestival im Dschungel von Costa Rica. Mein Freund Josh hatte es vor Jahren gegründet, und von einem kleinen Fest für ein paar Freunde war es auf über siebentausend Besucher an vier Tagen angewachsen. Ich hatte schon ein paarmal bei dem Festival unterrichtet, doch in diesem Jahr war ich der Yoga-Hauptact. Ich wollte einen Tag vor Andrea hinfahren, während sie noch ein Projekt für ihr Architekturstudium fertigstellte.

Der Bus war voller Festivalbesucher; vor allem New-Age-Frauen in Bikinioberteilen und Yoga-Hosen und Männer mit buddhistisch inspirierten Tattoos. Sofort wollten alle Fotos mit mir machen, und ich fühlte mich schutzlos. Normalerweise versteckte ich mich hinter Dennis, doch jetzt war ich allein und wusste nicht genau, wie ich mit der Aufmerksamkeit umgehen sollte. Ich lächelte breit, wie immer, machte Selfies und unterhielt mich mit allen. Sobald ich einen Moment für mich hatte, setzte ich Kopfhörer auf und hörte den Rest der Fahrt Musik.

Dort angekommen, bezog ich unser Zimmer in einem Hostel. Es war klein und einfach, mit zwei Betten und einem winzigen Badezimmer. Es sah einigermaßen sauber aus, und die Klimaanlage funktionierte, mehr brauchten wir nicht. Als ich ein paar meiner Sarongs über den Metallfensterrahmen hängte, war der Raum gleich gemütlicher.

Es war schon spät, und mein erster Kurs fand früh am nächsten Morgen statt. Ich machte ein Selfie mit dem rosafarbenen Himmel von Costa Rica im Hintergrund und postete es auf Instagram. Ich fühlte mich einsam und schrieb Andrea eine Nachricht.

Sie rief sofort kichernd zurück. »Macha! Bist du in unserem superschicken Hotelzimmer? Ich habe all meine Perücken und den Glitzer und die Federn und meine verrücktesten Klamotten eingepackt. Wir werden so viel Spaß haben!« Ich musste lächeln. Für Andrea war alles schick, das besser war als Camping. Ich hatte sie davon überzeugt, dass wir uns ein Zimmer nahmen, weil Zelten einfach nichts für mich war, egal, wie oft ich es schon versucht hatte. »Bist du okay?«, fragte sie. »Ja«, antwortete ich. »Es geht mir besser, ich bin nur müde, und mein Nacken tut weh, und es ist einsam hier ohne dich.«

Andrea wurde ernst. »Ich habe dir doch gesagt, dass so viel Arbeiten nicht gesund ist«, meinte sie. »Du musst eine Pause machen. Vergiss nicht, warum du hier bist.« Ich zögerte und fragte dann halb im Scherz: »Und warum bin ich hier?« »Um die Welt zu verbessern, Dummerchen!«, antwortete Andrea. Schon hatte sie mich wieder zum Lächeln gebracht, und meine Augen wurden feucht. »Jetzt geh ins Bett«, sagte sie. »Ich fahre gleich morgen früh los. Hab Spaß beim Unterricht! Es wird super laufen.« Nach dem Gespräch ging es mir sehr viel besser, und ich schlief voller Vorfreude auf die bevorstehenden Tage ein.

Kurz nach Sonnenaufgang wachte ich auf. Die Nackenschmerzen waren immer noch da, doch davon würde ich mich nicht beirren lassen. Ich zog mich an und wartete, dass mich meine Freundin Laura abholte und wir gemeinsam zum Festival fuhren. Die negativen Gefühle vom Abend zuvor waren verschwunden. Ich war in Costa Rica und würde eine Woche mit meinen besten Freunden verbringen. Das Leben war schön!

Auf dem Festivalgelände angekommen, bestiegen Laura und ich den Hühnertruck (genau!), der als Shuttle zwischen Parkplatz und dem eigentlichen Gelände diente. Dort sah ich, wie groß mein Kurs war, trotz der heißen Sonne. Es war der mit Abstand größte Kurs des Festivals. Ich hatte Schmetterlinge im Bauch, wie immer, bevor ich vor eine Gruppe Menschen trat, die ich dann durch eine Yoga-Stunde führen würde, sagte mir jedoch, dass niemand wegen mir hier war. Ich war nur der Guide. Wir waren alle aus demselben Grund hier: um zu fühlen, zu atmen, uns miteinander zu verbinden.

Der Kurs war wundervoll. Am Ende fühlte ich mich unglaublich lebendig und umarmte alle um mich herum. Laura setzte mich wieder am Hostel ab, wo ich auf Andrea wartete. Als ich mich nach dem Duschen in ein Handtuch wickelte, hämmerte jemand an die Tür. »*Machaaaaa! Ich bin daaaaa!*« Wir kreischten wie Schulmädchen, als ich die Tür öffnete. »Wir sind hier! Die ganze Woche! Nur wir zwei!«, rief sie. Ich umarmte sie und war so glücklich, dass ich fast geweint hätte. Was war nur los in dieser Woche, dass ich so emotional war?

Es war zu heiß, um zurück zum Festival zu fahren, weshalb wir uns auf die Suche nach Wasserfällen machten. Wir sagten »Wasserfallen« dazu, *catarateando*. Andrea kannte alle versteckten Plätze. Wir fuhren den Berg hoch und unterhielten uns die ganze Zeit. »Es läuft gut mit Gabriel«, erzählte sie. Gabriel war ihr Freund, ein supernetter Kerl, mit dem sie jetzt schon lange zusammen war. »Soll ich dir ein Geheimnis verraten?«, fragte sie. »Was denn?« »Ich will Kinder von ihm!«, rief sie breit grinsend.

Ich traute meinen Ohren nicht. »Kinder? Machst du Witze?« Doch sie meinte es völlig ernst. »Vielleicht nicht gleich jetzt«, sagte sie. »Aber allzu lang will ich auch nicht mehr warten. Ich bin vierundzwanzig! Ich fühle mich bereit. Na ja, fast.« Ich war noch nicht mal ansatzweise bereit für ein Kind, und ich fühlte mich etwas ausgeschlossen, weil sie anscheinend schon eine Weile darüber nachdachte. Sie erwog eine riesige Veränderung in ihrem Leben, und ich hatte nichts davon gewusst. »Klingt das so verrückt?«, fragte sie. Ja, das tat es. Und gleichzeitig auch wieder nicht. Wir waren keine neunzehn mehr! Ich war fünfundzwanzig, sie vierundzwanzig. Ich würde heiraten, sie dachte über Nachwuchs nach. Wir wurden erwachsen. Wie aufregend und wunderschön das Leben doch war.

Als wir auf eine unbefestigte Straße einbogen, hielten wir plötzlich an. »Hier ist es!«, rief Andrea. Wir wanderten zu einer Lichtung, und vor uns ergoss sich ein riesiger Wasserfall über die Seite einer steilen, hohen Felswand in einen tiefblauen See. Es war atemberaubend. Wir waren völlig allein, zogen uns aus und tauchten ins Wasser. Den Rest des Nachmittags schwammen wir, lagen auf den Felsen in der Sonne und sangen, bis unsere Lungen wehtaten.

Auf der Rückfahrt fühlte ich mich, als wäre mir ein Gewicht von den Schultern genommen worden. Mein Nacken schmerzte weniger, mein Herz war leichter. Ich spürte, wie Andrea mich ansah. »Du siehst schon wieder mehr wie du selbst aus«, sagte sie. »Wie ich selbst? Was meinst du damit?«, fragte ich. »Ich weiß es nicht«, antwortete sie. »Du wirkst anders in letzter Zeit, bist immer beschäftigt, immer am Handy. Ich höre an deiner Stimme, wenn wir telefonieren, dass du eine Pause brauchst.« Wieder stiegen mir die Tränen in die Augen. Sie hatte recht. Ich war so damit beschäftigt, mir eine Karriere aufzubauen, dass ich aus den Augen verloren hatte, wofür ich das alles eigentlich machte. Ich vermisste den Menschen, der ich in ihrer Gesellschaft war.

Wir fuhren zum Festival zurück und beschlossen, ein Zelt auf dem Gelände aufzubauen, falls wir hier übernachten wollten. Die Party dauerte die ganze Nacht, und der DJ des Sonnenaufgangs-Sets würde dem Yoga-Lehrer oder der Yoga-Lehrerin des Morgenkurses das Mikrofon übergeben. In einem Zelt konnten wir unsere Sachen lassen und schlafen, wenn wir müde waren. Nachdem wir es aufgebaut hatten, nahmen wir an einem

Yoga-Kurs teil und machten es uns danach im Gras gemütlich. Andere gesellten sich zu uns, und wir begannen ein Gespräch über Spiritualität und darüber, was nach dem Tod passiert. »Auf jeden Fall setzt sich der Kreislauf fort«, sagte Andrea. »Wir sind so mit allem verbunden. Denkt mal darüber nach. Wenn in der Natur ein Lebewesen stirbt, wird es Teil der Erde, und in der Erde wächst neues Leben heran. Ich bin froh darüber, wer ich in diesem Leben bin, aber ich habe keine Angst vor dem Tod. Was auch immer danach kommt, wird ziemlich großartig sein, oder? Seht euch nur um!« Ich ließ den Blick über das üppige Grün schweifen. Der Himmel war blau. Kinder lachten und spielten. Freunde unterhielten sich. Pärchen lagen im Gras und hielten sich an den Händen. »Das Leben«, fuhr Andrea fort, »entwickelt sich genau so, wie es soll. Ich glaube, nichts ist ein Fehler.« Andrea war jung, doch definitiv eine alte Seele.

Wir holten unsere Sachen und fuhren ins Hostel zurück, um schnell zu duschen und uns in unsere Festivalklamotten zu werfen. Ich trug einen Rock und Mokassins, dazu ein Top mit Zickzackstoffstreifen am Rücken. Andrea zog einen Rock und ein Bandeau-Top mit ihrer Lieblingsweste an. Ich befestigte Federn in meinen Haaren, und wir klebten Glitzersteine um unsere Augen. Wir ließen es richtig krachen, und am Ende sahen wir aus, als würden wir gleich in die Wüste zum Burning Man Festival fahren (genau das wollten wir auch). Andrea befestigte ihre Ledertasche – meine Lieblingstasche – an der Hüfte. Sie hatte sie auf einer ihrer Reisen nach Guatemala gekauft; die Tasche hatte auf der Vorderseite einen Jadestein und war einfach wunderschön. Wenn wir uns trafen, lieh ich sie mir immer. Sie war perfekt, wenn man abends ausging oder tanzte, weil man sich frei bewegen konnte, ohne Handtasche über der Schulter. »Na gut, nimm du sie!«, sagte Andrea, als sie meinen bewundernden Blick bemerkte. »Eines Tages schenke ich dir auch so eine Tasche, damit du nicht immer meine klaust.« Sie stieß mich spielerisch an, und wir spazierten aufgeregt in die Nacht hinaus.

Nachts auf das Festivalgelände zu gehen ist eine völlig andere Erfahrung. Es ist riesig und erstreckt sich über Kuhweiden und Regenwald bis hin zum Strand und dem Meer. Tagsüber werden Vorträge etwa über gesunde Ernährung, Landwirtschaft, nachhaltige Lebensweise oder Medizinkräuter gehalten. In einem großen Dorfbereich gibt es Essens- und Händlerstände, an denen man Schmuck, Kleidung und Kristalle kaufen kann; außerdem ist dort ein Platz mit Aktivitäten für Kinder, ein Rotes Zelt mit Veranstaltungen speziell für Frauen und zum Thema »womb wisdom« – die Weisheit des heiligen Schoßes. Also quasi alles aus der New-Age-Szene, das man sich nur vorstellen kann. Es ist wirklich wunderschön! Tagsüber sind auch Familien da, es geht um Yoga und Surfen, und nachts verändert sich die Energie zu einer einzigen Tribal Dance Party. Die Bühnen sind aus Bambus, und verschiedene DJs und Künstler treten auf. Überall auf dem Gelände stehen Bars, die Getränke anbieten, und überall tanzen Menschen. Das ist der wichtigste Teil des Festivals: die Musik. Man hört sie schon aus kilometerweiter Entfernung. Andrea und ich rannten voller Vorfreude auf die Nacht durch die Festivaltore. Wir gingen nicht erst zur Bar, sondern direkt zur Hauptbühne, um eine Reggae-Band zu sehen, die wir schon immer geliebt hatten. Andrea drängte sich durch die Menge und tanzte sofort los. Beim Tanzen war sie in ihrem Element, und das sah man. Sie ließ die Musik fast schon wie ein Kind durch sich hindurchströmen; sie dachte beim Tanzen nicht darüber nach, wie sie wohl aussah oder ob irgendjemand sie beobachtete. Sie bewegte sich einfach. Sie wurde zum Tanz – vielleicht tanzte der Tanz durch sie. Ich kann es kaum in Worte fassen. Ich war immer eine ungelenke Tänzerin, und bei jedem Festival brauchte ich eine Weile, um mich wirklich auf die Musik einzulassen und meine Hemmungen loszuwerden. Ich hatte immer das Gefühl, alle würden mich beobachten und über mich urteilen – was überhaupt nicht gestimmt hat, das wusste ich. Es dauerte nur immer eine Weile, bis ich mich in meinen Körper einfühlen konnte. Ich wollte mich so frei fühlen, wie Andrea von dem Moment an aussah, in dem sie sich zur Musik bewegte: die Augen geschlossen, mit schwingenden Hüften, die Haare im Gesicht. Ich fühlte mich neben ihr so steif. Für sie war Tanzen Meditation, so wie Yoga für mich. Nach ein paar Songs wurde ich lockerer und fand meinen Rhythmus. Wenn ich bewusst atmete und mich auf das Gefühl konzentrierte, spürte ich den Beat in meinem Herzen. Auch ich verlor mich schließlich in der Musik. Wir tanzten und tanzten. Nach Reggae kam etwas Elektronisches, danach Dance Music; es war egal. In allem ist Rhythmus, und ich war eins damit. Plötzlich hörte die Musik auf – das Programm auf der Hauptbühne war beendet. Wir hatten stundenlang getanzt und keinen Schluck Wasser getrunken. Wir schwankten durstig und high von der Musik zum Dorf. Ich kaufte uns zwei Kombuchas und etwas zu essen – Tacos und einen Veggie-Burrito –, und wir setzten uns ins Gras.

Ich war völlig verschwitzt und glücklich. Wir aßen schweigend, und noch nie hatte Essen so gut geschmeckt. Der Kombucha war eiskalt. Ich sah zu Andrea. Sie lächelte vor sich hin, während sie Krautsalat und schwarze Bohnen auf ihrem Teller aufspießte. Da wurde mir bewusst: Wir hatten seit Stunden kein Wort gesprochen. Das mussten wir auch gar nicht. Es gab nichts zu sagen. »Hey«, meinte ich. »Was denn?«, fragte sie. »Du bist meine beste Freundin, weißt du das?« Sie lachte. »Ha! Ich habe gerade gedacht, wie toll es ist, dass wir nicht die ganze Zeit reden müssen. Ich kenne niemanden sonst, mit dem ich einfach schweigen kann und mich nicht komisch dabei fühle.« Ich lächelte. Und dann tanzten wir weiter. Um drei Uhr morgens etwa gingen wir zu einem Kreis um ein Lagerfeuer in einer ruhigen

Ecke des Geländes. Die Sterne leuchteten am Himmel, es roch nach Rauch. Jemand trommelte leise und rhythmisch. Ich lehnte mich gegen einen Baumstamm und musste eingeschlafen sein, denn als ich aufwachte, war der Kreis kleiner. Andrea saß in der Mitte und war in ein Gespräch über Ayahuasca und ihre persönlichen Erfahrungen mit der halluzinogenen Ranke vertieft. Mir fiel auf, dass ich diese Geschichte noch nie zuvor gehört hatte. Es war seltsam, dass sie etwas erzählte, von dem ich nichts wusste. Ganz ähnlich wie ihre Enthüllung, dass sie sich Kinder wünschte – ich fühlte mich, als würde ich von außen zuschauen. Unsere Bindung war so stark, dass ich immer überrascht war, wenn ich etwas Neues über sie erfuhr; aber natürlich konnte ich nicht alles wissen. Wir lebten in zwei verschiedenen Ländern. Zwischen uns lag das Meer, wir führten Leben, bei denen wir uns nicht jeden Tag austauschen konnten. Ich war traurig und glücklich zugleich. Die Freunde, mit denen ich jederzeit da anknüpfen konnte, wo wir uns beim letzten Mal verabschiedet hatten, konnte ich an ein paar Fingern abzählen. Andrea sah, dass ich wach war, und setzte sich neben mich. »Wann hast du denn die Ayahuasca-Zeremonie gemacht?«, fragte ich. »Letztes Jahr!«, erwiderte sie. »Als ich den anderen gerade davon erzählt habe, wurde mir klar, dass ich es dir nie erzählt habe – ist das nicht seltsam? Mittlerweile gibt es auch Bereiche deines Lebens, von denen ich nichts weiß. Etwa als du mir beim Wasserfall erzählt hast, dass du ein Studio eröffnen willst; mir gegenüber hast du das nie zuvor erwähnt, und dann ist das ein ganz großer Traum von dir? Das ist doch verrückt!« Ich war überrascht, wie ähnlich wir dachten. »Vermisst du Costa Rica manchmal? Also so, dass du wieder hierher zurückziehen wolltest?« Ich dachte nach. »Vermissen? Ja. Zurückziehen? Nein.« Ich sah in den Himmel. »So ist das wahrscheinlich, wenn man erwachsen wird«, meinte ich. »Die Menschen, die man liebt, leben an verschiedenen Orten.«

»Ja. Aber weißt du, was toll daran ist? Wir können reisen! *Nach Schweden!!* Ich kann es nicht glauben, dass wir nach Schweden fahren. Du wirst heiraten. Der Wahnsinn!« Das hatte ich fast vergessen. Mein ganzes Leben war so hektisch – Arbeit, Reisen, Unterricht, Social Media –, dass die Hochzeitsplanung nebenherlaufen musste. »Wir fahren nach Schweden! Und ich werde heiraten! Heilige Scheiße! Das ist alles so surreal.« Andrea und ich waren schon gemeinsam gereist, aber nur nach Kolumbien, Miami und durch Costa Rica. Schweden war eine große Sache. Ich unterdrückte ein Gähnen. »Wollen wir uns den Sonnenaufgang am Strand anschauen?« »Immer!« Wir holten eine große Decke aus dem Zelt und gingen ans Ufer. Es war immer noch dunkel, doch aus dem Regenwald schien ein schwaches goldenes Licht. Mit dem Sand unter mir und dem Schein der aufgehenden Sonne durchströmte mich eine geradezu elektrische Energie. Ich schloss die Augen, und zusammen saßen wir schweigend da, meditierten, bis wir die ersten Sonnenstrahlen auf dem Gesicht spürten. Ich öffnete die Augen und merkte, dass meine Wangen schmerzten – ich hatte die ganze Zeit gelächelt. Andrea saß noch mit geschlossenen Augen da, die graue Mala-Kette in den Händen. Ich stand auf. »Ich wünschte, ich hätte meinen Badeanzug dabei!«, sagte ich. »Es wäre so schön, jetzt ins Meer zu gehen.« Andrea sah zu mir. »Wer braucht so was schon?«, meinte sie und zog sich ihr Oberteil über den Kopf. Einen winzigen Moment zögerte ich. Nackt? Hier? Da waren Menschen! Nicht ganz in der Nähe, aber trotzdem. Das hier war kein abgeschiedener Wasserfall, der Strand lag genau beim Festival. Immer mehr Menschen kamen, um sich den Sonnenaufgang anzusehen. Andrea war schon halb im Wasser. *Scheiß drauf,* dachte ich. Ich atmete tief durch, zog mich aus und rannte ihr nach.

Nach einer durchfeierten Nacht in seinem eigenen Hostelzimmer aufzuwachen, ist wirklich großartig, selbst mit einem leichten Kater. Nach unserem Bad im Meer waren wir zurück ins Hostel gefahren. Dank der Klimaanlage hatten wir sieben volle Stunden schlafen können und trafen uns dann mit Laura zum Frühstück: Gallo Pinto (Reis und Bohnen in Costa Rica) mit Toast, frische Tomaten und Avocados. Und Hot Sauce. Die liebte ich besonders. Wir erzählten Laura von unserer Nacht, wie wir die ganze Zeit getanzt hatten, dem Lagerfeuer, den Menschen, dem Sonnenaufgang … Und das war erst der erste Festivaltag gewesen! Laura hielt sich lieber tagsüber auf dem Gelände auf, die Partys waren nicht so ihr Ding. Wir beschlossen, noch einen Wasserfall zu suchen, und Laura begleitete uns. Wir mussten eine Weile wandern und auch mal schwimmen, um an unser Ziel zu gelangen, aber sobald wir dort waren … Es war magisch. Wir zogen unsere Oberteile aus und machten kreischend vor Freude ein Foto von uns vor dem Wasserfall. Später setzte Laura uns wieder beim Hostel ab, damit wir uns für eine weitere wilde Partynacht zurechtmachen konnten. Andrea beschloss, ihre blaue Perücke zu tragen, und ich zog mein Lieblingskleid an. Wir tranken ein Bier und hörten Toploaders »Dancing In The Moonlight« in Dauerschleife. Andrea tanzte dazu, ich filmte sie und schickte das Video an Gabriel. Er lachte und schrieb: »Pass bloß auf sie auf! Die Perücke bedeutet Ärger!« An diesem Abend sollten einige tolle Bands auftreten. Wir shoppten ein wenig im Dorf – ich kaufte mir Zöpfe, die ich ins Haar klemmen konnte, und fand einen total hübschen grünen Rock. Andrea blieb ihrer Aversion gegen das Einkaufen treu und überlegte eine geschlagene Stunde, ob sie sich denselben Rock in Schwarz kaufen sollte, und wir mussten unzählige Male wieder zu dem Stand zurückgehen, damit sie ihn noch einmal anprobieren konnte, und noch einmal, bis sie ihn schließlich kaufen wollte. »Er kostet nur zwanzig Dollar!«, sagte ich. »*Kauf ihn endlich!!!*« »Aber überleg doch mal, was ich mit zwanzig Dollar alles machen könnte!«, antwortete sie. »Ich könnte uns ein ganzes Abendessen kaufen! Für zwei! Oder wenn wir zu dem etwas heruntergekommenen Laden an der Ecke in Dominical gehen, können vier Leute davon essen! *Ein volles Pärchen-Abendessen.* Himmel! Nein, ich kann ihn nicht kaufen.« Sie hängte den Rock zurück. »Wenn du je zu einem Pärchen-Abend mit uns dorthin gehst, kaufe ich diesen Rock, damit ich dich damit erwürgen kann. Der Laden ist schrecklich!« Sie lachte. »Na gut. Er gefällt mir schon sehr. Ich kaufe ihn.« Sie bezahlte und fragte mich dann in der nächsten Stunde immer wieder, ob sie auch das Richtige gekauft hatte. Da war sie komisch – einerseits total spontan und immer völlig im Augenblick, außer wenn sie Geld ausgeben sollte. Sie hasste Shopping. Ich dagegen kannte das Problem nicht. Geld floss mir durch die Finger – ein Rock hier, Ohrringe da ... Ich dachte nie viel über Geld nach. Manchmal hatte ich das Gefühl, viel zu haben. Manchmal war ich gefühlt total pleite. Mir war beides relativ egal, aber ich wünschte, ich wäre etwas vorsichtiger und würde nicht so oft aus einem Impuls heraus Geld ausgeben.

An diesem Abend spielte eine großartige Elektronik-Band, weshalb wir, nachdem Andrea endlich ihren neuen Rock angezogen hatte, zum Tanzen gingen. Auf dem Weg trafen wir Luigi! Luigi, unseren Luigi. Er war wie ein Bruder für uns, Teil unserer eng verbundenen Gruppe. Luigi und ich waren vor ein paar Jahren kurz zusammen gewesen und danach gute Freunde geworden. Wenn Andrea, Josh, Luigi und ich gemeinsam unterwegs waren, nannten wir das immer »Zeit mit der Familie«, weil es genau so war – wir waren eine Familie. Luigi und Andrea hatten sich noch enger angefreundet, nachdem ich weggezogen war, und sahen sich fast jeden Tag. Bisher hatten wir ihn auf dem Festival noch gar nicht getroffen. Er war Teil des Veranstaltungsteams und ständig unterwegs. »Macha! Loca! Wenn das nicht meine absoluten Lieblingsmenschen sind!« Er zog uns beide in eine bärenhafte Umarmung an sich. »Topsy!«, rief ich, das war mein Lieblingsspitzname für ihn. »Wir haben dich vermisst. Komm, tanz mit uns.« »Na gut, ein bisschen, dann muss ich hinter die Bühne und mich um ein paar Sachen kümmern. Und in dreißig Minuten findet der Soundcheck statt. Seid pünktlich!« Luigi hatte eine Band, Patterns, die in Mittel- und Südamerika immer bekannter wurde. Sie waren gerade Vorband von Depeche Mode gewesen, und auf ihren Auftritt heute Abend waren alle gespannt. Wir tanzten und umarmten uns, und eine Sekunde später war Luigi schon wieder verschwunden. »Tss«, sagte Andrea. »Unser kleiner Rockstar. Er ist jetzt zu berühmt für uns.« In diesem Moment kam jemand auf uns zu und bat um ein Foto mit mir. Das passierte oft, alle paar Minuten sprach mich jemand an. Wir machten das Selfie, und anschließend sagte Andrea: »Nein, ihr seid beide berühmt! Jetzt ist links von mir dieser Rockstartyp und rechts von mir das Yoga Girl. Wer hätte ahnen können, dass meine besten Freunde so berühmt und wichtig werden würden!« Sie schob die Unterlippe vor. »Wehe, er vergisst uns, wenn er erst mal ein weltberühmter Musiker ist – und das gilt auch für dich, wenn …« Ich beendete den Satz für sie. »Wenn … was? Ich bin immer dieselbe!« Sie lachte. »Ich weiß nicht. Ich habe das Gefühl, dass du über all das hier noch hinauswachsen wirst. Die Zeit wird es zeigen«, sagte sie. Ich umarmte sie. »Okay, jetzt hör aber mit diesem Mist auf, damit wir das Konzert genießen können!« Wir drehten uns zur Bühne und tanzten. An diesem Abend lernten wir so viele Leute kennen: Feuertänzer, einen Schamanen, der uns Kakao aus einem großen Topf servierte, einen Typen, der nur mit Bodypaint bekleidet war … Immer wieder gerieten wir in tiefgründige Gespräche über das Leben mit den verrücktesten Leuten, die ich mir vorstellen könnte. Wenn wir tanzten, strahlten wir fast etwas Elektrisierendes aus; sehr wahrscheinlich lag es an Andrea – man blieb einfach stehen und sah ihr zu, und dann sprach man uns an. Später am Abend wollten wir eine Band sehen, von der wir bisher nur Gutes gehört hatten: Nahko and Medicine for the People. Davor sollten The Human Experience spielen. Als wir uns im Dorf etwas zu essen holten, fiel mir auf, dass Andrea müde wirkte. Sie gähnte. »Ich glaube, ich muss ein Nickerchen machen«, sagte sie. »Willst du ins Zelt gehen und dich ein bisschen ausruhen?« Ich wollte die erste Band eigentlich nicht verpassen, aber eine Pause machte mir nichts aus, damit Andrea sich ausruhen konnte. So waren lange Festivalabende einfach, manchmal musste man sich zwischendurch kurz ausklinken. »Ja, aber bleib du hier! Ich weiß doch, dass du die nächste Band sehen willst. Hab Spaß, und wir treffen uns in einer Stunde hinter der Bühne, an der Treppe an der rechten Seite, okay?« »Klar«, erwiderte ich. »Aber versprich mir, dass du dann hier bist! Stell dir den Handywecker!« »Ja, Mom.« Sie verdrehte die Augen. »In einer Stunde, pünktlich.« Ich ging zurück zur Bühne, sie zu unserem Zelt, das wir zwar aufgebaut hatten, in dem wir aber nie schliefen.

The Human Experience waren großartig, unglaublich. Die Unsicherheit und Angespanntheit des ersten Abends waren verschwunden, und ich tanzte losgelöst inmitten einer großen Zuschauermenge, zu jedem einzelnen Song. Die Zeit behielt ich allerdings trotzdem im Auge und war rechtzeitig am verabredeten Treffpunkt, doch Andrea erschien nicht. Sie war nie besonders pünktlich, weshalb ich mir nichts dabei dachte. Zwanzig Minuten später war der Auftritt vorbei, aber Andrea war immer noch nirgends zu sehen. Dann begann der Umbau für die nächste Band, und ich stand ein wenig im Weg, weshalb ich beschloss, zum Zelt zu gehen und sie aufzuwecken. Doch es war leer, als ich dort ankam. Und es sah auch nicht so aus, als wäre sie dort gewesen. Langsam machte ich mir ein wenig Sorgen und ging zu allen Orten, an denen wir regelmäßig vorbeikamen – die Essensstände, der Laden, in dem sie schließlich doch den Rock gekauft hatte (ich wäre nicht verwundert gewesen, wenn ich sie dort dabei überrascht hätte, wie sie ihn zurückbrachte!), und rief sie unzählige Male an. Keine Antwort. Nachdem ich wirklich überall gesucht hatte, hörte ich, wie Nahko auf der Hauptbühne angekündigt wurden, und hatte das starke Bedürfnis, dorthin zurückzugehen. Der einzige Ort, an dem sie auftauchen würde, nachdem wir uns verloren hatten, war schließlich der letzte vereinbarte Treffpunkt, oder? Andrea war zwar trotzdem nicht da, doch ich beschloss, mir das Konzert von diesem Platz aus anzuschauen. Ich war zwar nicht mitten in der Menge, jedoch fast auf der Bühne, rechts von den Musikern. Ich setzte keine großen Erwartungen in den Auftritt und machte mir hauptsächlich Sorgen um Andrea – wo konnte sie nur sein? –, doch als die Musik begann ... geschah etwas mit mir. Nahko fing an zu singen, und die Zeit blieb stehen. Die Musik, die Texte, der Rhythmus, die Botschaft ... All das öffnete mein Herz unendlich weit. Das gesamte Set lang stand ich fast wie erstarrt da. »I believe in the good things coming, coming, coming, coming«, sang er. »Everything's already all right always all right always all right.« Ganz ehrlich, es war das überwältigendste Konzerterlebnis meines Lebens. Ich war ganz allein, eins mit der Musik. Eine Fotografin machte in diesem Moment ein Bild von mir, das sie mir später per E-Mail schickte – ich strahlte über das ganze Gesicht. Es ist eins meiner Lieblingsbilder von mir selbst.

Das Konzert endete, und erst als ich mein Gesicht berührte, merkte ich, dass ich weinte. Ich ging wie auf Wolken von der Bühne weg. Plötzlich hörte ich jemand rufen. »Macha!!! Ich bin hier!«, und als ich aufblickte, kam Andrea auf mich zu. Sie hatte eine Decke um die Schultern geschlungen und sah verschlafen aus. *»Wo warst du??«*, fragte ich. »Ich habe überall nach dir gesucht.« Sie umarmte mich. »Tut mir leid. Im Zelt war es zu heiß, deshalb habe ich mich mit heruntergelassenen Fenstern ins Auto gelegt. Mein Akku war leer, deshalb hat mich das Handy nicht geweckt.« »Ich habe mir solche Sorgen gemacht!«, sagte ich. »Das musst du doch nicht, Dummerchen. Selbst wenn du glaubst, dass ich weit weg bin, bin ich immer in der Nähe. Ich bin immer hier.«

Solche Sachen sagte sie oft in dieser Woche – Dinge, über die ich in den nächsten Jahren oft nachdenken würde. Wir fuhren ins Hostel, und ich erzählte ihr alles, was sie verpasst hatte – das beste Konzert aller Zeiten! Ich spielte ihr den Song »Black As Night« vor, und wir lagen auf den Betten und hörten ihn uns immer wieder an. Ich fand ein YouTube-Video von einer Akustikversion. Wir schauten den Clip sicher zwanzig Mal an, bevor wir schlafen gingen.

Am nächsten Tag brachen wir früh zum Festivalgelände auf, um dort Yoga zu üben. Wir blieben den ganzen Tag dort. Wir schwammen im Meer, hörten Musik, lagen im Gras und redeten und redeten und redeten. Zwischen den Palmen über einer der Bühnen hing ein riesiger Traumfänger aus Seilen, und wir kletterten hinein und ließen die Beine baumeln. »Kannst du dir vorstellen, dass wir in drei Monaten schon nach Schweden fliegen? Das ist so irre«, sagte sie. »Das wird die größte Reise für mich und Gabriel, das ist sicher. Und ich werde endlich die anderen Brautjungfern kennenlernen! Ich kann nicht glauben, dass wir auf einem *Schloss* feiern werden! Was machen denn die ganzen Costa-Rica-Hippies auf einem Schloss?? Ich kann es kaum erwarten, zu tanzen.« Ich sah schon alles vor mir; wie wir uns fertig machten, die Kleider anzogen, uns gegenseitig frisierten, wie ich nervös den Mittelgang entlangging … Allein die Vorstellung machte mich schon nervös. »Du musst mich dann beruhigen, falls ich in Panik gerate«, sagte ich. Andrea lachte. »Du wirst keine Panik bekommen! Vielleicht wirst du zum Brautmonster, aber bestimmt nicht panisch. Du heiratest doch Dennis. Das ist perfekt.« Ich stieß sie liebevoll an. »Ich weiß. Und ich werde kein Brautmonster!« »Das bist du schon ein bisschen, nur ganz wenig …« Sie lachte. »Aber auf eine gute Art! Du wärst schließlich nicht du, wenn nicht jedes Detail perfekt sein müsste.« Wir lachten. Ich wollte tatsächlich, dass alles perfekt sein würde, und hatte schon oft bei den Lieferanten mit Änderungswünschen angerufen. Plötzlich wurde sie ernst und sah mich an. »Hör zu. Ich bin so unglaublich stolz auf dich. Ich glaube, ich sage dir das nicht oft genug.« »Sei still. Ich habe doch gar nichts Besonderes getan.« »Nein, ich meine es ernst. Du baust dir dieses Leben mit Dennis auf, du erschaffst etwas so Wunderschönes. Und ich bin so stolz, dass du ein Teil meines Lebens bist. Ich liebe dich so sehr.« Sie brach in Tränen aus. »Warum musst du so rührselig sein! Jetzt muss ich auch weinen«, sagte ich. »Aber ich meine es wirklich ernst. Was auch passiert, wo wir auch landen … Ich will, dass du das weißt. Dass ich dich so sehr liebe.« Wir umarmten uns und hielten uns lange fest.

»O mein Gott, schau nur!«, rief Andrea schließlich. »Da ist dein Musiker!« Sie deutete in eine Richtung, und tatsächlich kam Nahko, der Sänger der Band von gestern Abend, auf uns zu. Als er direkt unter uns war, streckte sie die Hand aus und berührte seinen Kopf. »Hey, Music Man! Hier oben!« Er blickte hoch und lächelte. »Hey! Was geht? Ein wunderschöner Tag, nicht wahr?« »O ja«, erwiderte sie. Er winkte und ging weiter. »Ich ärgere mich so, dass ich sein Konzert gestern verpasst habe! Er wirkt echt cool. Na gut. Du musst schließlich lernen, Sachen ohne mich zu machen.« Sie legte ihren Kopf auf meine Schulter. Ich sah in den Himmel. Es war wirklich ein wunderwunderschöner Tag.

Du musst schließlich lernen, Sachen ohne mich zu machen. An diesen Satz denke ich auch oft.

Nach der gemeinsam verbrachten Woche fuhren wir zurück, hörten Musik und versuchten, vom Festivalhigh wieder herunterzukommen. Je mehr wir uns San José näherten, desto trauriger wurde ich. *Ich habe mich schon so oft von Andrea verabschiedet, warum war es dieses Mal so schwer?*, fragte ich mich.

Als wir am Flughafen vorfuhren, begann ich zu weinen. So vieles kam zusammen: die großartige Woche, die wir gerade gemeinsam verbracht hatten, die bevorstehende Hochzeit, der Abschied von meiner besten Freundin … So viele Emotionen in einem Moment gebündelt. Andrea drückte meine Hand. »Ich weiß«, sagte sie. Auch ihr liefen Tränen über die Wangen. »Ich weiß.« Wir stiegen aus, und ich holte mein Gepäck aus dem Kofferraum. »Ich will nicht fahren«, sagte ich. »Ich will auch nicht, dass du fährst«, erwiderte sie. Wir umarmten uns, und als sie mich losließ, merkte ich, dass sie mir etwas in die Handtasche schob. Ein Brief. »Du solltest das doch nicht sehen!« Sie lachte durch die Tränen hindurch. »Ich wollte, dass du ihn ganz zufällig beim Auspacken findest und mich dann anrufst und wir gemeinsam darüber lachen.« Ich lächelte. »Dann musst du aber noch üben«, meinte ich. »Lies ihn erst im Flugzeug oder wenn du mich vermisst.« »Okay«, versprach ich. »Ich liebe dich, Gemela.« Andrea sah sich noch ein letztes Mal zu mir um, bevor sie wieder ins Auto stieg. »Ich liebe dich auch.« Dann war sie weg.

Ich war so traurig. Als ich durch den Zoll ging und ins Flugzeug stieg, weinte ich stille Tränen. Warum nahm mich das so mit? Ich würde sie doch in ein paar Monaten wiedersehen! Ich griff in die Handtasche, auf der Suche nach einem Taschentuch, und fand den Brief. Als wir abhoben, öffnete ich den Umschlag. Er enthielt eine Karte. Auf der Vorderseite war das Bild einer großen Spirale, die zu beiden Seiten von Wald gesäumt war, und einer Muschel am Strand. Während ich sie betrachtete, schien sich die Spirale gleichzeitig in beide Richtungen zu bewegen. Eine optische Täuschung. Hypnotisiert öffnete ich die Karte.

Vergiss nie
Dein Licht, deine Füße
Im Sand
Deine ERDE

Pass gut auf deine wunderschöne Seele &
deinen Körper auf
Ich liebe dich, Machita
Wegen aller Wege, die wir gemeinsam gegangen sind
Und aller Wege, die noch vor uns liegen

Ich liebe dich.
Andre <3 Macha
Envision 2014

Als ich Andreas Worte las, legte sich die Traurigkeit. *Ich habe so ein wunderbares Leben,* dachte ich. In ein paar Monaten würde ich den Mann meiner Träume heiraten, mit meiner besten Freundin an meiner Seite. Dankbarkeit löste die Trauer ab. Ich postete ein Foto von der Karte und schrieb dazu:

Sitze im Flugzeug und weine. Bin todmüde, stinke nach Festival, bin schmutzig vom Regenwald. Aber voller Glitzer. Und Federn. Und Liebe. Mein Herz ist glücklich. Bin gesegnet mit der besten Freundin, die man sich nur wünschen kann. *Gracias gemela por el amor infinito. Por todos los caminos recorridos y los que faltan por recorrer.*

KAPITEL ZEHN

VERARBEITEN

Zwei Wochen später lag ich in einem Krankenhausbett und hörte immer wieder im Kopf das unbegreifliche Wort. *Falleció.* Andrea war tot. Ich hatte meine beste Freundin verloren. Mein Leben war auf einmal völlig auf den Kopf gestellt.

Es ergab keinen Sinn. Nichts ergab einen Sinn. Unsere Zeit auf dem Festival war so unglaublich schön gewesen – gerade hatte ich sie doch noch umarmt, und jetzt sagte man mir, sie sei tot? Gestorben? Das konnte nicht sein. Ich stand unter Schock, wählte immer wieder ihre Nummer, wartete, dass sie abhob und mir sagte, dass das alles ein schreckliches Missverständnis gewesen war.

Ich bewegte mich wie durch Nebel. Nach der Operation konnte ich nicht aufrecht stehen, und mein ganzer Körper schmerzte, doch das war nichts im Vergleich zu dem Gefühl der Verzweiflung in meiner Brust. Es erstickte mich langsam. Irgendwann funktionierte ich gar nicht mehr und hörte auf zu essen und zu schlafen. Nichts war mehr wichtig. Nach ein paar Tagen wollte ich nur noch allein sein, weil ich wusste, dass mich alle anstarrten, als sei ich verrückt, wenn ich schon wieder Andreas Nummer wählte. Alle erwarteten, dass ich es verstehen, begreifen würde, doch ich weigerte mich, die Wahrheit zu akzeptieren. Wie konnte der lebendigste Mensch, den ich je gekannt hatte, plötzlich tot sein? Das war unmöglich. Immer wieder rief ich sie an, hoffte, sie würde sich melden und mir sagen, dass alles nur ein Traum gewesen war. Doch das passierte nicht. Ich hatte so viele Fragen. Andrea war am Abend des Unfalls am Strand auf einem Konzert gewesen. Sie und ihr Freund Gabriel waren getrennt gefahren. Auf der Heimfahrt war sie ein paar Minuten vor ihm. Er geriet in einen Stau. Die Leute vor ihm waren aus ihren Autos gestiegen und versuchten zu sehen, was los war. Er hörte, wie jemand etwas von einem Unfall sagte. »Ein richtig schlimmer. Ein Truck und ein SUV.« Andrea fuhr einen SUV. Gabriel ließ sein Auto zurück, den Schlüssel noch im Zündschloss, und rannte los. Er sah Andreas silbernen Toyota auf dem Dach liegen, völlig zerstört. Als er zu ihr kam, atmete sie noch.

Er fuhr mit ihr im Krankenwagen zum nächstgelegenen Krankenhaus, das jedoch nicht für die Schwere ihrer Verletzungen eingerichtet war. Sie mussten umdrehen und nach San José fahren. Als sie endlich dort waren, wies sie der zuständige Assistenzarzt in der Notaufnahme ab. Sie wären außerhalb des Zuständigkeitsbereichs des Krankenhauses, sagte er. Das »richtige« Krankenhaus war dreißig Minuten entfernt. Später schrieben die Zeitungen von der »Fahrt des Todes«. Das ganze Land erfuhr von Andreas Unfall und den vielen Fehlern, die die Ärzte währenddessen gemacht hatten. Als sie endlich in einem Krankenhaus aufgenommen wurde, brachte man sie direkt in den OP. Sie hatte innere Blutungen. Stunden waren seit dem Unfall vergangen. Sie wurde am Bauch operiert, um die Blutung zu stoppen. Zur selben Zeit wand ich mich in einem anderen Land vor Bauchschmerzen. Andrea hatte zwei Herzinfarkte. Ihr Körper hatte keine Kraft mehr. Keiner schien wirklich genau zu wissen, was passiert war, weshalb ich versuchte, alle Informationen zusammenzusetzen.

Zuerst schien es, als sei Andrea in den entgegenkommenden Verkehr geraten, was keinen Sinn ergab. Sie benutzte ihr Handy nie beim Fahren. Sie war eine gute Autofahrerin und kannte die Straße. Hatte sie nach etwas gesucht und war abgelenkt gewesen? War sie eingeschlafen? War es möglich, dass die Fahrten zwischen den Krankenhäusern über Leben und Tod entschieden hatten? Später fanden wir heraus, dass nicht sie in den entgegenkommenden Verkehr geraten war, sondern der Truck. Sie hatte von Anfang an keine Chance. Doch was spielte es letztendlich für eine Rolle? Sie war tot. Ich hatte das Gefühl, als wäre ich mit ihr gestorben.

Als wir das letzte Mal zusammen gewesen waren, hatte Andrea mir gesagt: »Du musst dir keine Sorgen machen, Macha. Selbst wenn du glaubst, dass ich weit weg bin, bin ich immer in der Nähe.« Warum konnte ich sie dann nicht fühlen? Warum hatte sie mir kein Zeichen gegeben, dass sie in der Nähe war? Warum hatte sie gelogen?

Ein paar Tage nach der OP wurde ich aus dem Krankenhaus auf Bonaire entlassen. Mein Körper heilte. Mein Herz nicht.

Ich postete ein Foto von Andrea und mir auf Instagram mit einer Nachricht für sie. Die ganze Welt sollte wissen, dass wir einen Engel verloren hatten und mein Herz gebrochen war. Ich dachte, wenn ich die Worte laut ausspreche, wenn ich sie für die ganze Welt niederschreibe, dann würde mir das helfen zu verstehen, dass das alles tatsächlich real war. Dass es kein Traum war. Die Zeit, die wir bei unserem letzten Treffen miteinander verbracht haben, und unsere Gespräche vor deinem Tod waren so intensiv, so voller Liebe. Jetzt frage ich mich: Warum habe ich das nicht kommen sehen? Du hast mir mehr Voicemails hinterlassen als je zuvor, in denen du mir einfach nur gesagt hast, dass du mich liebst. Du hast Briefe in meinem Koffer versteckt. Du hast mich so fest umarmt. Warum hast du mich nicht wissen lassen, dass das die letzten Tage waren? Warum durfte ich mich nicht verabschieden?

Andrea wurde in Costa Rica eingeäschert, während ich auf Bonaire festhing und auf die Erlaubnis des Arztes wartete, fliegen zu dürfen. Ich konnte immer noch nicht laufen oder mich vorbeugen oder gerade stehen. Ich wollte nur im Bett unter der Decke liegen, die Vorhänge zugezogen, doch Dennis ließ das nicht zu. Jeden Tag riss er die Vorhänge auf, trug mich aus dem Bett und hielt mich unter die Dusche. Eines Tages rasierte er sogar meine Beine. »Wenn du willst, dass sie mit dir redet, setz dich ans Meer«, sagte er eines Morgens. »Geh zum Sonnenaufgang an den Strand und meditiere mit der Weisheit, von der wir alle wissen, dass du sie in dir hast. Lieg nicht hier im Dunkeln herum. Sie ist im Licht, also geh dahin, wo das Licht ist, und sprich mit ihr.« Ich wusste, dass er recht hatte, aber die Dunkelheit war so tröstlich. Und was, wenn ich versuchte, sie zu erreichen, sie aber nicht antwortete? Oder was, wenn sie es tat? Dann wäre alles real, und ich hätte gern, dass es nicht so war. Außer dass ich langsam verstand, dass es passiert war.

Viele von unseren Freunden flogen zu uns, um bei uns zu sein. Alle waren da, um mir zu helfen und mich zu unterstützen, doch ich spürte nichts davon. Der erste Lichtstreifen am Horizont kam ein paar Tage später. Nachdem alle das Haus verlassen hatten, das wir gemietet hatten, ging ich im Sonnenschein mit meiner Freundin Rose zum Hafen. Sie schwamm, ich lag auf einem Handtuch. Plötzlich überkam mich das Bedürfnis, nackt zu sein, all die schweren Schichten abzustreifen, die mich niederdrückten. Aber um uns herum waren Menschen, wie konnte ich es da wagen, mich komplett auszuziehen? *Was würde Andrea tun? Andrea wäre das so was von egal,* dachte ich schließlich. Sie hätte gesagt: »Wenn du frei sein musst, dann musst du frei sein!« Also zog ich mich aus, rannte so, wie ich war, den Pier entlang und warf mich ins Meer. Als ich wieder auftauchte, glitzerte das Licht um mich herum. Es war ganz besonders – als schwämme ich in einem Pool aus Licht. Ich hatte noch nie gesehen, wie die Sonne so auf dem Meer funkelte. Das Wasser war so weich, so klar, so tröstlich. Ich rief Rose zu: »Hey!« »Was?«, fragte sie. »*Ich fühle etwas!*«, brüllte ich. »Das ist gut!« Ich fühlte etwas, und das war ein Fortschritt. Danach setzte ich mich auf den Pier und schlug die erste Seite eines neuen Notizbuches auf. Oben schrieb ich: »An das Licht, das bei Sonnenuntergang auf dem Meer glitzert.« Ein Liebesbrief an Andrea strömte aus mir heraus. Über eine Stunde saß ich da und schrieb ihr. Als ich fertig war, fühlte ich eine seltsame Ruhe in meinem Herzen. Mir wurde bewusst, dass ich auf viele Arten mit ihr reden konnte. Das Licht würde mir den Weg weisen. Wenn es nur von Dauer wäre; doch so funktioniert Trauer nicht. Der Moment verging so schnell, wie er gekommen war, und ich fiel wieder zurück in die Dunkelheit.

Wieder hörte ich den Song »Black As Night« von Nahko and Medicine for the People, den Andrea und ich so oft auf dem Envision Festival abgespielt hatten. Es war unsere letzte gemeinsame Hymne. Jetzt wurde es zu meiner Obsession. Ich konnte gar nicht mehr damit aufhören. »I believe in the good things coming, coming, coming, coming.« Bei dem Text weinte ich, weil ich so unbedingt wollte, dass er wahr war. Ich war gefangen, zwar noch am Leben, aber nicht mehr fähig, glücklich zu sein. Ich fühlte mich kalt, tot, leer. Eigentlich sollte ich meine Hochzeit planen, doch die Vorstellung, dass das Leben auch nur irgendwie wieder normal sein könnte, war noch zu wenig greifbar. Ich wusste nicht, wonach ich suchte. Ich wusste nur, dass mein Herz in San José war und ich dorthin musste.

Sobald ich reisen durfte, buchte Dennis den Flug nach Costa

Rica. Als wir ins Flugzeug stiegen, war ich in einem solchen emotionalen Ausnahmezustand, dass eine andere Passagierin die Flugbegleiter bat, mir zu helfen. Ich hyperventilierte und weinte. Man brachte mir Wasser und Taschentücher. Was hätten sie auch sonst tun können?

Wir landeten in San José und nahmen uns ein Taxi zum Haus von Andreas Familie. An der Haustür erstarrte ich plötzlich. Alle waren da: ihre Mutter, Doña Patri; ihre Schwester Juli; ihre Tante und Cousins; und Gabriel, ihr Freund. *Wie soll ich ihnen gegenübertreten?* Ich war mir nicht sicher, ob ich es schaffen würde. Ich sah zu Dennis, der neben mir auf dem Gehsteig stand, unseren Hund Ringo auf dem Arm. Auch er hatte Angst. »Bist du bereit?«, fragte er. »Nein«, erwiderte ich. Er umarmte mich. »Du wirst dich ihr hier nahe fühlen«, sagte er. Ich öffnete die Tür.

Im Flur stand ein Tisch mit Blumen, einer brennenden Kerze und Andreas Bild. Sie trug einen Schal und lächelte. Andreas Mutter sah mich zuerst, und ihr blieb der Mund offen stehen. Sie wirkte, als hätte sie einen Geist gesehen. Sie hielt mich fest an sich gedrückt, und ich begann zu schluchzen. *Das ist doch falsch,* dachte ich. Ich wollte sie trösten, nicht umgekehrt. Wir hielten einander für ein paar Minuten, bis sie sprach. »Ich habe vergessen, wie ähnlich du ihr siehst«, sagte sie. »Einen Moment war es, als wäre sie durch die Tür gekommen.« Ihre Augen waren gerötet, ihre Haut blass. Ich begrüßte die anderen, und jemand drückte mir einen Teller mit Essen in die Hand. So war es immer bei Andreas Familie. Alles war vertraut – außer dass sie nicht da war, weshalb nichts wie immer war. Alle redeten miteinander, und ich spürte eine Hand auf der Schulter. Ich drehte mich um, und Gabriel stand hinter mir. Sein Gesicht war so angespannt, dass ich ihn kaum erkannte. Wir umarmten uns lange. *Wie würde er das alles überstehen?,* fragte ich. Wie würden wir alle es überstehen?

Dennis und ich schliefen in Andreas Bett. In der Nacht wachte ich weinend aus einem schrecklichen Albtraum auf. Ich hatte geträumt, dass wir alle wegen Andreas Beerdigung in einem großen Haus wohnen. Es war so voller Menschen, dass ich mich nirgendwo hinsetzen konnte. Ich stand da und suchte nach etwas, worauf ich mich ausruhen konnte, und plötzlich kam eine Familie mit einem kleinen Baby zu mir, die sagte, sie seien wegen Ringo da. Ich war verwirrt. *Warum Ringo?*, fragte ich. »Weil du ihn uns gibst und wir ihn mitnehmen«, sagten sie. »Das wurde schon vor Monaten beschlossen.« Ich drehte mich panisch zu Dennis. »Wer hat das beschlossen?«, fragte ich. »Du«, antwortete er. Und dann nahmen sie Ringo und gingen mit ihm weg. Der Traum endete, indem ich schrie, er solle zurückkommen. Als ich aufwachte, wusste ich es. Ringo war Andrea, doch mein Geist konnte es immer noch nicht verarbeiten. Ich konnte nicht loslassen.

Am zweiten Abend bat Doña Patri mich, in Andreas Haus zu schlafen.

Seit dem Unfall hatte niemand mehr dort übernachtet, doch sie bestand darauf. »Ich glaube, das hätte sie gewollt«, sagte sie. »Schlaf heute Nacht dort. Schau, ob sie da ist. Schau, ob du sie spürst. Ich fühle mich ihr so nahe, wenn du hier bist. Bitte bleib heute Nacht bei ihr.«

Gabriel sollte mich hinfahren; Dennis würde später zu uns stoßen.

Andrea liebte ihr Haus. Es war winzig, aber wunderschön und lag im Regenwald auf einem Hügel über San José. Gabriels Fingerknöchel waren weiß am Lenkrad, als wir zu dem Haus fuhren. Ich saß auf dem Beifahrersitz, und mir fiel auf, dass sein Wagen widerlich roch. Gabriel arbeitete mit nachhaltigen

Fischereiprojekten, weshalb ich annahm, dass Fischernetze oder andere Ausrüstung so stanken.

»Was ist das für ein Geruch?«, fragte ich schließlich.

Er schwieg. »Das ist sie«, antwortete er.

»Was meinst du damit, sie?«

»Andrea.«

»Ich verstehe nicht.«

»Ihre Sachen. Von dem Unfall. Sie mussten ihr Kleid aufschneiden, um sie operieren zu können. Es war blutdurchtränkt. Sie haben es zusammen mit ihrem Pulli, ihren Armbändern und den ganzen anderen Sachen in eine Tüte gelegt.«

»Und die ist jetzt … hier? Im Auto?«

»Ich wusste nicht, was ich damit tun sollte.«

Wir fuhren schweigend weiter.

Andreas Haus sah genau so aus, wie ich es in Erinnerung hatte. Warum sollte es auch anders sein? Ich gab Gabriel die Schlüssel, er sollte es als Erster betreten. Als er die Tür aufschob, zitterten seine Hände. Wir gingen hinein. Alles war noch da, bis auf Andrea: der Teppich auf dem Boden, die kleine Couch am Fenster, Geschirr in der Küchenspüle – ein paar Gläser, eine Teetasse. *Noch vor gar nicht langer Zeit haben wir in dieser Küche gekocht,* dachte ich. Sie hatte einen Smoothie gemacht, und ich hatte sie aufgezogen, weil er fast schwarz geworden war. »Was zum Teufel hast du da reingetan?« Ich hatte gelacht. »Willst du mich vergiften?« Sie hatte mir ein Geschirrtuch an den Kopf geworfen. »Das ist gut für dich! Trink es einfach!« Ich lächelte leicht bei der Erinnerung. Wie konnte es sein, dass sie gerade noch hier gewesen war? Und jetzt war sie weg.

Ich konnte kaum atmen und öffnete die Küchentür, um etwas Luft hereinzulassen. »Willst du nach oben gehen?«, fragte ich Gabriel. Er war leichenblass. »Ich kann das nicht«, antwortete er. Wir schwiegen. Ich merkte ihm an, dass er wieder fahren wollte. »Willst du die Tüte mit ihren Sachen holen?«, fragte ich.

Gabriel ging nach draußen und kam mit einer Plastiktüte zurück, auf der »Klinikabfall« stand. »Lass uns das draußen erledigen«, sagte ich. Wir gingen in den Garten. Ich blickte auf die Tüte vor mir und fühlte mich wie in einem Paralleluniversum. Das hier konnte nicht real sein. Ich atmete tief durch, öffnete die Tüte und zog ein langes Stück Stoff heraus. Es war Andreas Kleid, hellgrau und mit Flecken von getrocknetem Blut. Jetzt zitterten meine Hände. Langsam nahm ich die anderen Sachen heraus. Alles, was sie am Tag des Unfalls getragen hatte, war da. Ihr Kleid, der Pullover, etwas Schmuck. Alles war voller Blut. Als Letztes nahm ich ihre Lieblingskette in die Hand, eine Kette aus graublauen Perlen, die ihr bis zu ihrem Bauchnabel gereicht hatte. Sie liebte diese Kette – auf dem Festival hatte sie sie fast jeden Tag getragen. Jetzt war sie zerrissen, und die Perlen lagen auf dem Boden der Tüte. Eine nach der anderen nahm ich sie heraus und legte sie auf einen Holzklotz in der Ecke des Gartens.

Gabriel hielt es nicht mehr aus.

»Ich muss gehen«, sagte er. »Dennis ist wahrscheinlich schon auf dem Weg. Kommst du hier allein zurecht?«

Eine seltsame Ruhe überkam mich, hier, in Andreas Garten.

»Kommst *du* zurecht?«

Gabriel sah mich an, beantwortete aber nicht meine Frage. »Ich rufe dich später an«, sagte er.

Gabriel fuhr, und ich ging zurück ins Haus. Der Himmel färbte sich staubig gelb und tauchte die Küche in weiches Licht. Ich beschloss, nach oben zu gehen. Die Treppenstufen knarzten unter meinem Gewicht. Auf dem Treppenabsatz stand Andreas Altar mit ihren Lieblingskristallen, Steinen und Halbedelsteinen. Jeden Abend hatte sie hier gesessen und meditiert. Ich fühlte mich davon wie von einem Magneten angezogen, als ich daran vorbei in ihr Schlafzimmer ging.

Als Erstes fiel mir auf, wie ordentlich der Raum war. Alles war fein säuberlich aufgeräumt, das Bett gemacht, mit ihrem Lieblingsüberwurf. So sauber hatte ich Andreas Haus noch nie gesehen. Sie war ein unordentlicher Mensch gewesen, sogar noch unordentlicher als ich. Im Badezimmer hing ihr Bändchen vom Envision Festival an einer Kante bei der Dusche. Ich trug meines noch am Handgelenk. Ich nahm das Armband und hielt es neben meines. Da hörte ich ein Auto vorfahren. Dennis und Ringo waren da.

Wir drei richteten uns in Andreas Haus ein. Als die Sonne unterging, kochten wir Abendessen. Ich brachte es nicht über mich, das Geschirr in der Spüle anzufassen; ihr Geschirr, das sie benutzt hatte, bevor sie das Haus zum letzten Mal verlassen hatte. Ich hatte zu viel Angst, die Dinge durcheinanderzubringen, die sie als Letztes berührt hatte, und alles, was immer noch an sie erinnerte. Was natürlich alles war. Das Haus vibrierte von ihrer Energie. Mir kam ein Gedanke: Ich weiß, dass ihre Sachen nur Objekte sind. Doch diese Dinge – das Geschirr, das sie in die Spüle gestellt hatte, bevor sie in ihren Wagen gestiegen und zum Strand gefahren war – fühlten sich so frisch an. Ich sehe sie vor mir, wie sie Tee getrunken und die Tasse beiseitegestellt hat, bevor sie eilig das Haus verlassen hat. Wahrscheinlich wollte sie es abspülen, wenn sie wieder da war. Doch sie kam nie zurück. Und jetzt bin ich hier und meide Geschirr, das zu spülen nicht meine Aufgabe ist.

Am Esstisch saß ich auf Andreas Platz, Dennis auf dem Stuhl, den ich normalerweise benutzte. Wir beendeten unser Abendessen, und Dennis sagte, er wäre müde und würde gern ins Bett gehen. Es war ein langer Tag gewesen. Fast hätte ich ihn aufgehalten, als er Richtung Bad ging. *Moment! Das ist ihre Dusche.*

Sie hat als Letzte dort geduscht. Es fühlte sich falsch an, dass er sie benutzte. Sie war die Letzte, die auf die Fliesen getreten war und das heiße Wasser angestellt hatte. Ich hatte das Gefühl, als würde durch Dennis' Berührung die Verbindung zu ihr abbrechen, doch ich schwieg. Ich wusste, dass ich mich verrückt verhielt. Andreas Dusche nicht zu benutzen würde sie auch nicht zurückbringen. Oder ihr Haus in dem Zustand zu behalten, in dem sie es verlassen hatte. Dennis gab mir einen Gutenachtkuss und nahm Ringo mit ins Schlafzimmer. Ich war froh, dass er früh ins Bett ging, weil ich noch allein vor Andreas Altar sitzen und einfach nur atmen wollte. *Wenn ich nur meinen Geist zur Ruhe bringen könnte, dann könnte ich sie vielleicht spüren,* dachte ich. *Was, wenn ich es nicht konnte?*

Auf dem Fensterbrett standen diverse Kerzenständer, auf dem Altar halb abgebrannte Kerzen. Ich sah mich nach Streichhölzern um, fand jedoch keine. *Bei all den vielen Kerzen muss es doch irgendwo in diesem Haus Streichhölzer geben,* dachte ich. Ich suchte überall. Wirklich überall. In allen Küchenschubladen. Auf dem Beistelltisch beim Sofa. Auf jedem verdammten Regal. Ich wusste, dass es hier irgendwo Schachteln mit Zündhölzern geben musste! Andrea brannte immer Kerzen und Räucherwerk und Palo Santo ab. Sie rauchte sogar ab und zu eine Pfeife, im Stil der amerikanischen Ureinwohner. *Wo sind die verdammten Streichhölzer? Ich will doch nur vor dem Altar sitzen und beten!* Und ohne Kerzen konnte ich nicht beten! Nachdem ich erfolglos jede Ecke des Hauses hektisch durchsucht hatte, zerbrach etwas in mir, Tränen brannten in meinen Augen. »Andrea!«, schrie ich laut. »*Wo sind die verdammten Streichhölzer?*«

In diesem Moment drehte eine Kraft meinen Kopf energisch nach links. Es war total seltsam, weil wirklich nicht ich meinen Kopf drehte, sondern irgendetwas anderes. Mein Blick landete auf einem Bilderrahmen in einem Regal – ein Bild von Osho.

Mein Bild. Warum war es mir vorher nicht aufgefallen? Osho war einer meiner spirituellen Lehrer, dessen Lehren mein Leben stark beeinflusst hatten. Als ich in Dominical wohnte, brachte meine Mutter mir bei ihrem Besuch ein gerahmtes Foto von Osho mit, das ich über meinen Altar hängte. Als ich nach Aruba zog, ließ ich einen Großteil meiner Sachen zurück, darunter auch dieses Bild. Ich hatte nicht gewusst, dass Andrea es in ihrem Haus aufbewahrt hatte. Gabriel erzählte mir später, dass es seit vielen Jahren dort gestanden hatte – ich hatte es nur nie bemerkt. Als ich leicht den Blick senkte, sah ich etwas, bei dem mir fast das Herz aus der Brust sprang. Eine Schachtel mit Zündhölzern lehnte am Bilderrahmen. Ich schob sie auf. Ein Streichholz war noch übrig. Weinend sank ich auf die Knie und presste die Schachtel an mein Herz. Andreas Präsenz war so stark, dass ich fast ihre Arme um mich fühlen konnte. Und plötzlich wurde ich ganz ruhig.

Als ich vor dem Altar stand, wurde mir klar, dass ich nicht wie üblich im Sitzen meditieren musste, um Andrea zu spüren. Ich brauchte keine Kerzen oder einen Altar oder besondere Momente. Sie war da, bei mir. Die ganze Zeit.

Ich ging an dem Altar vorbei und öffnete die Tür zum Schlafzimmer. Ein niedriger Schrank stand auf dem Boden, und ich entdeckte eine Kerze und ein paar Kristalle neben Andreas Mala-Kette. Ich setzte mich, um die Kerze anzuzünden, in dem Bewusstsein, dass ich nur einen Versuch hatte. Ich strich das Zündholz an der Schachtel entlang. Nachdem die Kerze brannte, blies ich das Streichholz aus, ließ es jedoch fallen, solange die Spitze noch bernsteinfarben glühte. Es verschwand unter dem Schrank. *Mist,* dachte ich. Nicht nur war das Streichholz noch heiß, ich wollte es auch mit nach Hause nehmen. Es war meine erste richtige Verbindung zu Andrea seit ihrem Tod. Ich musste es hervorangeln.

Ich legte mich auf den Boden und streckte den Arm unter den Schrank, um nach dem Streichholz zu tasten. Doch ich fand etwas anderes und zog es hervor: eine winzige Statue von Maria Magdalena. Andrea hatte im letzten Jahr zum Katholizismus zurückgefunden. Auf dem Envision Festival hatten wir darüber geredet. Das Konzept einer Religion war mir immer fremd gewesen. Schweden ist eines der atheistischsten Länder der Welt, und ich hatte keine Beziehung zu einer Kirche, zu Jesus oder der Bibel. Andrea hatte mir Geschichten über Maria Magdalena erzählt, »die vergessene Göttin«. Sie war stolz, dass sie zur Kirche zurückgefunden hatte; es hatte sie ihrer Mutter nähergebracht. »Ich meditiere immer noch lieber oder sitze in einem Kreis, als dass ich in die Kirche gehe, aber mir wird wichtiger, wo ich herkomme«, hatte sie mir erzählt.

Als ich die Figur in meiner Hand betrachtete und mich an unser Gespräch von vor ein paar Wochen erinnerte, spürte ich dieselbe Kraft, die meinen Kopf zu Oshos Bild gedreht hatte. Dieses Mal wurde meine Hand tiefer unter den Schrank gezogen. *Da ist noch etwas,* dachte ich.

Ich streckte mich und ertastete eine Schachtel, die ich hervorzog. Sie war aus grünem Karton, wunderschön mit Blumen und Mustern verziert und viel zu hübsch, um versteckt zu werden. Meine Hände zitterten, als ich den Deckel öffnete. Erst nach einem Moment erkannte ich, was ich da sah. Meine Handschrift. Ganz oben lag unsere Hochzeitseinladung mit Andreas Namen auf dem Umschlag. Andrea hatte mich hierhin geführt.

Ich begann wieder zu weinen und konnte diesmal nicht aufhören. Als ich auf dem Boden lag und die Einladung umklammerte, wurde mir zum ersten Mal die Realität bewusst. Andrea war tot. Sie würde nicht meine Hand an meinem Hochzeitstag halten. Sie würde nicht an meiner Seite sein, wenn ich »Ja« zur Liebe meines Lebens sagte. Sie war tot. *Falleció.* Ich würde nie wieder in ihre funkelnden Augen sehen oder ihr dickes braunes Haar flechten können. Diese Erkenntnis traf mich wie ein Schlag in den Magen, und ich begann laut zu wehklagen wie ein verwundetes Tier. Meine Seele vermisste ihre Gefährtin.

Ich hörte Ringo bellen und kam wieder zu mir; Dennis hielt mich. »Atme«, sagte er. »Du musst atmen.« Doch ich konnte nicht, es gab keine Luft. Andrea hatte sie mitgenommen. »Du musst atmen!«, drängte Dennis. »Atme!« Endlich konnte ich Luft in meine Lungen saugen. Ich brach in Dennis' Armen zusammen und weinte, bis ich in einen traumlosen Schlaf fiel.

Am nächsten Morgen weckte mich Vogelgezwitscher. Mein Kopf hämmerte. Die grüne Schachtel mit unserer Hochzeitseinladung lag immer noch offen auf dem Boden. Ich sah hinein. Unter der Einladung lagen Erinnerungen an unsere gemeinsame Zeit auf dem Envision Festival. Die Schachtel war für mich bestimmt. Das wusste ich. Ich legte alles zurück und stand auf. Da sah ich es: In der Ecke des Zimmers stand ihre Yoga-Matte – die graue Matte, die sie für mein Retreat in Costa Rica im Dezember gekauft hatte. Andrea hatte sich so gefreut, daran teilzunehmen. Sie war schon vorher auf meinen Retreats gewesen, hatte aber noch nie eines vollständig absolviert. Am ersten Tag packte sie mich nach dem Frühstück auf dem Weg zum Yoga-Pavillon. »Schau, was ich habe!«, rief sie. In ihren Armen hielt sie die brandneue Matte. »Meine eigene Yoga-Matte! Bist du nicht stolz auf mich?«

Ich rollte sie auf dem Holzboden aus. Sie war ein bisschen schmutzig, als hätte Andrea sie am Strand benutzt. Ich sah genau, wo Andreas Hände in der Stellung des Kindes gelegen hatten. Ich war mir nicht sicher, ob die noch frischen Narben von meiner Operation überhaupt eine Yoga-Stellung erlauben würden, doch ich stellte mich in Andreas Fußabdrücke und begann mich zu bewegen. Ich atmete tief ein und hob die

Hände über den Kopf. Schon bald kam ich nach unten in den Herabschauenden Hund. Als mein Atem eine Einheit mit meinem Körper bildete, spürte ich seine Schwere. Das Gewicht meines Herzens, den Schmerz; er erschien mir unerträglich. Doch irgendwie wusste ich auch, dass er es nicht war – weil ich hier war, alles bewusst wahrnahm. Jahrelanges Yoga hatte mir genau das beigebracht: die Kunst des Atmens durch unangenehme Momente hindurch. Mit Schmerzen auf der Matte zu sitzen. Den Atem in die engen Bereiche meines Körpers fließen zu lassen und Raum zu schaffen, wo ich ihn benötigte. *Das war es,* wurde mir klar. *Darauf hatte die jahrelange Übung hingeführt.* Dass ich hier sein konnte, genau jetzt, und durch diesen Schmerz hindurchgehen konnte, ohne fliehen zu müssen.

Schließlich ging ich in Savasana und legte meinen Kopf an die Stelle, an der auch Andreas so viele Male zuvor gelegen hatte. Tränen strömten mir übers Gesicht, die Hände lagen auf meinem gebrochenen Herzen. Auf ihrer Matte wusste ich, was ich zu tun hatte. Ich musste die Gefühle zulassen. Der einzige Weg, um das hier zu überstehen, führte hindurch.

loslassen

KAPITEL ELF

———

LOSLASSEN

Bald mussten wir uns von Costa Rica verabschieden. Als wir
Andreas Haus verließen, fielen mir die Perlen aus der
Krankenhaustüte ein, die ich auf den Holzklotz im Garten gelegt hatte. Ich ging hinaus und nahm eine davon in die Hand.
Als ich sie näher betrachtete, war sie eher hellblau als grau. Ich
schloss die Hand darum und sah Andrea vor mir, wie sie tanzte
und die Kette hin und her schwang. »Mach's gut«, flüsterte ich.
»Ich bin bald wieder da.« Ich schob die Perle in meine Tasche
und ging.

Dennis und ich traten danach eine Yoga-Tournee an, die ich
schon lange geplant hatte, mit Workshops in Brasilien, Costa
Rica und schließlich Schweden. Ich hatte das überwältigende
Bedürfnis weiterzumachen, auch weil ich Angst hatte, was
passieren könnte, wenn ich nicht ständig in Bewegung war. Ich
verbrachte mehr Zeit in Flugzeugen als auf dem Boden, und das
wollte ich auch so. Trotzdem war ich so müde, dass ich nicht klar
denken konnte. Meine Haut wurde schlechter, die Haare fettig,
meine Hände waren trocken, mein Nacken steif, mein Bauch
verkrampft. Aber ich lebte. Mein Herz schlug. Ich machte gerade die schwerste Zeit meines Lebens durch, und ich gestattete

mir all meine Emotionen. Wenn ich weinen musste, weinte ich. Wenn ich lachen wollte, lachte ich. Die meiste Zeit fühlte ich mich wie ein zitterndes Blatt, das vom Wind herumgewirbelt wird. Doch der Wind war kräftig und wusste, wohin er wehte. Durch das Abgeben der Kontrolle über mich würde ich heilen. Die Unberechenbarkeit des Windes sollte mich dorthin bringen, wohin ich gehen musste. Einen Tag nach dem anderen.

Für Dennis und mich war es die erste Reise nach Brasilien. Ich würde zwei Workshops veranstalten – einen in Rio, den anderen in São Paulo. Beide waren ausverkauft. Ich überlegte, sie abzusagen, doch es wurden Hunderte Teilnehmer erwartet. Es wäre eine Herausforderung, zu unterrichten. Ich war nicht nur in einem zerbrechlichen emotionalen Zustand, in den Kursen ging es auch um Handstand, aber seit der Operation hatte ich kein vernünftiges Vinyasa mehr machen können, geschweige denn einen Handstand. Doch ich wollte die Workshops geben. Ich musste beschäftigt bleiben. Absagen war keine Option.

Wir kamen spät am Flughafen an, was ungewöhnlich für uns war. Der Check-in hatte schon geschlossen, und wir mussten verhandeln, damit man uns durchließ. »Das Boarding hat bereits begonnen, Sie sollten sich beeilen«, empfahl uns der Check-in-Beamte.

Wir hatten Gepäck dabei, weshalb Dennis sagte, ich solle vorausrennen. »Halt das Flugzeug auf!«, rief er mir nach. »Ich bin gleich hinter dir!« Ich rannte durch die Sicherheitskontrolle und zu unserem Gate. Man rief uns schon aus, als Dennis mich anrief und mir sagte, dass er nicht durch die Sicherheitskontrolle kam, weil sein US-Visum abgelaufen war. Wir hatten einen Aufenthalt in den USA, und ohne Visum durfte er nicht ins Flugzeug.

Da stand ich, vor einer achtzehnstündigen Reise in ein fremdes Land, ohne Dennis, ohne Gepäck. Ich war ständig allein unterwegs, aber nach Andreas Tod fühlte ich mich zu verletzlich dafür. Ich konnte nicht einmal allein einkaufen gehen, geschweige denn nach Atlanta fliegen, umsteigen und einen ganzen Kontinent überqueren.

Ich setzte mich auf meinen Platz im Flugzeug und versuchte, positiv zu denken, doch ich war in Panik. Ich begann zu weinen, und plötzlich schienen die Wände der Maschine immer näher zu kommen. Ich bekam keine Luft. Was machte ich hier? Ich wollte schon aufstehen und wieder aussteigen, als ich um mich herum plötzlich ein Meer aus funkelndem Licht sah. Es war überall – an der Decke, der Wand, dem Sitz vor mir. Ich hielt inne, und einen Moment lang sah ich nur noch das Licht, das mich umgab. Meine Panik verschwand, und ich spürte ein warmes, fast schon brennendes Gefühl in mir. Mir wurde klar, dass ich dieses Licht kannte. Ich hatte es gesehen, als ich nach meiner OP nackt ins Meer gesprungen war. Andrea. Ich spürte sie. Erst nach einer Weile fiel mir auf, dass das Licht von meinem Verlobungsring reflektiert wurde. Doch es war Andrea, ich war mir sicher. Ich sprach ein stilles Gebet. *Danke, dass du mir in den schwersten Momenten das Licht zeigst.* Ich hatte keine Ahnung, ob Dennis es nach Brasilien schaffte. Ich wusste nur, dass es mir in diesem Moment gut ging; ich konnte wieder atmen. Das Flugzeug hob ab, und ich klappte meinen Computer auf, um meine E-Mails zu lesen. Die meisten waren von Menschen, die mir von Liebe und Verlust schrieben.

Beim Lesen wusste ich: Ich war nicht allein.

Als ich in Rio landete, war Dennis wundersamerweise bereits dort. In seiner Verzweiflung hatte er einen Direktflug von Aruba nach São Paulo gefunden, von dem wir vorher nichts gewusst hatten, und dann war er mit einem Kleinflugzeug nach Rio weitergeflogen. Wir landeten zur selben Zeit. So ein Glück! Unser Hotel lag am Meer, und am ersten Abend tranken wir

Caipirinhas und knutschten betrunken mitten auf der Straße. Ich erzählte ihm, wie ich vor dem Abflug fast eine Panikattacke erlitten, Andrea mich aber gerettet hatte. Wir gingen Kopfsteinpflasterstraßen entlang, hielten uns an den Händen, und ich fühlte mich fast normal.

Der Workshop begann am nächsten Morgen mit etwa zweihundertfünfzig Teilnehmern. Es war der erste große Kurs seit Andreas Unfall. Dennis führte die Yoga-Stellungen für mich vor, da ich immer noch keinen Handstand machen konnte. Einmal dachte ich, dass es manchmal ganz schön schwer war, ich zu sein. Alle, die gekommen waren, erwarteten von mir, dass ich etwas für sie in Ordnung brachte – als ob ich den Schlüssel zu dem hätte, wonach auch immer sie suchten. Viele folgten mir auf Instagram, und ich war für sie eine Inspiration. Manche hatten über meine Posts zu Yoga gefunden. Es hatte ihr Leben verändert, und dafür machten sie mich verantwortlich. Doch nicht ich war der Grund. Ich war genau wie sie, ein normaler Mensch, der einfach nur versuchte, seinen Weg zu finden.

Als ich in den Saal kam, starrten mich trotzdem alle an. Manche schnappten nach Luft, als ob sie nicht fassen könnten, dass ich real war. »O mein Gott«, sagte eine junge Frau. »Ich kann nicht glauben, dass das wirklich passiert! Du stehst vor uns! Und Dennis! Hi! Tut mir leid, das ist sicher total komisch für dich. Ich habe das Gefühl, dich so gut zu kennen, aber du weißt ja nicht einmal, wer ich bin.« Ich lächelte und umarmte sie. »Nein, das ist überhaupt nicht komisch!«, erwiderte ich, auch wenn sie recht hatte. Es war komisch. »Es ist so schön, dich zu treffen! Vielen Dank, dass du hier bist.« Ich war ehrlich, log aber gleichzeitig auch. Es war seltsam, aber dann auch wieder nicht – schließlich machte ich das die ganze Zeit. Umarmte Fremde und sagte ihnen, dass es überhaupt nicht merkwürdig war, dass sie mein ganzes Leben kannten. Und jetzt war ich um die Welt gereist, um ihnen Yoga beizubringen, und sie hatten Geld dafür bezahlt und keine Ahnung, ob ich überhaupt wusste, wovon ich redete. Es war schon sonderbar, aber auch großartig, dieses Leben, das ich mir aufgebaut hatte.

Den Saal zu betreten, ist immer das Schwierigste, die Erwartung, die Aufregung. Manchmal glaubte ich, das alles nicht zu verdienen. Ganz ehrlich, ich hasse die Aufmerksamkeit. Ich will einfach nur auf meine Matte, damit ich in die Rolle der Lehrerin schlüpfen und Unterricht geben kann. Ich entspanne mich erst, wenn alle die erste Stellung eingenommen haben, weil sie dann nicht mehr an mich denken. Sie denken nicht an Yoga Girl, sondern konzentrieren sich auf sich und ihren Atem. Dann kann ich wieder anonym sein. Ich genieße den Teil, den ich liebe – die Anleitung, das Atmen, das Fassen von Vorsätzen, die Gemeinschaft, die Bewegung. Den Zauber einer Sprache, die mich jedes Mal überrascht, wenn ich sie einsetze. Manchmal sage ich im Unterricht Dinge, von denen mir nicht klar gewesen war, dass ich sie wusste.

Dieser Kurs, der erste, den ich seit dem Unglück gebe, ist wunderschön. Ich liebe jeden im Raum. Alle hören zu und sind so aufmerksam. Als es Zeit für Savasana ist, sind alle verschwitzt, müde, hellwach und emotional. Ganz da. Ich stelle die Musik lauter, und »Spirit Bird« von Xavier Rudd erfüllt den Saal. Ich gehe herum und zeige kleine Verbesserungen, winzige Korrekturen der Schultern, sanfte Berührungen der Stirn, des Nackens. Und plötzlich sehe ich sie. Andrea. Das Mädchen vor mir trägt einen Holzohrring, fast denselben wie Andrea – auch wenn ich weiß, dass das nicht sein kann, denn sie hatte sich nur einen Zweig vom Strand durch das Ohrloch geschoben und war damit nach ihrem Tod verbrannt worden. Ich lächele, und Andreas Präsenz erfüllt den Raum. Die nächste junge Frau trägt winzige Tattoos auf ihren Unterarmen. Sie ergeben keinen Sinn, es sieht aus, als wären sie willkürlich über ihren Arm verteilt worden. Andrea hatte ähnliche Tätowierungen. Mein Herzschlag beschleunigt sich. Ich gehe zur nächsten jungen Frau, zur nächsten, zur nächsten. Eine hat Zehen wie Andrea. Eine andere einen einzelnen Dreadlock in ihren Haaren. Wie Andrea. Als ich mich umsehe, bemerke ich, dass jeder Mensch im Raum ein Stück von ihr hat. Sie ist hier. In allen von uns.

Als ich an einer anderen Teilnehmerin etwas korrigiere, habe ich eine außerkörperliche Erfahrung. Ich fühle mich, als würde ich schweben. Ich sehe nach unten, und da ist sie. Ich war herumgerannt und hatte sie gesucht, doch sie war die ganze Zeit da gewesen, in dieser jungen Frau, in mir. Ich beginne zu weinen. Die Tränen tropfen auf das Gesicht der Frau unter mir. Sie nimmt meine Hand und drückt sie fest. »Schon okay«, sagt sie. »Ich habe meinen Mann verloren. Ich weiß. Ich bin auch du.« Ich schluchze, und alle können mich hören, und Dennis ist auf der anderen Seite des Raums und fragt sich, ob er mich ablösen soll. Ich sehe zu ihm und schüttele den Kopf. Nein, es geht mir gut. Niemand urteilt in diesem Raum voller atmender, fühlender, lebender Menschen.

Ich wische mir die Tränen ab und stehe auf. Ich spüre das Feuer in mir, gehe zurück zu meiner Matte und lasse es brennen.

Von Rio flogen wir nach São Paulo, wo es völlig anders war. Wir waren nicht mehr am Strand, sondern in einer riesigen Stadt; es war dreckig, doch wir lernten nette Menschen kennen, die uns sagten, wir sollten abends das Hotel nicht mehr verlassen, es sei zu unsicher. Ich war noch nirgendwo ängstlich hingereist und würde jetzt nicht damit anfangen.

Es begann holprig. Die Frau, die den Workshop organisiert hatte, sagte, sie hätte Probleme mit der Bank und wüsste nicht, wie sie mich bezahlen sollte. Das Event war mehr als ausverkauft, und es gab keine Garderobe oder ein ruhiges Plätzchen, wo ich mich vor dem Unterricht aufhalten konnte. Wohin ich auch ging, zogen Menschen an mir und wollten Selfies. Die Aufregung war beinahe aggressiv, doch ich musste lächeln und gelassen wirken, weil man das von Yoga Girl erwartete. Dabei wollte ich nur durchatmen und mich auf den Unterricht vorbereiten, doch ich konnte mich nicht zurückziehen, und Zeit hatte ich auch nicht.

Dann kam es noch schlimmer. Als ich anfangen sollte, funktionierte das Mikrofon des Headsets nicht, das mir die Veranstalterin gab. Ich stand vor fünfhundert Menschen, die mich nicht hören konnten. Ich versuchte, ein paar Witze zu machen, doch niemand lachte. Schließlich gab mir jemand ein normales Mikrofon, weshalb ich meine Hände beim Unterrichten nicht benutzen konnte; ich konnte sie nicht hochheben oder eine Stellung vormachen oder meine Hände auf mein Herz legen oder jemanden korrigieren. Ich bin stolz darauf, eine intime Atmosphäre selbst in so großen Gruppen schaffen zu können. Wenn niemand weint, wenn die Teilnehmer nicht an einen Ort in ihrem Inneren gelangen können, an dem die Emotionen dann aus ihnen herausströmen, habe ich das Gefühl, versagt zu haben. Wie sollte ich hieraus eine intime, echte Erfahrung machen? Ich hatte keine Ahnung. Aber die Show musste weitergehen.

Ich ging herum und fühlte mich dabei wie ein Clown. Ich sagte die richtigen Worte, und wir taten, was von uns erwartet wurde, aber irgendetwas stimmte überhaupt nicht. Auf einigen Matten lagen Handys, und manche Teilnehmer fotografierten mich während des Unterrichts. So etwas war mir noch nie vorher passiert, und es war mir sehr unangenehm.

Ich war den Tränen nahe und wollte nur noch nach Hause. Normalerweise neigen wir am Ende des Unterrichts die Köpfe, und alle atmen und sammeln sich. Manchmal beantworten wir noch einige Fragen, und danach umarme ich die Leute, und wir machen Fotos. Doch hier hatte ich kaum die Augen nach meinem »Namaste« wieder geöffnet, als die Teilnehmer schon von ihren Matten aufgestanden waren und mir ihre Handys ins Gesicht hielten.

Ich war gefangen, konnte nirgendwohin fliehen. Menschenmassen umringten mich. Die Stimmung drohte, in Hysterie umzuschlagen. Jemand packte meinen Kopf mit solcher Wucht, dass ich glaubte, die Wirbel in meinem Nacken knacken zu hören – und es klang nicht gesund. Hunderte Menschen drängten sich wie ein wütender Mob vor mir und forderten schreiend Fotos. Einmal wurde ich zu Boden gezerrt und fürchtete, niedergetrampelt zu werden. Als ich wieder hochkam, trafen sich Dennis' und meine Blicke. Er wirkte panisch. »Tu was!«, schrie er die Veranstalterin an. »Bring sie hier raus!« *Ich bin kein Mensch mehr,* dachte ich. Ich bin irgendeine Internetberühmtheit, mit der sich alle fotografieren lassen müssen, um zu beweisen, dass sie hier waren. Hier findet kein echtes Yoga statt. »Lasst mich bitte raus!«, rief ich.

Endlich wich die Menge zum Glück so weit zurück, dass Dennis zu mir gelangen konnte. Er hob mich hoch und brachte mich in Sicherheit. »Jetzt ist Schluss. Aus dem Weg!«, brüllte er und stellte mich auf der Treppe ab. Eine Frau hielt ihr Handy hoch. »Aber ich habe noch kein Foto!«, beschwerte sie sich verärgert. Ich fühlte mich schrecklich bei der Enttäuschung in ihrer Stimme.

Ich eilte nach oben in den Waschraum, setzte mich auf eine Toilette und schlang die Arme um die Beine. Man hatte mich gerade zu Boden gestoßen, an meinem Kopf und an meinen Haaren gezogen, und trotzdem fühlte ich mich verpflichtet, wieder zurückzugehen und noch mehr von mir zu geben. Ein paar

Minuten später waren die Leute immer noch da, hielten immer noch ihre Telefone in die Höhe. »Du musst das nicht machen«, sagte Dennis. »Du schuldest diesen Menschen gar nichts. Gehen wir einfach.«

Ich ging die Treppe hinunter und trat in die Menge.

Von Brasilien aus flogen wir zu einem weiteren Retreat zurück nach Costa Rica. Als der letzte Kurs in Dominical zu Ende war, hatte ich Dennis davon überzeugt, sich Cado auf einem Surftrip anzuschließen, den sie schon vor Monaten geplant hatten. Seit Andreas Tod hatte er keine Minute für sich gehabt, und ich wusste, dass er auch Zeit für sich brauchte, um alles zu verarbeiten. Es war sicher sehr schwer gewesen, unsere kleine Familie zusammenzuhalten. Ringo und ich nahmen einen Shuttlebus nach San José, um etwas Zeit mit Andreas Familie zu verbringen. Wir waren auf halbem Weg, als Luigi anrief. »Ich hole euch am Bahnhof ab«, sagte er.

Seit Andreas Unfall war ich böse auf Luigi. Wir waren unzertrennlich gewesen, und jetzt verhielt er sich sehr distanziert. Jedes Mal, wenn ich ihn seit Andreas Tod gesehen hatte, war er seltsam gewesen, beinahe kalt. Er fragte nach mir und wie ich zurechtkam, weigerte sich aber, etwas von sich zu erzählen. Er wollte nicht einmal Andreas Namen aussprechen. Ich hatte gedacht, ich würde Trost bei Luigi finden, da er einer der wenigen Menschen war, der Andrea so gut kannte wie ich, doch stattdessen war er mir völlig fremd. Es schien, als wäre unsere Freundschaft mit Andrea gestorben. Bei unserer letzten Begegnung hatte ich ihn beschuldigt, gefühllos zu sein, und er war davongestapft.

Ich war überrascht von seinem Anruf und nicht sicher, was ich bei seinem Anblick empfinden würde. Er wartete an der

Haltestelle in San José. Ringo und ich saßen kaum im Wagen, als er schon zu reden anfing. Tränen liefen ihm über die Wangen. Ich hatte ihn noch nie weinen sehen. »Es tut mir leid«, begann er. »Als man mir sagte, sie hätte es nicht geschafft, habe ich als Erstes an dich gedacht. Ich wusste, es würde dich furchtbar treffen, du würdest es kaum überleben. Ich kann dichtmachen, weitermachen. Aber du? Ich wusste, es würde dich umbringen. Ich konnte nicht mit dir weinen, weil ich wusste, ich würde zerbrechen, und du hättest dann das Gefühl, als müsstest du mich wieder zusammensetzen. Das wollte ich nicht. Deshalb musste ich abweisend sein. Stark. Damit ich nicht zusammenbrechen würde. Aber jetzt ist mir klar, dass ich alles nur noch schlimmer gemacht habe.«

So viel ging mir bei seinen Worten durch den Kopf. Ich verstand jetzt, dass die Sorge um mich sein Bewältigungsmechanismus war. Wenn er sich nur auf mich konzentrierte, mir half, dann müsste er sich nicht damit auseinandersetzen, dass auch *seine* beste Freundin gestorben war. Es war verfahren, aber ich verstand ihn. »Ich wollte nur, dass du da bist«, erwiderte ich. »Ich kann einfach nicht glauben, dass es passiert ist. Uns. Unserer Familie. Unsere gemeinsame Zeit. Wie sollen wir jetzt weiterleben?« Tränen tropften in meinen Schoß. Er legte den Arm um mich. »Ich weiß es nicht«, sagte er. »Ich vermisse sie so sehr. Sie war der lebendigste Mensch, den ich je gekannt habe. Ich kann immer noch nicht glauben, dass es real ist. Ein bisschen möchte ich mich umdrehen und wegrennen, weil bei dir zu sein, ist, wie mit ihr zusammen zu sein. Es ist hart, hier mit dir zu sein, weil es mich daran erinnert, dass sie nicht mehr bei uns ist. Und das tut so unendlich weh.«

Diese Nacht schlief ich in Andreas Haus. Ich wollte noch etwas Zeit dort verbringen, bevor ihre Familie es endgültig ausräumte. Luigi und ich redeten im Auto, bis es dunkel und kalt wurde. Dann kochte ich uns etwas zu essen, aber ich war emotional zu erschöpft, um auch nur die Gabel an den Mund heben zu können.

Ich ging nach oben in Andreas Zimmer. Es sah noch genauso aus, wie ich es ein paar Wochen zuvor zurückgelassen hatte. Ich öffnete ihren Schrank, und ihr Geruch warf mich beinahe um. Ich saugte ihn auf. Es war, als wäre sie bei mir. Ich beugte mich vor und schlang die Arme um ihre Kleider. Ich wollte sie alle tragen, hatte das überwältigende Bedürfnis, alles aufs Bett zu legen und darauf zu schlafen. Andreas Mutter hatte mir gesagt, ich solle alles mitnehmen, was mir etwas bedeutete, doch ich wollte nur ein paar Sachen. Ich hatte bereits ihre Ledertasche aus Guatemala – sie hing an meiner Hüfte, seit ich das letzte Mal hier gewesen war. Und ihre Yoga-Matte und die Mala-Kette. Als ich ihren Schrank durchsah, fielen mir ein paar Dinge auf: der lange rosa-gelbe Schal mit den kleinen Glöckchen an den Enden, den sie beim Envision Festival getragen und auf den wir uns am Strand gelegt hatten, nachdem wir nackt geschwommen waren. Ich nahm ihn aus dem Schrank und schlang ihn um meinen Hals. Das schwarze Kleid, das ich ihr zum Geburtstag geschenkt hatte; ich habe das gleiche. Das grüne Top, das sie so gerne getragen hatte. Der kurze Rock, den sie nach langem Ringen gekauft hatte. Die Schlafanzughose mit den kleinen Rentieren, die ich mir immer ausgeliehen hatte. Dann konnte ich nicht mehr aufhören. Ich zog einen lila Pullover heraus, den ich nie an ihr gesehen hatte. Ein weißes Oberteil, das am Rücken wie ein Blatt geflochten war. Ein orangefarbenes Kleid. Jeans. Sie trug nie Jeans. Ich dachte, wenn ich das Richtige fand, das ihr am nächsten gewesen war, dann würde sie vielleicht wieder lebendig, wenn ich es anzog.

Nach einer Weile konnte ich nicht mehr erkennen, was auf den Kleiderbügeln hing, weil ich so heftig weinte. Ich heulte so laut auf, dass ich selbst davon überrascht war. Inmitten ihrer Sachen ließ ich mich auf den Boden sinken, und etwas in mir, das bereits zerbrochen war, zersprang erneut. Andrea war so nahe bei mir und doch so weit weg. Plötzlich war Luigi neben mir. Er umarmte mich und ließ mich weinen. Als ich keine Tränen mehr hatte, schlief ich auf Andreas Sachen ein, meine Arme um Kleider geschlungen, die sie nie wieder tragen würde. Als ich aufwachte, lag ich frierend auf dem Boden. Es war drei Uhr morgens, drei Stunden bevor mein Flug gehen sollte. Luigi und ich beschlossen, draußen zu warten. Ich ging auf den Balkon und legte mich in die Hängematte. Luigi folgte mir. »Rutsch mal«, sagte er und legte sich neben mich. Ich hatte keine Kraft mehr zu weinen. Mein Körper war tonnenschwer. Ich war taub. Ich legte meinen Kopf auf Luigis Schulter und wollte ihn fragen, was wir jetzt tun sollten, wie wir je wieder leben würden, denn das Leben ohne sie war unvorstellbar, als seine Lippen plötzlich auf meinen lagen. Ich war so überrascht, dass ich nicht wusste, was geschah. Eine Sekunde lang küsste ich ihn zurück. Es war kein Kuss aus Leidenschaft oder Anziehung oder Liebe. Es war ein Kuss aus der tiefsten Trauer meines Lebens heraus. Wir waren zwei Menschen in Trauer, und einen Moment lang war die Intimität zwischen uns so stark und verletzlich gewesen, dass unsere Lippen sich einfach getroffen hatten. Beinahe sofort kam ich jedoch zu mir und wich zurück. Das ergab alles keinen Sinn. Ich hatte einen Verlobten, den ich über alles liebte. »Was tun wir da?«, fragte ich. »Das sind nicht wir.« »Ich weiß es nicht«, sagte er mit Tränen in den Augen. »Es tut mir leid.«

Ich stand auf und ging zur anderen Balkonseite. Als ich in den Dschungel sah, hörte ich Andreas Stimme in meinem Kopf: *Trauer ist keine Entschuldigung, sich wie ein Arschloch zu verhalten!* Natürlich hatte sie recht. Ich musste mich zusammenreißen. Ich hörte Luigi hinter mir. »Andrea fände das furchtbar«, bemerkte er. »Sie würde sagen, Trauer ist keine Entschuldigung, sich wie Arschlöcher zu verhalten.« Ich lächelte. »Dasselbe habe ich auch gerade gedacht«, antwortete ich. Er lächelte traurig. »Na gut. Zurück in die Realität. Wir sollten packen.«

Wir räumten Andreas Sachen zurück in den Schrank. Letztendlich nahm ich nur ein paar Dinge mit: die Schlafanzughose. Das grüne Oberteil. Das schwarze Kleid. Die Sonne würde gleich aufgehen. Es war Zeit zu fahren. Wir gingen nach unten, als mir etwas ins Auge fiel. Das Kunstfell. Die Haare in meinem Nacken sträubten sich. Unsere ewige Lieblingsweste. Rasch holte ich sie. Die Weste war riesig, aus Kunstfell mit einer großen Kapuze, die wir immer zum Tanzen trugen – ich hatte am liebsten fast nichts anderes dazu an, nur einen Bikini oder ultrakurze Shorts. Und Stiefel. Wir hatten immer so viel Spaß mit der Weste. Ich drückte sie an mich und atmete tief ein. Sie roch nach uns. Ich zog sie an und drehte mich zu Luigi. Tränen liefen ihm über die Wangen. »Du siehst ihr so ähnlich«, sagte er. »Ich sehe sie. In dir. Die ganze Zeit.«

Ich wusste genau, was er meinte. Ich fühlte mich auch wie sie.

Luigi setzte mich am Flughafen ab. »Ich hoffe, ich habe nicht irgendwas kaputt gemacht«, sagte er mit besorgtem Blick. Hatte er das? Ich antwortete: »Nein, das hast du nicht. Es ist ja schon alles völlig kaputt. Bis bald.«

Am Zoll wurde ich mit Ringo beiseitegenommen. »Ausweis und Papiere, bitte«, sagte der Beamte.

Ich gab ihm Ringos Gesundheitsbescheinigung, den Pass und den Impfpass. Nach einer Weile kam der Mann zurück. »Das SENASA-Formular muss von einem einheimischen Tierarzt unterschrieben sein.« Ich hatte keine Ahnung, was man von mir wollte. Ich nahm Ringo überallhin mit, und es hatte nie ein Problem gegeben. Er war schon unzählige Male in Costa Rica gewesen. Es war halb sechs Uhr morgens, und mein Flug sollte in vierzig Minuten abheben. Ich trug eine riesige Fellweste, eine Yoga-Hose und gewebte Stiefel. Meine Augen waren rot vom Weinen, das Gesicht vor Schlafmangel aufgequollen. Der Sicherheitsbeamte sah mich mitfühlend an. Es stellte sich heraus, dass es ein neues Gesetz in Costa Rica gab, laut dem Haustiere zehn Tage vor der Abreise von einem einheimischen Tierarzt durchgecheckt werden mussten. »Es tut mir sehr leid, Miss, aber ich kann Sie nicht durchlassen«, sagte er. »Sie müssen sich das Formular unterschreiben lassen und einen neuen Flug in zehn Tagen buchen. Heute kommen Sie auf keinen Fall in die Maschine. Es sei denn, Sie würden den Hund hierlassen.«

Da brach ich vollends zusammen. Nachdem die letzten Wochen so eine emotionale Achterbahnfahrt voller Schmerz gewesen waren, war es mir einfach total egal, was die Leute denken könnten. Ich brach in hysterisches Weinen aus. Der Sicherheitsbeamte wusste nicht, was er tun sollte. »Miss, bitte … Ich wollte Sie nicht aufregen.« Ich hörte ihn kaum. »Es sind doch nur zehn Tage«, sagte er. »Ich weiß, das klingt lange, aber ich kann Sie wirklich nicht durchlassen.«

Ich weinte weiter. Nach einer Weile ging der Beamte und kam mit einem Kollegen zurück. Ich saß auf dem Boden und hielt Ringo fest an mich gedrückt. Irgendwann musste ich nicht mehr weinen, doch ich schluchzte weiter. Die Leute sollten mich ruhig für verrückt halten. *Es war doch sowieso scheißegal,* dachte ich. Menschen liefen an mir vorbei und starrten mich an. Ich strampelte meine Stiefel ab und stöhnte. Zugegeben, das war etwas theatralisch. Ich war einer dieser Leute, die in der Öffentlichkeit zusammenbrachen! Ich war völlig außer mir. Die Vorstellung, nicht nach Hause zu können, noch eine Hürde überwinden zu müssen, war der Tropfen, der das Fass zum Überlaufen brachte. Bis jetzt hatte ich mich ziemlich gut zusammengerissen. Ich hatte ja schon oft in der Öffentlichkeit geweint, aber das schoss jetzt den Vogel ab. Ich lag auf dem Boden und schloss die Augen. Wahrscheinlich hatte ich meinen Flug mittlerweile verpasst. Ich beschloss, einfach hierzubleiben. *Was könnten sie schon tun? Mich aus dem Flughafen werfen? Nichts kann mich mehr verletzen, als ich es sowieso schon bin.*

Als ich die Augen wieder öffnete, stand der Sicherheitsbeamte neben mir. Er sah sich über die Schulter, ob auch niemand zuschaute, und gab mir Ringos Papiere. »Gehen Sie«, sagte er. Ich schob die Unterlippe vor. »Ich gehe nirgendwohin«, erwiderte ich. »Ich kann nirgendwo hingehen, und Sie können mich nicht zwingen, den Flughafen zu verlassen.« Ich sah zu ihm hoch. »Ich dachte, Sie müssten einen Flieger erreichen«, meinte er. Ich konnte es nicht glauben. »Sie … lassen mich einsteigen?« »Ja«, antwortete er. »Los, gehen Sie jetzt. Bevor ich meine Meinung ändere.« Ich sprang auf und sammelte meine Sachen zusammen: die Fellweste, die Stiefel, mein Handgepäck, die Ledertasche und mein Italienisches Windspiel. Ich sah aus wie ein Ein-Frau-Wanderzirkus. »Danke!«, sagte ich. Er legte mir eine Hand auf die Schulter. »Was auch immer Sie gerade durchmachen, es wird besser werden«, sagte er und ging davon. Ich rannte zu meinem Gate. Das Flugzeug wartete noch, man rief mich gerade aus.

Ich war nur ein paar Tage zu Hause in Aruba, bis wir die letzte Etappe unserer Tournee antreten sollten, in mein Heimatland. Neben den geschäftlichen Verpflichtungen mussten Dennis und ich ja auch unsere Hochzeit vorbereiten! Es war der letzte Besuch in Schweden, bevor wir im Sommer zur Zeremonie zurückkehren würden. Wir mussten uns noch um die Blumen kümmern, den Kuchen, die Musik. Über zweihundert

Leute standen auf der Gästeliste, die aus insgesamt zwölf verschiedenen Ländern einfliegen würden. Beschäftigung war gut, aber ich war kaum ich selbst. Wir besuchten Konditoreien, um einen Kuchen auszusuchen, doch alles fühlte sich so gewöhnlich und langweilig an. Bei einer der Verkostungen war ich so frustriert, dass ich die Bedienung anfauchte. »Das ist nicht das, was Sie uns versprochen haben!«, sagte ich. »Wir sollten die Varianten probieren, die man uns in der Bestätigungsmail versprochen hat. Das hier gehört *nicht* dazu!« Tränen brannten in meinen Augen. »Gibt es einen Grund, dass Sie uns etwas servieren, was wir nicht bestellt haben?« Ich hatte mich nicht mehr unter Kontrolle. Ich wusste, dass ich unnötig aggressiv war, doch es war mir egal. »Vielleicht sollten wir zu jemandem gehen, der die Wünsche seiner Kunden ernst nimmt!« Dennis entschuldigte uns, und wir gingen nach draußen. »Was ist denn los, um Himmels willen? Warum warst du so wütend auf die Bedienung?«, fragte er. »Das ist doch keine große Sache. Wir finden schon eine schöne Torte. Du darfst dich nicht länger so benehmen.« Ich begann zu weinen. »Es ist einfach alles zu viel«, gestand ich. »Ich weiß nicht, wie ich das schaffen soll.« Dann ging ich zurück in die Konditorei und entschuldigte mich. Ich kam mit ganz normalen Alltagssituationen nicht mehr zurecht, wusste nicht mehr, wie ich mit Menschen umgehen sollte. Oder wie ich mit mir umgehen sollte.

Am Abend wirkte Dennis bedrückt. »Willst du die Hochzeit verschieben?«, fragte er mit Tränen in den Augen. Ich war sprachlos. »Vielleicht hast du recht. Vielleicht ist das alles zu viel«, fuhr er fort. »Wir sollten doch jetzt eigentlich glücklich sein. Das sollte die glücklichste Zeit unseres Lebens sein.« Ich sah den Schmerz in seinen Augen, während er sprach. Die Hochzeit wollte ich nicht verschieben. »Nein. Nein!«, rief ich. »Auf keinen Fall. Es tut mir leid. Ich wünschte, wir müssten das hier nicht durchmachen. Ich wünschte, es wäre nicht so schwer.« Er zog mich an sich. »Gott sei Dank hast du nicht gesagt, dass du die Hochzeit verschieben willst«, antwortete er. »Das hätte mich umgebracht.« Es war alles so unfair. Normale Menschen konnten ihre Hochzeit vorbereiten und sich darauf freuen. Warum mussten die schönsten Momente meines Lebens immer gleichzeitig mit den traurigsten verknüpft sein?

Wieder auf Aruba versuchte ich, eine Art Normalität zu etablieren. Morgens rollte ich meine Matte aus und versuchte, zum Yoga zurückzufinden. Manchmal half es enorm, mich zu bewegen und tief zu atmen. Manchmal hätte ich am liebsten geschrien, wenn ich auf der Matte saß. Ich teilte meine Trauer weiterhin mit meinen Followern. Manchmal war es das Einzige, was mir Erleichterung verschaffte. Man schickte mir viel mit der Post. Briefe, kleine Geschenke, Gemälde, Schmuck, Steine. Für Yoga Girl. Ich postete zwei- oder dreimal etwas auf Instagram, aber mir war immer noch nicht richtig bewusst, dass eine Million Menschen auf der Welt jeden Tag meine Gedanken lasen. Für mich war es ein Prozess und Teil meiner Heilung. Wenn die Trauer mich zu überwältigen drohte und es so schlimm wurde, dass ich nicht wusste, wohin mit mir, geriet ich nicht in Panik, sondern griff nach meinem Handy und tippte, während die Tränen flossen. Die Kommentare meiner Follower zu lesen rief mir das in Erinnerung, was ich bereits wusste: Wir alle empfinden dasselbe. Nur nicht immer zur selben Zeit. Wir alle gehen an einem Punkt in unserem Leben durch die Hölle. Wir sind alle Menschen. Ich war nicht allein.

Doch nicht alle hatten Geduld mit mir. Manche Follower waren genervt von meiner Trauer. Eine Frau wollte, dass ich wieder inspirierende Dinge postete, wie vor der Katastrophe, »weil wenn du anstelle deiner besten Freundin bei dem Autounfall gestorben wärst, welcher Post sollte dann dein letzter sein?« In den Wochen nach Andreas Tod hatte ich über hunderttausend Follower verloren. Es tat mir leid, so viele virtuelle Freunde zu verlieren, doch es brachte mich nicht von meinem Weg ab. *Ich bin nur ein normaler Mensch, so wie alle anderen,* sagte ich mir. Ich habe gute und schlechte Tage, und ich habe versucht, echt und ehrlich mit meinen Hochs und Tiefs umzugehen. Ich will inspirieren, aber wenn ich nicht echt bin, wo ist da der Sinn? Wenn ich dabei Follower verlor, dann war das eben so. Die echten Menschen blieben. Dieser immense Schmerz brachte das drängende Bedürfnis mit sich, ich selbst zu sein – ich hatte keine Zeit mehr, irgendjemandem etwas vorzuspielen. Ich wollte nicht so tun, als ob. Das Leben war kurz, das wusste ich jetzt. Ich würde es nicht vergeuden, indem ich mich verbog und versuchte, es anderen Menschen recht zu machen. Mir wurde klar, wie viel Zeit ich in meinem Leben schon damit verbracht hatte, mir Gedanken darüber zu machen, ob man mich mochte. Ob ich das Richtige tat, ob ich gut genug war. Ob ich dünn genug war, erfolgreich genug, besonders genug, damit ich gemocht wurde. Aber was war mit mir? Mochte ich mich? Die Beziehung zu mir selbst war schließlich die allerwichtigste, und ich spürte es deutlich: Jedes Mal, wenn es jemandem auf meine Kosten recht machen wollte, betrog ich mich selbst. Ich hatte keine Lust mehr, etwas auf Instagram zu posten, weil ich hoffte, die Leute würden positiv darauf reagieren oder sich davon inspirieren lassen. Ich wollte nur noch teilen, was wirklich authentisch war. Jeden Tag. Wem das nicht passte, der konnte gehen.

Auch mein direktes Umfeld war von dieser Veränderung betroffen. Oberflächliche Freundschaften, an denen ich nur aus Gewohnheit festgehalten hatte oder weil wir uns schon so lange kannten, zerbrachen allmählich. Nicht die Freunde hatten sich verändert, sondern ich. Ich ertrug keine oberflächliche Kommunikation mehr. Ich wollte mich nur noch mit Menschen umgeben, die die echte Rachel aushielten – mit allem, was bei mir dazugehörte. Nicht nur Glück und Dankbarkeit und Freude, sondern auch Traurigkeit und Verwirrung und Verzweiflung. Wahre Freunde können einen voll und ganz lieben. Und tief drinnen wusste ich, dass ich diese Beziehungen nur kultivieren konnte, wenn ich bei mir selbst begann. Ich musste mich selbst voll und ganz lieben. Jedes Mal, wenn ich mich für mich entschied, jedes Mal, wenn ich mir erlaubte, ohne Rechtfertigung ich selbst zu sein … kam ich dieser Selbstliebe näher.

KAPITEL ZWÖLF

———

GLAUBEN

Dennis und ich flogen Anfang Juni nach Schweden, um die bevorstehende Hochzeit vorzubereiten. Wir nahmen Ringo mit und zum ersten Mal auch Pepper. Pepper war zu einem großen Hund herangewachsen – ein schwarzer, Labrador-artiger Riese, und er flog zum ersten Mal. Ohne ihn zu heiraten war unvorstellbar. Wir wohnten in einem Hotel in der Innenstadt von Stockholm, mit all unseren Koffern und zwei Hunden, weil wir unseren eigenen Bereich haben und uns nicht in die winzige Wohnung meiner Mutter quetschen oder auf dem Land bei meinem Vater unterkommen wollten. Sofort nach der Landung ließ ich mir ein Tattoo stechen: die Mondphasen entlang meines Unterarms. Der Mond war ein Teil meiner Verbindung zu Andrea. Ihr Instagram-Account lautete @ahlaluna, ihre Initialen sowie »der Mond« auf Spanisch, und ich zog sie immer damit auf und sagte: »Ah, la luna!«, wobei ich theatralisch den Arm an die Stirn legte. Sie musste immer lachen. Sie war eine Schwester des Mondes und nahm jedes Jahr an großen Frauentreffen teil, und sie hatte mir erklärt, wie der Menstruationszyklus von Frauen mit dem Mond zusammenhängt. Das Tattoo erinnerte mich nicht nur daran, dass das Leben wie der Mond immer wieder zu- und abnimmt und ein einziger Kreislauf ist – alles kommt, geht und kommt wieder –, sondern dass ich auch jeden Abend, wenn der Mond aufging, die Möglichkeit hatte, mit ihr zu reden.

Zwei Wochen waren es noch bis zur Hochzeit, und meine To-do-Liste war endlos. Die Sitzordnung musste noch festgelegt werden, der Transport organisiert, Hotelzimmer gebucht, kleine Geschenktüten gepackt, Dekoration besorgt werden. Die Änderungen in letzter Minute wurden auch immer mehr und verkomplizierten alles in dieser hektischen Phase: Gäste, die zuerst abgesagt hatten, wollten jetzt doch kommen, und das Schloss, in dem wir feiern würden, hatte nicht genug Platz oder Personal oder Teller oder Besteck, um alle unterzubringen. Die Uhr tickte, und ich hatte immer noch nichts zum Anziehen. Zumindest nicht das perfekte Hochzeitskleid. Ich hatte mich irgendwie darauf eingestellt, dass ich ein Kleid anziehen würde, das ich mitgebracht hatte. Es war sehr hübsch, aber letztendlich nicht das Richtige. Doch ein Gutes hatte der Stress – ich musste wenigstens nicht darüber nachdenken, wie traurig ich war, was eine angenehme Atempause war.

Am Wochenende vor der Hochzeit war Mittsommer, was in Schweden sehr groß gefeiert wird. Ich fuhr mit den Hunden und meiner Freundin Amelie über das Wochenende auf ihre Insel in den Schären. Amelie kannte ich seit ein paar Monaten, als sie an meinem Retreat in Costa Rica teilgenommen hatte, bei dem Andrea auch dabei gewesen war, und wir waren in Kontakt geblieben. In den letzten Wochen war sie mir eine große Stütze gewesen und bei der Hochzeitsplanung unersetzlich.

Die Feier auf der Schäre war schön, doch es war seltsam, dass niemand Andrea erwähnte. Alle wussten, dass meine beste Freundin gestorben war, doch es war mittlerweile so viel Zeit vergangen, dass keiner mehr daran dachte nachzufragen. In meiner Welt hingegen war überhaupt keine Zeit vergangen. Alle tranken und unterhielten sich über oberflächliche Dinge, die letztendlich völlig unwichtig waren – aber sie hatten auch nicht gerade jemanden verloren, weshalb sie auch nicht dachten, dass das alles egal war. Für mich waren die Gespräche und der Wein und das Lachen einfach nur hohl und geistlos.

Irgendwann saß ich allein auf dem Bootssteg und weinte. Ohne dass ich es merkte, machte meine Freundin Daniella ein Foto von mir, wie ich von den anderen abgewandt dasaß, weil sie dachte, ich meditierte auf dem Steg. Auf dem Bild sitzt ein riesiger Kreis unter meinen Schultern, genau auf der Höhe meines Herzens. Seit Andreas Tod waren diese Kreise dauernd auf Bildern von mir zu sehen. Angeblich war das iPhone schuld, aber ich wusste es besser. Es war dasselbe Licht, das bei Sonnenuntergang auf dem Meer glitzerte. Dasselbe Licht, das ich auf Fenstern, Wänden und der Decke eines Flugzeugs sah. Es war die Luft, die zu atmen ich vergessen hatte. Es war Andrea.

Zurück in Stockholm wollte ich eine zweite Tätowierung. Der Entschluss war spontan (die Mondphasen an meinem Arm dagegen hatte ich schon lange im Kopf gehabt). Dennis und ich spazierten durch Södermalm. Die Sonne schien, und unsere Freunde trafen allmählich aus ihren Herkunftsländern ein. Es war so ein schöner Tag. Der Refrain, den ich seit drei Monaten im Kopf hatte, wurde lauter, die Zeile aus dem Song »Black As Night«. »I believe in the good things coming, coming, coming, coming.« In diesem Moment blickte ich auf und sah das Schild eines Tattoostudios. »Lass uns reingehen«, sagte ich. Zwanzig Minuten später saß ich auf dem Stuhl. Ich fragte den Tätowierer, ob ich das Lied abspielen könnte, während er mich tätowierte. »Meine Freundin ist gestorben«, erklärte ich. »Das war unser Lied.« Der Tätowierer sah mich an. »Natürlich«, antwortete er. »Mach es laut.« Und das tat ich. Ich wollte ihre Präsenz spüren.

Ich wollte glauben, dass gute Dinge auf uns warteten. Ich stellte die Musik lauter, als die Nadeln in meine Haut stachen. Das Studio verließ ich mit den Worten »I believe in the good things coming« um meinen linken Unterarm, genau unterhalb der Ellenbeuge.

Plötzlich waren es nur noch zwei Tage. Dennis musste immer noch zum Friseur, ich brauchte eine Maniküre, es fehlten noch Hotelzimmer für fünf Gäste, man fragte uns nach Wegbeschreibungen, die Sitzordnung musste noch einmal wegen in letzter Minute zusagender Gäste geändert werden, Dennis hatte keine Krawatte, ich nicht die richtige Unterwäsche.

Auf dem Weg zur Maniküre stellte ich mir vor, wie ich im Garten des Schlosses auf Dennis zuging, der am Wasser auf mich wartete. Ich versuchte, mich in dem Kleid zu sehen, das in meinem Schrank hing. Es war immer noch nicht ganz das Richtige, aber ich beschloss, dass ich lernen müsste, es zu mögen. In diesem Moment klingelte mein Handy. »Gerade ist etwas Großartiges passiert!«, rief Amelie aufgeregt am anderen Ende der Leitung. »Ida Sjöstedt wird ihr Brautstudio für dich aufmachen und bietet dir ein Kleid an!« *Wie bitte?«,* fragte ich. Das konnte nicht wahr sein. Ida Sjöstedt ist eine der berühmtesten Modedesignerinnen in Schweden – ihre Kleider sind wahre Boheme-Träume und richtig teuer. »Du sollst ins Studio kommen, und wenn dir ein Kleid gefällt, kannst du es haben«, erzählte Amelie weiter. Ich traute meinen Ohren nicht. »Sie folgt dir auf Instagram«, fuhr Amelie atemlos fort, »und sie hat deine Geschichte gelesen.« Es stellte sich heraus, dass Amelie eine Verbindung zu dem Studio der Designerin hatte. »Ich hatte das Gefühl, vorbeischauen zu müssen, also habe ich das gemacht, und sie hatten einen Post von dir gelesen, dass du heiraten würdest. Wir sollen sofort vorbeikommen. Ist das nicht irre?« Ich lächelte. »Dann mal los.«

Ich verschob die Maniküre und traf mich mit Amelie bei dem

Brautstudio. »Mein Kleid« fand ich sofort. Es bestand aus zwei Teilen. Ein halterloses, handgenähtes Spitzenoberteil, das an der Hüfte auf einen weiten, fließenden Tüllrock traf. Ich fühlte mich darin wie eine Märchenprinzessin, und es war das schönste Kleid, das ich je gesehen hatte. Und man wollte es mir schenken. Ich nahm das Kleid mit ins Hotel und atmete tief durch. So viel Energie vibrierte in mir, ich wusste gar nicht, wie ich entspannen sollte. Das Kleid war ein Wunder. Eins von so vielen. *Ich sollte das alles aufschreiben,* dachte ich. *Damit ich es nicht vergesse.* Ich legte mich aufs Bett und schloss die Augen. Ich war so müde von der emotionalen Achterbahnfahrt der letzten Monate, freute mich aber gleichzeitig so sehr auf die Hochzeit.

Ich war gerade dabei einzunicken, als Olivia, meine Trauzeugin, anrief. »Hey, hast du schon etwas Blaues zum Anziehen?«, fragte sie. »Wenn nicht, müssen wir heute etwas finden.« Etwas Geliehenes hatte ich – eine goldene Krone. Mein Kleid war neu. Mein Ring alt, da er meiner Großmutter gehört hatte. Doch etwas Blaues fehlte noch. Olivia und ich verabredeten uns, um etwas zu suchen. Ich legte auf und griff auf dem Weg nach draußen nach Andreas Tasche. Da fiel etwas heraus und rollte unter das Bett. Ich tastete danach und erwartete, eine Münze zu finden. Doch dann hielt ich etwas Kostbareres in der Hand – nämlich eine kleine blaugraue Perle. Erst nach einem Moment erkannte ich sie; sie stammte aus Andreas Kette, die am Tag des Unfalls zerrissen war. Die Perle, die ich aus ihrem Garten mitgenommen hatte, nachdem Luigi und ich ihre Sachen aus dem Krankenhaus durchgesehen hatten. Die Härchen auf meinen Armen stellten sich auf. Ich hatte gedacht, sie läge sicher daheim auf meinem Altar in Aruba. Doch offensichtlich war sie die ganze Zeit in der Tasche, an meiner Hüfte gewesen. Das Blaue, das noch gefehlt hatte. Ich rief Olivia an. »Du wirst es nicht glauben«, sagte ich.

Am Freitag fuhren wir zu dem Schloss. Die Feierlichkeiten vor der Hochzeit begannen. Das Schloss Lejondal liegt nördlich von Stockholm, und wir hatten es durch Zufall gefunden. Ich weiß, es klingt wie aus einem Märchen, in einem Schloss zu heiraten, aber Schweden ist eine Monarchie mit König und Königin, und überall im ganzen Land stehen Schlösser. Die meisten wurden zu Spas und Hotels oder Eventlocations umgebaut wie das, in dem wir heiraten würden. Es lag direkt an einem See, umgeben von Wäldern und Grün. Die Gärten sind wunderschön, und wir wollten die Zeremonie im Freien abhalten. Es würde einen Mittelgang aus weißem Sand geben, und ich wollte barfuß laufen.

Beim Einchecken hatte ich Schmetterlinge im Bauch. Überall wurde alles für die Hochzeit vorbereitet. Von unserem Zimmer aus schauten wir aufs Wasser. Wir stellten das Gepäck ab und gingen mit den Hunden spazieren, die überglücklich waren, nicht mehr in der Stadt zu sein. Pepper war so ein toller Hund. Man musste ihn nie an der Leine führen, und Ringo wich ihm nicht von der Seite.

Am Abend trafen wir uns mit den Gästen im Hof zu einem rustikalen Sommerbarbecue; wir tranken Erdbeer-Limetten-Caipirinhas aus Einmachgläsern und aßen uns an einem Büfett aus gegrillten Maiskolben, Gemüsespießen, Portobello-Champignons und frischem Fisch aus der Region satt. Alles war wunderschön dekoriert, in den Gärten waren Lichterketten gespannt. Zweihundert Leute waren gekommen, um unsere Liebe zu feiern. Freunde aus Aruba, Costa Rica, den Niederlanden, den Vereinigten Staaten, Kanada, Großbritannien, Spanien, Norwegen, Südafrika, Indien … Der Abend war perfekt, besser hätte ich es mir nicht erträumen können. Die Party sollte früh enden, damit alle zu einer vernünftigen Zeit ins Bett kamen und dann bereit für die große Hochzeit waren. Und dann tanzten wir bis drei

Uhr morgens – bis heute ist die Party am Abend vor unserer Hochzeit die beste unseres Lebens gewesen.

Am nächsten Morgen wachte ich früh auf, war aber nicht müde. Ich ging auf den Balkon und blickte auf den See. Das Wasser lag still da. Ich lächelte, dachte an die Party vom gestrigen Abend … Und das war erst der Anfang! Ich fühlte mich ruhig.

Wir wurden gerade rechtzeitig zum Morgen-Yoga mit dem Frühstück fertig. Da so viele unserer Freunde Yoga-Lehrer waren, wollten wir jeden Tag zusammen üben. Auf dem Rasen lagen Matten, und etwa zwanzig unserer Gäste schlossen sich uns an. Meistens nehme ich mir am Anfang, wenn ich auf die Matte gehe, etwas vor. Normalerweise hat es etwas mit meinem Körper zu tun oder damit, im Fluss zu sein, etwas loszulassen, mich stark zu fühlen, mich ruhig zu fühlen. Am heutigen Tag war es sehr einfach. Liebe. Einfach nur Liebe. Wir dehnten und bewegten uns, waren eins mit unserem Atem, und als wir fertig waren und in Savasana dalagen, klopfte mein Herz so heftig, dass es aus der Brust zu springen drohte. Dennis griff nach meiner Hand, und ich drückte seine fest. Die Liebe, die ich für ihn empfand … Ich konnte sie nicht in Worte fassen. Sie war größer als alles, was ich bisher erlebt hatte. Selbst mit all dem, was wir in den letzten Monaten durchgemacht hatten, wusste ich, dass wir aus einem bestimmten Grund hier waren. Das hier war der richtige Ort. Der richtige Zeitpunkt. Er und ich. Für immer. Ich öffnete die Augen und blickte in den Himmel über mir. Grashalme kitzelten meine Finger. Die Erde. Sie fühlte sich an, als würde sie vibrieren. Ich war so glücklich, und mir wurde klar: Es ist möglich, zu trauern und trotzdem Freude zu empfinden. Gleichzeitig Traurigkeit und Dankbarkeit in sich zu tragen. Jemanden zu vermissen und sich trotzdem über die zu freuen, die da sind. Gerade spürte ich alles gleichzeitig.

Als Dennis mit seinen Treuzeugen loszog, um sich fertig zu machen, ging ich mit meinen Brautjungfern in mein Zimmer. Ihre Kleider waren taubenblau, wie Andrea es sich gewünscht hatte. Sie hingen frisch gedämpft an Kleiderbügeln. Alle nahmen ihre Kleider, und dann standen wir einen Moment da und starrten auf das letzte Kleid. Andreas. Ich schloss die Augen und stellte mir vor, wie sie jeden Moment hereinkam. Als ich sie wieder öffnete, weinten alle. Wir umarmten uns, und als ich meine Brautjungfern anschaute, wurde mir klar, dass ich mich wegen der fehlenden Freundin nicht genug auf die konzentriert hatte, die immer noch da waren. »Ich liebe euch so sehr«, sagte ich. »Danke, dass ihr hier seid.« Ich war für vieles so dankbar. In ein paar Stunden würde ich die Liebe meines Lebens heiraten. Meine Freunde waren hier, unsere Familien, alle, die uns wichtig waren. Ja, ich hatte eine meiner besten Freundinnen verloren. Aber ich hatte immer noch so viel.

In der Stunde vor der Zeremonie passierten die üblichen Hochzeitskatastrophen. Der Geistliche war pünktlich da, doch die Eheurkunde fehlte. Die Blumenarrangements waren anders, als wir sie bestellt hatten. Dennis hatte seine Manschettenknöpfe verlegt. Der Blumenbogen wurde vom Wind umgeworfen. Und dann begann es noch zu regnen. Ich wollte gerade in Tränen ausbrechen, als jemand mit einem Paket auf dem Arm kam. Luigi. »Geschenke aus San José«, sagte er und umarmte mich fest. Sie waren von Andreas Familie. In der Schachtel war ein Brief, den alle unterschrieben hatten und in dem sie Dennis und mir ihre Liebe aussprachen, und ein gerahmtes Foto von Andrea – das auf dem Altar in ihrem Haus gestanden hatte, als ich nach der Beerdigung dort gewesen war. Andrea hatte einen Schal um den Kopf geschlungen und sah in die Ferne. Es war ein wunderschönes, gelassenes Bild. Außerdem war in dem Paket noch eine Ausgabe des Buches, das sie vor ihrem Tod gelesen hatte – Meditationen auf Spanisch, wie man sein Herz öffnete, indem man sich mit dem Hier und Jetzt verband. Und das schönste Geschenk: Armbänder, die Andreas Cousine mit Andreas Garn gebastelt hatte, das sie auch in ihrem Haar um eine Strähne gewickelt getragen hatte. Drei Armbänder waren für mich, eines für Dennis. Ich streifte meine über und ließ Dennis seins bringen. Wir nahmen das gerahmte Foto von Andrea und errichteten einen kleinen Altar im Schloss, wo wir ihr Kleid aufhängten und eine Kerze anzündeten. So konnte jeder einen Moment bei ihr sitzen.

Kurz vor der Zeremonie postete ich ein Foto von der kleinen hellblauen Perle. Magischerweise hatte jemand erst vor ein paar Tagen angeboten, daraus eine Kette zu machen, die jetzt um meinen Hals hing. Mein blauer Gegenstand.

Als wir gerade den Raum verlassen wollten, wurden alle still. »Gruppenumarmung!«, sagte jemand. Und dann waren wir draußen. Es hatte aufgehört zu regnen.

Ich gehe barfuß durchs Gras, und als ich um die Ecke biege, sehe ich, dass schon alle für die Zeremonie auf ihren Plätzen sitzen. Der Sand ist weiß, der Bogen steht, Dennis wartet. Er hat Tränen in den Augen. Ich bin so glücklich. Mein Vater geht mit mir durch den Sand und drückt fest meine Hand. Als er sich eigentlich hinsetzen sollte, vergisst er es und bleibt die ganze Trauung hindurch bei uns stehen. Dennis sieht so unglaublich gut aus. Einen Moment kommt die Sonne heraus. Ich sage »Ich will«, ohne zu zögern.

Es ist der glücklichste Tag meines Lebens.

KAPITEL DREIZEHN

———

AKZEPTIEREN

Meine Großmutter liegt im Sterben. Sie war dem Tod schon lange nahe, doch jetzt wissen wir alle, dass es nicht mehr lange dauert. Wieder steht der Tod vor meiner Tür.

Als Mormor – die Mutter meiner Mutter – jünger war, war sie groß und schlank und trug immer Röcke. Sie war allein, aber ich weiß nicht, ob sie einsam war. Sie hatte sich von meinem Großvater scheiden lassen, als meine Mutter erst drei war, und er starb vor meiner Geburt. Sie hatte nie wieder geheiratet, und ich kann mich nicht erinnern, dass sie in meiner Kindheit und Jugend einen Partner oder Freund hatte. Sie wohnte immer allein in einer riesigen Wohnung in der Innenstadt von Stockholm. Eines Tages beschloss sie, in eine Seniorenwohnanlage umzuziehen, weil sie nicht mehr allein sein wollte. Wir waren alle überrascht, weil sie gut zurechtkam und in unseren Augen immer noch jung war. Meine Mutter und ihre Schwestern halfen ihr, einen Platz in einer Seniorenwohnanlage am Rand von Uppsala zu bekommen. Dort hatte man seine eigene Wohnung und sein eigenes Leben, doch es gab Pflegepersonal und einen Gemeinschaftsbereich, wo man zusammen mit den Nachbarn essen konnte, wenn man wollte – betreutes Wohnen also.

Mormors Nachbar war ein feiner Herr Ende siebzig. Er hieß Sten. Eine Woche nach ihrem Einzug rief sie meine Mutter an, um ihr zu erzählen, dass sie und Sten »sich angefreundet hatten«. Sie hatten sich ineinander verliebt. Mormor sagte mir, sie sei zum ersten Mal in ihrem ganzen Leben verliebt, jetzt, mit fünfundsiebzig. Die letzten Jahre ihres Lebens war sie glücklich.

Sie war schon länger krank gewesen; immer etwas anderes, doch sie »hielt durch«, wie sie sagte. Nachdem sie sich die Hüfte gebrochen hatte, konnte sie nicht mehr laufen und saß die letzten zwei Jahre im Rollstuhl. Dann bekam sie eine Infektion, die nicht ausheilen wollte und von der sie sich nie richtig erholte. Dennoch war ich schockiert, als meine Mutter kurz vor meinem Abflug von Aruba nach Schweden zur Hochzeit anrief und mir erzählte, dass Mormor in einem Hospiz lag. »Einem Hospiz?«, rief ich. »Aber dort geht man doch zum Sterben hin!«

Nach der Landung in Schweden fuhren Dennis und ich vom Flughafen als Erstes zu meiner Großmutter. Als ich Mormor sah, wurde mein Herz schwer. Bei meinem letzten Besuch in Schweden hatte sie zwar im Rollstuhl gesessen, war aber sie selbst gewesen. Sie sah gut aus, sie lachte und machte Witze und trank Tee mit viel Zucker, wie immer schon. Jetzt, in dem großen Hospizbett, sah sie winzig aus. Sie musste ihr halbes Körpergewicht verloren haben. Ich erkannte sie kaum wieder. Als sie mich sah, strahlte sie. »Du bist hier!«, sagte sie. »Rakis. *Min älskling.* Mein Liebling.« *Rakis* war ihr Spitzname für mich, als ich klein war. »Ich bin hier«, sagte ich und nahm ihre Hand. »Ich freue mich so, dass du Dennis heiratest«, fuhr sie fort. »Ich weiß schon, welches Kleid ich anziehen werde. Es ist orange. Ich weiß aber nicht, wo es ist. Kannst du es für mich suchen?« Meine Augen wurden feucht. Die Chancen, dass sie es zur Hochzeit schaffte, waren gering. »Ich werde dir helfen, es zu finden«, sagte ich. Sie bemerkte Dennis und versuchte, sich aufzusetzen. »Dennis!«, rief sie.

»Komm her und umarme mich!« Alle in meiner Familie liebten Dennis, vor allem meine Großmutter. »Es ist so schön, euch zu sehen«, sagte sie auf Englisch. »Passt gut aufeinander auf. Versprecht mir das.«

Sie lehnte sich zurück und schloss die Augen. »Ich muss das orange Kleid finden«, sagte sie und nickte ein. Ich legte meinen Kopf neben ihren auf das Kissen. Kurz öffnete sie noch einmal die Augen. »Versprich mir, dass du zurückkommst.«

»Das mache ich.«

Zum Zeitpunkt unserer Hochzeit hatte Mormor seit Tagen nicht gesprochen oder auch nur die Augen geöffnet. Wir entschieden, die Flitterwochen nicht zu verschieben, da wir das Gefühl hatten, es wäre in Ordnung. Und sie würde wollen, dass wir fahren.

Vor dem Abflug besuchen wir sie noch einmal im Hospiz. Sie sieht noch kleiner aus als beim letzten Mal. Alle meine Tanten sind da, zusammen mit meiner Mutter. Es heißt, es könne jetzt jeden Tag so weit sein, und das glaube ich auch. Wir rollen ihr Bett hinaus in den Garten, und meine Tante Stina zupft mit der Pinzette kleine Härchen vom Kinn meiner Großmutter. Ich muss lächeln. Wir alle haben sie, diese kleinen schwarzen Haare am Kinn. Das ist der Familienfluch – alle Frauen müssen ab dem reifen Alter von vierzehn Jahren lange, borstige Haare aus ihren Gesichtern zupfen. Meine Großmutter bat immer uns, das für sie zu erledigen, weil sie sie nicht sehen konnte. Sie würde sicher keine schwarzen Haare am Kinn haben wollen, wenn sie starb.

Irgendwann gehen alle, und nur noch wir sind da. Ich frage mich, ob Mormor kalte Füße hat, weshalb ich meine Hände darum lege, um sie zu wärmen. Ihre Füße sind groß, zwei Schuhgrößen größer als meine. Ich schließe die Augen und atme und fühle sie durch ihre Füße. Sie atmet und lebt, aber der Übergang auf die andere Seite hat schon begonnen. Ich wickele eine Decke um ihre Beine und stopfe sie um die Schultern fest. Ich nehme ihre Hand, und lange sitzen wir so da. Ich erzähle ihr von der Hochzeit und wie schön sie war. Ich sage ihr, dass ihr der Kuchen geschmeckt hätte und dass es so schön gewesen wäre, wenn sie hätte dabei sein können, und dass ihr orangefarbenes Kleid umwerfend neben meinem ausgesehen hätte. Ich erzähle ihr von den Reden und den Sternen über dem Schloss und der Zeremonie und dass ich glücklich bin und gleichzeitig traurig und dass ich ein bisschen Angst habe. Ich sage ihr, dass ich sie liebe und dass ich so dankbar bin, dass sie ein Teil meines Lebens ist.

Sie atmet so langsam. Ich versuche, meinen Atem ihrem anzupassen, und nach einer Weile habe ich das Gefühl, als würde ich meine Pranayama-Atemübungen machen. Ich finde den Kumbhaka, den Raum zwischen jedem Atemzug. Nur noch ihr und mein Atem existiert. Sie liegt im Sterben, aber sie ist auf dem Weg an einen anderen Ort. Das spüre ich. Ich drücke ihre Hand und küsse sie auf die Stirn. Das ist unser Abschied.

An diesem Abend brachen Dennis und ich auf eine fünfwöchige Reise auf. Wir hatten nicht viel geplant. Ein paar Tage zuvor hatten wir eine Weltkarte hervorgeholt und uns für Griechenland entschieden. Dennis war noch nie dort gewesen und wollte unbedingt das Mittelmeer sehen. Ich war als Kind öfter in Griechenland gewesen, zusammen mit meiner Mutter und meinem kleinen Bruder. Wir reisten von Insel zu Insel und schliefen auf großen Schiffen unter den Sternen und hatten nur unsere Rucksäcke dabei. Als Teenager war ich auch oft dort gewesen – zu Griechenland hatte ich immer eine besondere Verbindung. Ich wollte Retsina am Meer trinken. Wir entschieden uns für Santorini, und zwei Tage vor der Abreise schrieb ich ein paar Hotels an. Wir buchten fünf Nächte in einer Unterkunft, die im Internet wunderschön aussah, und wollten dann schauen, wohin uns die Reise führte. Pepper und Ringo ließen wir bei meinem Vater. Er wohnt mitten im Wald an einem See, wo sie sich austoben und Eichhörnchen jagen konnten.

Wir landeten mitten in der Nacht auf Santorini. Selbst um zwei Uhr morgens war noch viel los am Flughafen. Santorini ist ein beliebtes Touristenziel, doch unser Hotel lag am südlichen Ende der Insel, wo es ruhig war. Als ich auf das Jahr zurückblickte, wurde mir klar, dass ich keinen Moment Ruhe gehabt hatte. Ich war gereist und hatte tolle Orte gesehen, aber ich machte immer weiter, immer weiter. Diese Flitterwochen waren der erste Urlaub – in dem ich nicht arbeitete, keine Hochzeit plante, nicht unterrichtete – seit über drei Jahren. Ich brauchte Ruhe. Wir fuhren beim Hotel vor, und es war stockfinster. Doch ich hörte das Meer, und als man uns unser Zimmer zeigte, fühlte ich mich wie in einem Traum. Die Wände waren aus Ziegelstein, das Bett war mit frischer weißer Bettwäsche bezogen, und in der Mitte des Zimmers stand ein großer gefliester Jacuzzi. Alles war recht rustikal, aber luxuriös mit weicher, warmer Beleuchtung. Dennis und ich ließen uns aufs Bett fallen. Wir waren müde, aber verliebt, und bevor ich einschlief, dachte ich noch: *Für immer jagt mir keine Angst mehr ein.*

Bei Sonnenaufgang wachte ich auf. Dennis schlief noch, und ich zog mir ein Kleid über und ging leise nach draußen. Ich öffnete die Terrassentür und entdeckte, dass das Hotel auf einem Felsen kauerte, der Hunderte Meter ins Meer abfiel. Ich wusste, dass wir uns am Wasser befanden, hatte aber nicht mit diesem Anblick gerechnet. Der saphirblaue Ozean erstreckte sich, so weit das Auge reichte. Die Sonne ging am Horizont auf. Der Wind wehte kräftig. Ich trat ans Geländer und sah nach unten. Wellen schlugen weit unter mir auf den Kiesstrand. Die Sonne schien mir ins Gesicht, und einen Moment lang herrschte absolute Stille. Ich fühlte den Atem in meinen Lungen, den langsamen Rhythmus beim Ein- und Ausatmen. Mein Herz war voll. Plötzlich spürte ich den Raum zwischen den Atemzügen meiner Großmutter, wie an ihrem Bett bei unserem letzten Besuch. Ich schloss die Augen und … wusste es. Da war keine Luft mehr, nur noch endloser Raum. Mormor war tot. Es war der 6. Juli. Ihr Geburtstag.

Lange Zeit stand ich da. Nicht von Trauer überwältigt, doch ich weinte, ohne es zu merken. Dennis kam zu mir, mein Telefon in der Hand. »Dushi …«, sagte er. »Schatz« oder »Liebes« auf Papiamento, seiner Muttersprache. Sein Gesicht war voller Schmerz, und eine tiefe Falte saß zwischen seinen Brauen. »Ich weiß«, sagte ich. »Ist schon okay. Ich weiß es.« Er umarmte mich. Er ist so groß. Mein Ehemann. Seine Arme sind so lang. Ich fühle mich immer winzig in seinen Armen. Ich wischte mir die Tränen ab.

Ich hörte den Schmerz in der Stimme meiner Mutter. Sie kommt nicht gut zurecht mit Tragödien, mit dem Tod. Sie weinte, klang jedoch ruhig. Ich fragte, ob ich nach Hause kommen sollte, hielt den Atem an und hoffte, sie würde Nein sagen. Ansonsten würde ich nicht hierbleiben können. Das war immer mein Part in unserer Beziehung – ich wollte sie heilen, retten –, der schwer auf mir lastete. »Nein«, antwortete sie. »Bleib in Griechenland.« Ich seufzte erleichtert.

Es waren unsere Flitterwochen, und meine Großmutter war gestorben, und trotzdem ging es mir nicht schlecht. Ich musste mir in Erinnerung rufen, dass einem das Leben nichts hinwirft, womit man nicht zurechtkommt, und dass ich nur Vertrauen in Enden und Anfänge haben konnte. Sind wir nicht genau deshalb hier? Um zu lieben und uns zu verabschieden und wieder zu lieben. Zu lieben und loszulassen, lieben und loszulassen, lieben und loszulassen … Das ist das Wichtigste, was wir in diesem Leben lernen können.

KAPITEL VIERZEHN

———

BETEN

Griechenland, Italien, Spanien, Marokko, Frankreich. Was für Flitterwochen! Fünf Wochen unterwegs. Wir kehrten nach Stockholm zurück, um die Hunde abzuholen und nach Hause zu fliegen. Pepper und Ringo waren überglücklich, uns zu sehen. Pep jaulte vor Freude, als er unser Auto sah, und umkreiste uns dann auf dem Rasen. Ringo kroch unter meinen Pullover. Ich liebe meine Babys so sehr.

Nach dem Abendessen mit meinem Vater und ein paar von unseren Freunden begannen Dennis und ich mit dem Packen. Ich beschloss, unsere Hochzeitsgeschenke und mein Kleid bis zu unserem nächsten Besuch in Schweden zu lassen, doch auch nach Stunden, in denen wir alles genau durchdacht hatten, hatten wir immer noch fünf Koffer. Ich freute mich wirklich sehr darauf, nach Hause zu fahren.

Wir umarmten die Familie am Flughafen zum Abschied und setzten uns ins Flugzeug. Pepper lag ruhig zu meinen Füßen. Was für ein braver Hund er doch war! Während des Flugs fragte mich einmal die Flugbegleiterin, ob er krank sei. »Nein, nein«, antwortete ich, »er ist einfach nur sehr brav.« Sie kraulte ihn hinter dem Ohr, und Pepper leckte ihr die Hand. »Er ist nur so ruhig. So einen ruhigen Hund habe ich noch nie gesehen!« Eine oder zwei Stunden später kam sie wieder und fragte, ob er etwas Wasser wolle. »Nein, danke«, erwiderte ich. »Er bekommt etwa alle zwei Stunden etwas.« Sie wirkte besorgt. »Sind Sie sicher, dass es ihm gut geht?« *Warum fragte sie ständig danach?* Sie machte mich nervös. »Es geht ihm gut, vielen Dank, dass Sie fragen«, meinte ich. Als sie gegangen war, nahm ich Peppers Schnauze zwischen die Hände. »Dir geht's doch gut, oder, Kumpel?« Ich sah ihm in die Augen. Er wirkte tatsächlich müder, als ich ihn je gesehen hatte. Warum war mir das nicht aufgefallen?

Ich wandte mich zu Dennis und sagte: »Wenn wir zu Hause sind, müssen wir wieder mit ihm zum Tierarzt.« Pepper war in den letzten Monaten bei verschiedenen Ärzten gewesen, weil er immer wieder lethargisch war und Durchfall hatte. Nichts Ernstes, wie wir dachten. Jeder Tierarzt versicherte uns, dass alles in Ordnung war. Der letzte Arzt hatte uns direkt vor der Hochzeit gesagt, dass es nur eine Magenverstimmung war. »Sie können ihm Antibiotika geben, wenn Sie möchten, aber ich halte es nicht für nötig«, hatte er uns erklärt. »Ich überlasse es Ihnen.« Ich weiß noch, wie ich am nächsten Tag im Hotelzimmer stand und für die Feier auf dem Schloss packte und die Antibiotika in der Hand hielt. Ich sah zu Pepper. Er wirkte gesund – wir waren lange spazieren gewesen, und er hatte keinen Durchfall mehr. Ich wollte ihm keine Antibiotika geben, wenn es nicht sein musste, weil ich fürchtete, dass sie seinen Magen erst recht belasten könnten. Ich überlegte lange, aber nachdem der Arzt es nicht für unbedingt nötig gehalten hatte, legte ich die Medikamente wieder zurück in meinen Kulturbeutel. Dieser Moment – wie ich die Antibiotika wieder einpackte – würde mich den Rest meines Lebens verfolgen. Im Flugzeug versuchte Dennis, mich zu beruhigen. »Wie viele Tierärzte müssen dir noch sagen, dass es ihm gut geht, bis du ihnen glaubst?«, fragte er leicht frustriert.

»Aber findest du nicht, dass er fürchterlich ruhig ist?« Er zögerte. »Ich weiß es nicht. Vielleicht. Nein. So ist Pepper eben! Er ist ein braver Hund. Steigere dich nicht länger in die Angst hinein, dass etwas Schlimmes passieren könnte.« Ich lehnte mich zurück und versuchte mich zu entspannen, dachte aber die ganze Zeit: *Ich weiß, dass schlimme Dinge passieren. Zweimal habe ich das dieses Jahr schon erlebt.* Ich konnte das nagende Gefühl nicht abschütteln, dass etwas nicht stimmte.

Noch nie war ich so glücklich gewesen, wieder auf Aruba zu sein. Über zwei Monate waren wir weg gewesen. Wir kamen am späten Nachmittag nach Hause, und Quila und Laika, unsere anderen beiden Hunde, waren außer sich vor Freude. Wir gingen mit allen spazieren, und als wir unsere übliche Strecke an der nördlichen Küste entlanggingen, stolperte Pepper auf einmal. Dennis sah es auch. Statt am schnellsten vor allen herzurennen, wie sonst immer, blieb er hinter uns. Ich ging langsamer, um mit ihm Schritt zu halten, und er drängte sich hechelnd gegen mein Bein und blieb stehen. »Okay, ich glaube dir«, sagte Dennis besorgt. Wir beschlossen, am nächsten Morgen mit Pepper zum Tierarzt zu gehen. Eigentlich wäre ich lieber gleich gefahren, aber jetzt hätte nur der Nottierarzt offen, und das war sehr, sehr teuer. Am Abend fraß Pepper normal. Er fand ein altes Spielzeug und zerrte mit Quila daran. Ich war erleichtert. *Alles in Ordnung.*

Am nächsten Morgen wachten wir auf, und wie immer lagen alle Hunde bei uns im Bett. Als ich Pepper umarmte, benahm er sich seltsam. Er wollte mich nicht ansehen. Ich nahm seinen Kopf in die Hände und streichelte ihn, und da entdeckte ich, dass ein Auge sich blau verfärbt hatte. »Dennis!«, sagte ich. »Schau dir Peppers Auge an. Es ist blau!« Dennis war erschrocken. »Was heißt das?«, fragte er. »Kann er damit sehen?« Ich wusste es nicht. »Wir müssen *sofort* zum Tierarzt«, sagte ich.

Als wir zum Auto gingen, dachte ich an das Gespräch mit der Flugbegleiterin zurück, und mein Herz verkrampfte sich. *Was, wenn er richtig krank ist und wir die ganze Zeit die Symptome ignoriert haben, weil die Tierärzte sie nicht ernst genommen haben?*, dachte ich. Ich versuchte, keine vorschnellen Schlüsse zu ziehen.

Wir waren die Ersten, als die Tierklinik öffnete. Die Ärztin untersuchte Pepper und veranlasste weitere Tests. Sie fragte, ob die bisherigen Ärzte sein Blut auf Borreliose untersucht hatten, die von Zecken übertragen wurde. »Hier auf Aruba bekommen Hunde das ständig«, erklärte sie. »Darauf untersuchen wir immer als Erstes.« Ich vergrub mein Gesicht in Peppers Fell. Warum hatte ich nicht daran gedacht? Warum hatte ich bei den bisherigen Arztbesuchen nicht gefragt, ob man ihn getestet hatte? Waren wir so mit der Hochzeitsplanung und den Flitterwochen beschäftigt gewesen, dass ich mich nicht intensiv genug um Peppers Gesundheit gekümmert hatte?

Die Ärztin nahm Blut ab und kam zehn Minuten später mit ernstem Gesichtsausdruck zurück. »Das ist einer der schwersten Fälle, die ich je gesehen habe«, sagte sie. »Seine Leukozytenzahl ist so niedrig, dass ich ehrlich gesagt nicht weiß, wie er überhaupt noch aufrecht stehen kann. Und gestern Abend waren Sie mit ihm spazieren?« Ich war in Panik. »Er ist vor zwei Tagen noch mit mir in Schweden durch den Wald gerannt!«, rief ich. »Wir waren letzte Woche mit dem Paddelbrett unterwegs. Er frisst und trinkt auch normal.«

Die Ärztin sagte, dass Pepper die Krankheit wahrscheinlich schon lange vor unserer Reise bekommen hatte. »Das geht nicht über Nacht«, erklärte sie. »Er ist sehr, sehr stark, wenn er vorher nur eine Magenverstimmung als Symptom hatte.« Ich konnte die Tränen nicht zurückhalten. »Was können wir tun?«, fragte ich. »Ihm Antibiotika geben. Mehr Möglichkeiten haben wir nicht. Sie müssen jeden Tag für eine Spritze kommen, und wir werden sehen, ob wir seine weißen Blutzellen hochbringen können. Er muss sich ausruhen. Keine Spaziergänge. Ich will Ihnen nichts vormachen. Das sieht nicht gut aus.« Ich sah zu Dennis, der leichenblass war.

Wir fuhren schweigend nach Hause. Ich konnte nicht glauben, was gerade passierte. Zu Hause bauten wir für Pepper ein gemütliches Nest auf der Couch. Ich fütterte ihn mit Nassfutter und gehackter Leber. Er fraß, was mir Hoffnung machte.

Am dritten Tag war die Ärztin etwas optimistischer, aber Pepper war noch längst nicht über den Berg, warnte sie uns. »Wenn sich bis morgen nichts gebessert hat, können wir noch eine Bluttransfusion versuchen.«

In der Nacht ging ich mit Pepper hinaus in den Garten. Nur er und ich. Ich versuchte mir vorzustellen, wie es wäre, plötzlich nicht mehr sehen zu können. *Ich habe ihm das angetan,* dachte ich. *Es ist meine Schuld. Wir hätten ihn nicht mit nach Schweden nehmen dürfen. Wir hätten noch einen weiteren Tierarzt aufsuchen sollen. Ich hätte um mehr Tests bitten sollen. Ich hätte ihm die Antibiotika geben sollen.* Die Schuldgefühle fraßen mich auf.

Ich merkte, dass Pepper Angst hatte. Wir gingen ein wenig herum, und er drängte seinen warmen Körper an mich. Ich sagte mir, dass wir das schaffen würden. Der Blitz schlägt einmal ein, vielleicht zweimal, aber dreimal in ein paar Monaten? Auf keinen Fall. Ich ging in die Hocke und umarmte ihn, und er lehnte sich an mich. Mein Baby. *Er vertraut mir. Ich soll mich um ihn kümmern – ich bin seine Mutter. Wie konnte ich das nur zulassen?*

Ich begann zu weinen und setzte mich auf den Boden, zog Pepper auf den Schoß und hielt ihn, oder hielt er mich? Ich weiß es nicht. Ich sah zum Mond hinauf. Nahm er zu? Oder ab? »Bitte rette ihn.« Ich sprach zu Andrea. Seit ihrem Tod hatte ich um nichts gebeten. Man sagte mir immer wieder, dass sie jetzt ein

Engel wäre und dass sie immer an meiner Seite sein würde. Wenn das stimmte, dann sollte sie mich jetzt hören.

»Andrea«, sagte ich fest, aber ruhig. »Du musst mir helfen. Bitte hilf Pepper. Ich brauche ihn hier. Wenn du mich hören kannst, dann rette ihn bitte. Ich zähle auf dich. Das bist du mir schuldig.« Der letzte Satz überraschte mich, auch der wütende Klang meiner Stimme. Ich *bin* wütend, wurde mir klar. Sie musste ihn für mich retten. *Wenn es einen Gott gibt, etwas Göttliches, irgendetwas da draußen, dann wache ich morgen auf, und Pepper geht es besser.* Ich wollte das Universum zwingen, ihn zu heilen. Wenn ich nur laut genug darum bat, würde es auch funktionieren.

Bevor wir schlafen gingen, wickelte ich Pepper zu meinen Füßen in eine Decke. Er sollte nicht frieren. Als ich ihm einen Gutenachtkuss gab, hob er nur schwach den Kopf. Ich hielt ihn in den Armen und flehte immer wieder Andrea an, Gott, wer auch immer zuhörte: »Rette ihn. Bitte, rette ihn.«

Ich wachte von einem Röcheln auf. Pepper. Er bekam keine Luft mehr. Panisch rief ich die Tierärztin an. »Bringen Sie ihn sofort«, sagte sie. »Beeilen Sie sich.« Pepper konnte nicht aufstehen. Wir trugen ihn ins Auto, und ich setzte mich zu ihm nach hinten und hielt ihn fest. »Atme, Baby, atme«, flüsterte ich. Ich sah die Straße vor lauter Tränen nicht.

In der Klinik bekam er sofort Sauerstoff. »Er liegt im Sterben«, sagte die Ärztin und legte mir eine Hand auf die Schulter. »Es kann jeden Moment so weit sein.« Tränen strömten über Dennis' Wangen. Er vergrub sein Gesicht in Peppers Fell. *Das ist nicht nur mein Verlust, sondern unserer,* dachte ich. Vielleicht sogar noch mehr Dennis' Verlust, denn Pepper war »sein« Hund. Pepper schlief immer bei Dennis' Füßen. Dennis nahm ihn jeden Tag mit zur Arbeit, er war der Skateshop-Hund. Dennis liebte ihn über alles.

»Er hat Schmerzen«, sagte die Ärztin. »Wir können ihm helfen. Lassen Sie ihn gehen.«

Ich sehe zu Dennis. Er nickt. Alles geschieht so schnell.

Sie verlässt den Raum, und jetzt steht die Zeit still. Pepper kämpft immer noch, doch seine Atemzüge werden spärlicher. Seine Augen sind ruhig, als er mich ansieht. Ich vibriere vor Liebe zu ihm, und ich bin mir sicher, dass er es spürt. *ichliebedichichliebedichichliebedichichliebedichich-liebedichichliebedich*. Ich wiederhole es wie ein Mantra. Wie ein Gebet fließt es durch mich hindurch. *ichliebedichichliebedichich-liebedichichliebedichichliebedich*. Ich bin ganz auf diesen Moment konzentriert. Die Pausen zwischen Peppers Atemzügen werden immer länger. Ich atme mit ihm. Dennis schluchzt. Ich bin noch ruhig. Wir halten Pepper fest an uns gedrückt. Ich liebe ihn so sehr – kann man überhaupt so viel lieben und so viel sterben? Er wird so sehr geliebt. In den vergehenden Minuten denke ich an meine Großmutter und ihr stilles Sterben; wie die Pausen zwischen ihren Atemzügen immer länger wurden, bis da nur noch atemloser Raum war. Jetzt ist es völlig anders. Es ist brutal, entsetzlich, Furcht einflößend, schrecklich, übermächtig, unerträglich. Pepper ringt nach Luft, er will atmen. Er will leben. Seine Augen blicken panisch. Die Tierärztin kommt mit einer Spritze zurück und setzt sie in seinen Hals oder seine Schulter, ich weiß es nicht. Es geht so schnell. Zu schnell. Das Röcheln erstirbt. Er ist tot.

Ich heule auf.

Dennis versucht, sich zusammenzureißen. Es ist vorbei. Wir müssen fahren. Wir müssen hier raus. Wir gehen durch die Hintertür. Wir sitzen wieder im Auto und biegen um die Ecke, und mir wird klar, dass wir ihn zurückgelassen haben. »*Fahr zurück!*«, brülle ich. Dennis fährt an den Straßenrand. »Wir können ihn nicht dort lassen! Wir müssen ihn mitnehmen.« Ich weiß nicht, wie wir so schnell ins Auto steigen konnten. Wir stehen völlig unter Schock. Dennis wendet den Wagen und geht noch einmal in die Klinik. Kurz darauf kommt er mit Pepper zurück, der in ein Tuch gewickelt ist. Er legt ihn ins Auto. Wir fahren mit unserem toten Hund auf dem Rücksitz nach Hause. Alles ist so surreal. Als würde es nicht passieren. Wir kommen nach Hause und laufen wie durch tiefen Schlamm; alles geschieht wie in Zeitlupe. Wir sind hier, aber alles ist verschwommen, vernebelt. Dennis holt Pepper vom Rücksitz und legt ihn in den Schatten auf die Treppe am Haus. Das Tuch ist braun gefleckt, er hat sich eingekotet. »Das passiert wohl, wenn man stirbt. Der Körper entleert sich«, sagt Dennis. Ich habe keine Ahnung, woher er das weiß. Ich wusste es nicht. Ich habe noch nie zuvor jemanden beim Sterben im Arm gehalten. Bis zu diesem Jahr wusste ich nicht, dass ein Herz stehen bleiben und wieder zum Schlagen gebracht werden kann, dass es noch einmal stehen bleibt und wieder neu gestartet wird oder dass Blut ein bisschen nach Fischernetz riecht, aber nicht so richtig, oder dass unsere Füße kalt werden, bevor wir sterben, oder dass es im letzten Moment um Scheiße geht. Bevor ich das alles wusste, war das Leben völlig anders, und ich sehne mich so sehr danach zurück. Ich will nicht hier sein. Ich will nicht hier sein und meinen toten Hund halten, während ich an das blutige Kleid meiner besten Freundin denke und an die Haare, die am Kinn meiner Großmutter wuchsen. Ich will dieses Leben nicht. Ich will abhauen, einfach nur abhauen und jemand anders sein. Aber ich kann es nicht. Ich bin, wer ich bin.

Weinend bringt Dennis die anderen Hunde einen nach dem anderen nach draußen, damit sie sich verabschieden können. Laika ist sehr vorsichtig – sie sieht Pepper aus der Ferne, bleibt sofort stehen und wedelt nicht mehr mit dem Schwanz. Langsam geht sie zu ihm und schnüffelt an ihm, bevor sie sich zu uns umdreht. Als ob sie mich fragen würde: »Was ist passiert?« Ich sehe ihr in die Augen. *Ich habe ihn getötet.* Der Gedanke taucht ohne Vorwarnung auf und brennt sich in meine Seele. *Ich habe ihn getötet. Ich habe ihn getötet, ich habe ihn getötet, ich habe ihn getötet.* Es ist meine Schuld. Ich hatte die Antibiotika in der Hand. Ich presse die Augen zusammen, um die Erinnerung zu verdrängen. Dennis holt Quila, aber sie will nicht zu Pepper, als würde sie ihn nicht erkennen. Vielleicht hat seine Seele seinen Körper verlassen, weshalb sie nicht weiß, wo sie suchen soll. Keine Ahnung. Sie legt sich vor meine Füße. Schließlich bringt Dennis Ringo nach draußen. Er sieht Pepper und rennt zu ihm, schleckt ihm, ohne zu zögern, über das Gesicht und das Maul. Als Pepper nicht reagiert, dreht sich Ringo mit großen Augen zu uns. »Was ist los mit ihm?«, fragt er. »Will er nicht spielen?« »Ich habe ihn getötet«, antworte ich stumm. Ich weiß, dass ich diese Worte niemals laut aussprechen kann. »Er hat dich so geliebt, Kumpel«, sage ich stattdessen. »Wir müssen uns jetzt verabschieden.« Ringo kriecht auf meinen Schoß. Dennis holt eine Schaufel.

Ein Grab auszuheben dauert lange. Wir leben an der Nordküste von Aruba, und die Erde ist fest und steinig. Ich hole ein frisches Tuch, um Pepper darin einzuwickeln. Wir legen ihn in die Erde. Ich gebe ihm sein Lieblingsspielzeug mit, einen Stoffbären. Es ist ein seltsames Gefühl, sein Gesicht mit dem Tuch zu bedecken – er soll doch atmen können. Aber dann fällt mir ein, dass er nicht mehr atmen wird. Wir schaufeln die Grube zu. Ein großer weißer Stein dient als Grabstein, und mit kleinen weißen Steinen legen wir eine Umrandung. Danach setzen wir uns auf die Couch. Ich sehe auf die Uhr. Es ist elf Uhr, immer noch Morgen, und wir haben schon unseren Hund im Garten begraben. Meine Mom hat eine Nachricht im Familien-Chat geschrieben. *Geht es Pepper besser?*, fragt sie. Ich antworte: *Nein, er ist gestorben.* Das Handy klingelt und klingelt und klingelt. Ich ignoriere es und gehe wieder ins Bett.

Aller schlechten Dinge sind drei. So habe ich es immer gehört. Nachdem mich jetzt meine beste Freundin, meine Großmutter und mein Baby in wenigen Monaten verlassen haben, ist es dann jetzt endlich vorbei? Oder stehen schon die nächsten Katastrophen vor der Tür? Ich würde gern wissen, wer den Laden hier schmeißt, weil ich nicht weiß, ob ich noch dazugehören möchte.

Peppers Tod erwischt mich völlig unvorbereitet. Alles, was ich nach dem Tod von Andrea über Trauerarbeit gelernt zu haben glaubte, war eine Lüge. Ich habe das Gefühl, als hätte ich gar nichts gelernt. Es schmerzt zutiefst, es zuzugeben, weshalb ich es auch niemandem erzähle, aber es ist die Wahrheit: Peppers Tod trifft mich mehr als Andreas. In gewisser Weise muss ich mich mit drei Verlusten, die in diesem einen gebündelt sind, auseinandersetzen, aber ich kann niemandem sagen, wie groß mein Schmerz wirklich ist. Pepper war ein Hund und Andrea ein menschliches Wesen, aber Pepper war mein Baby, und ich habe ihn im Stich gelassen, und ich erlebe Trauer und Schmerz in einer Dimension, die mich völlig unvorbereitet trifft. Andrea war erwachsen – sie fuhr das Auto. Ich aber war verantwortlich für Pepper. Er hat sich auf mich verlassen, darauf, dass ich für seine Sicherheit sorge, und das habe ich nicht. Der Schmerz ist noch schlimmer, wenn er von Schuldgefühlen begleitet wird.

Ich bin wütend – wütend, weil Andrea mir nicht geholfen hat. Jeder Glaube, den ich vielleicht gehabt hatte – an Gott, das Göttliche, das Universum –, jeder Glaube, dass all das einen Grund hatte, dass es mich weiterbrachte, dass ich unter göttlicher Führung stand und alles irgendwann einen Sinn ergeben würde, war zerstört.

Da ist noch eine zweite Wahrheit, die ich nicht laut ausspreche, vielleicht weil ich es nicht ertrage, sie zu hören. Ich habe das Gefühl, Pepper umgebracht zu haben. Objektiv weiß ich, dass ich nicht allein dafür verantwortlich war. Er war bei so vielen Tierärzten, und keiner wusste, was ihm fehlte, wie konnte es also meine Schuld sein? Aber ich war seine Mom. Ich hätte es wissen müssen. Wenn ich nicht so mit anderen Dingen beschäftigt gewesen wäre, wenn ich nicht so selbstbezogen gewesen wäre, hätte ich es gewusst. Wenn doch nur. Scheiß auf »Wenn doch nur«.

Ich scrolle durch meinen Instagram-Account. Von den Anfängen vor hundertzwanzig Wochen, als ich schon froh war, wenn ich ein paar Likes pro Bild bekam, bis jetzt. Pepper war fast auf jedem zu sehen. Er war immer bei uns gewesen, bei jedem großen Moment in unserem Leben. Ich war Dennis' Frau, aber Pepper gehörte mein Herz, und er wusste es.

Ich muss etwas trinken. Feiern gehen, tanzen, ausflippen. Patrick, einer von Dennis' besten Freunden, ist auf der Insel. Er kennt den Tod wie ich – sein Vater war genau zwei Wochen vor Andrea gestorben. Wir gehen tanzen. Ich betrinke mich mehr als sonst. Ich trinke, um woanders zu sein. Jeden Tag sitze ich an Peppers Grab. In der ersten Nacht, nachdem wir ihn begraben haben, weine ich so heftig, dass alle Hunde zu bellen anfangen. Dennis versucht mich aufzuwecken, aber ich träume zu tief. Als ich endlich aufschrecke, schnappe ich nach Luft – ich kann nicht atmen. Pepper ist ganz allein da draußen in der Dunkelheit. Wir sind alle hier im Haus, wo es warm und gemütlich ist, und er ist ganz allein da draußen. Dennis sagt mir immer wieder, dass das nur seine Hülle ist, sein Körper, er selbst ist nicht da, aber ich kann das Gefühl nicht abschütteln. Ich denke die ganze Zeit, wir haben ihn lebendig begraben. Um zwei Uhr morgens renne ich mit Peppers Decke hinaus und denke, wenn ich sie auf sein Grab lege, dann fühlt er sich geborgener. Hat es weicher, wärmer. Ich stoße mir den Zeh an einem Stein an, und als ich am Grab stehe, wird mir klar, wie verrückt ich mich verhalte. Also setze ich mich einfach hin und wickele mich selbst in die Decke.

In der nächsten Nacht passiert dasselbe – ich habe so schwere Albträume, dass ich nicht aufwachen kann. Im Traum ist Pepper draußen, aber wir lassen ihn nicht hinein. Er jault und ruft uns, aber wir haben ihn in der Kälte zurückgelassen. Dennis versucht mich aufzuhalten, aber ich renne hinaus. Ich schlafe auf Peppers Grab ein und wache davon auf, dass Dennis mich hochhebt und zurück ins Haus bringt. In der dritten Nacht wird er böse. »Das muss aufhören. Du darfst nicht hier draußen sein. Bleib im Haus«, sagt er, aber er dringt nicht zu mir durch. Mir ist alles egal. Mir ist Andrea egal oder meine Großmutter oder Dennis oder wer auch immer. Mir ist nur noch Pepper wichtig und dass er nie wieder warm werden wird, egal wie viele Decken ich in den Garten schleppe.

Wir haben ihn zu weit weg vom Haus begraben; er sollte viel näher bei uns sein. Neben seinem Grab steht ein Baum, der jedoch schon seit unserem Einzug tot ist. Das war vor drei Jahren, und eigentlich ist es nur ein winziger, zerbrechlicher Baumstamm. Wir wissen nicht, was es einmal war. Ich beschließe, etwas um sein Grab herum zu pflanzen und eine kleine Bank aufzustellen, damit wir bei ihm sitzen können und nicht auf der Erde liegen müssen. Dennis stimmt mir zu, und wir kaufen Jasmin und ein bisschen Grünzeug, und ich finde eine Bank, die mir gefällt, aber sie ist zu teuer. Ich mache mir Sorgen um Dennis: Gibt es eine Grenze, wie oft er mich aufrichten kann? Er hat es das ganze Jahr schon gemacht. Das ganze Jahr habe ich geweint, das ganze Jahr habe ich gelitten, das ganze Jahr hat er mich immer wieder gerettet. Und jetzt haben wir beide einen

Verlust erlitten. Pepper war wie ein großer Junge, ein Clown, so lustig, mit so viel Persönlichkeit. Dennis hat ihn über alles geliebt. Sollte ich nicht Dennis in der Nacht halten, damit er auch weinen kann? Aber er weint nicht. Und ich drehe völlig durch.

Ich kaufe eine winddichte Laterne, und jeden Abend bei Sonnenuntergang zünde ich darin Kerzen an und trage sie zu Peppers Grab. Das hilft. Wenn ich dann hinüberblicke, sehe ich nicht den kalten, dunklen Tod, sondern ein Licht. So habe ich das Gefühl, dass er nicht so allein ist. Ich höre auf, mitten in der Nacht zu seinem Grab zu gehen. Der tote Baum ist zum Leben erwacht. Es ist wirklich ein Wunder. Am Morgen nach dem Begräbnis saß ich bei Pepper und hielt mich weinend an dem Baumstamm fest. Als ich mich etwas beruhigt hatte, sah ich vier kleine Blätter heraussprießen. Ein Blatt für jedes Jahr seines Lebens. Seit Jahren wohnten wir hier, und der Baum hatte sich nicht gerührt. Wir hatten immer gedacht, er wäre tot. Vielleicht war er das auch. Vielleicht lebt Pepper in dem Baum.

Nach einem Monat ist er richtig erblüht – die Zweige sind schwer vor Blättern, und das ist so schön. Irgendjemand sagt mir, dass es ein arubischer Kirschbaum ist. Wir nennen ihn Peppers Baum. Er war nur ein Hund, und alle sagen, das Leben geht weiter – aber sie verstehen nicht, dass mein Leben eben nicht weitergeht, weil mein Hund gestorben ist. Nach Andreas Tod und dem meiner Großmutter ist es von außen wahrscheinlich schwer zu verstehen, warum ich jetzt plötzlich ausflippe. Und ich drehe wirklich durch. Ich verliere ständig die Fassung. Breche bei Treffen in Tränen aus, am Strand, wenn wir mit unseren Freunden den Sonnenuntergang anschauen, beim Yoga-Unterricht, im Supermarkt an der Kasse. Es ist mir egal. Das ganze Jahr habe ich mich zusammengerissen, und ich kann einfach nicht mehr. Jeden Abend denke ich an alles, was ich hätte tun können, um das hier zu verhindern. Im Kopf schreibe ich eine Liste mit der Überschrift »Was ich alles hätte tun können, damit Pepper nicht stirbt«, und jeden Tag wird sie länger.

Ich versuche, mich zu beschäftigen, aber mir entgleitet alles. Ich vergesse, E-Mails zu beantworten, versäume Meetings, komme zu spät zum Unterricht. Ich habe keine Lust, meine Haare zu waschen oder mich morgens anzuziehen. Aber wir haben Verpflichtungen und ich eine Karriere, die plötzlich Fahrt aufnimmt, und es ist schwer, den Leuten zu erklären, dass mein Hund gestorben ist und ich mich zu nichts mehr aufraffen kann. Wenn mich die Trauer zu fest im Griff hat, versuche ich mich zu bewegen, weil ich weiß, dass das hilft. Ich rolle die Yoga-Matte aus, oder wenn es mir richtig schlecht geht, ziehe ich die Laufschuhe an und gehe joggen. Ich hasse Joggen, aber wenn im Kopf immer wieder die Schallplatte läuft, wie man den eigenen Hund getötet hat, macht man alles, um sie anzuhalten. Eines Nachmittags bin ich allein daheim, und Ringo kratzt an Peppers Grab, und jedes Mal, wenn ich die Augen schließe, sehe ich ihn abends auf der Straße. Er hat Angst zu laufen, weil er nichts sehen kann, und das ertrage ich einfach nicht, weshalb ich meine Schuhe anziehe und loslaufe. Ich renne und renne und renne, und auf dem Rückweg muss ich eine Straße überqueren, an der ein Rudel Streunerhunde lebt. Ich fahre jeden Tag an ihnen vorbei, und einer von ihnen ist aggressiv, aber bisher habe ich mir nie Gedanken gemacht. Jetzt ist er auch wieder da, der große weiße Hund, der immer versucht hat, meine Reifen durchzubeißen, aber jetzt hat er das ganze Rudel dabei. Es sind viele, und sie kommen alle auf mich zu. Ich stehe mitten auf einer Schotterpiste und kann nirgendwo hin. Der weiße Hund fletscht die Zähne und knurrt, und die anderen bilden einen Kreis um mich. Ich weiche zurück, weil ich zu viel Angst habe, davonzurennen. Ich überlege panisch, wie man sich bei einem angreifenden

Hund verhalten soll, aber ich weiß es nicht, weil ich bisher nie darüber nachgedacht habe. Ist es wie der Angriff eines Bären, bei dem man sich tot stellen soll, oder soll man wegrennen? Ich habe keine Zeit, um nachzudenken, weil sie jetzt alle kläffen und so nahe sind, alle zehn schnappen nach meinen Füßen. Ihr Fell ist gesträubt, ihre Augen glänzen schwarz, und ich bin vor Angst erstarrt. Sie werden mich töten. Das weiß ich. Ich bete, denke: *Das war's*, weil ich mit dem Rücken gegen die Wand stehe und nirgends hinrennen kann. Doch plötzlich gehen zwei von ihnen aufeinander los, und dann kämpft das ganze Rudel gegeneinander. Ein einziger Wirbel aus Zähnen und Jaulen und Aggression, doch das ist meine Chance zur Flucht, und ich zögere nicht. Ich haue ab, auch auf die Gefahr hin, dass sie mir vielleicht nachjagen, es sind so viele. Ich renne schneller als jemals zuvor im Leben, glaube, jede Sekunde gebissen zu werden. Doch der Biss kommt nicht. Ich schaffe es zu unserer Haustür, und meine Hände zittern so, dass ich den Schlüssel nicht ins Schloss stecken kann. Als ich endlich im Haus bin, breche ich zusammen und weine so heftig, dass mein Körper überfordert ist. Ich kann nicht atmen, ich hyperventiliere, und jetzt sind die Hunde in mir; die Angst und der Schrecken und die Panik dringen aus mir heraus und legen sich um meine Kehle, und ich bekomme keine Luft. *So fühlt sich Sterben an,* denke ich. *Es ist so weit.* Ich schaffe es, mit dem Handy meine Freundin Rose anzurufen, weil wenn ich sterbe, soll nicht Dennis mich finden, und dann wird mir schwarz vor Augen. Als ich wieder zu mir komme, ist Rose da. Mein Kopf liegt in ihrem Schoß, sie streichelt mir übers Haar und sagt mir, dass ich atmen soll. Ich krümme mich und zittere und schwitze, und gleichzeitig ist mir kalt. Ich habe noch meine Laufschuhe an, und mein Gesicht ist schmutzig. Ich bekomme kaum Luft, und einen Moment lang weiß ich nicht, wo ich bin. »Das ist nur eine Welle, Dushi«, sagt Rose. »Atme.« Ich versuche, die Luft in meine Lungen zu saugen, doch sie scheint auf dem Weg stecken zu bleiben. Warum kann ich nicht atmen? »Du hast eine Panikattacke, du stirbst nicht. Du kannst atmen. Du bekommst Luft. Einatmen. Ausatmen.« Sie ist so ruhig, so ruhig, so stark. Mein Fels. Ich kann zwar nicht atmen, aber sie sagt, dass ich Luft bekomme, also glaube ich ihr. Rose sagt immer die Wahrheit. Der nächste Atemzug überwindet die Barriere und gelangt in meine Lungen. Als ich ausatme, löst sich etwas, und ich weine leise. Ich weiß nicht, was los ist. Dann erinnere ich mich. »Die Hunde. Sie haben versucht mich zu töten.« »Schh, schon gut. Nicht reden. Dennis ist auf dem Weg.« Ich schweige. Dennis kommt, und als er mich vom Boden aufhebt, frage ich mich, wie oft ein Mal zu viel ist, aber als er meine Schuhe aufschnürt und mich ins Bett legt, wird mir klar: zu viel gibt es nicht. Er ist immer hier. Ich schlafe ein. Als ich aufwache, höre ich, wie Dennis und Rose draußen miteinander reden. Einer von beiden weint – erst nach einem Moment merke ich, dass es Dennis ist. Sie machen sich Sorgen um mich.

Ich mache mir auch Sorgen um mich und beschließe, mich mehr anzustrengen.

Die Zeit vergeht, als wäre nichts passiert, und an manchen Tagen fühle ich mich fast normal. Doch dann schlägt die Trauer wieder über mir zusammen, und jetzt ist es nicht nur wegen Andrea oder Mormor oder Pepper, sondern wegen allen dreien gleichzeitig. Was heißt, dass ich in den Wellen der Trauer ertrinke. Dazwischen kämpfe ich mich an die Oberfläche, doch wenn mich die nächste Welle trifft, gehe ich unter. Der schrecklichste Moment seit Peppers Tod ist, als wir gerade von Bonaire zurückkommen, wo ich ein Retreat abgehalten habe. Fast zwei Monate sind seit seinem Tod vergangen, und Trauer ist hinterhältig. Mein Unterricht war gut, ich konnte mich auf andere Menschen einlassen und habe nur in der Savasana-Stellung geweint. Ich habe mich also wirklich zusammengerissen, und niemand hat gemerkt, wie es mir wirklich ging. Wir kommen zurück, und ich bin beschäftigt und denke nicht allzu viel an den Tod. Dennis macht ein paar Erledigungen, ich bin allein daheim. Als ich das Haus putze, finde ich Peppers Halsband. Das ist alles – ich finde einfach nur sein Halsband. Wir haben es ihm abgenommen, als er krank wurde, und es wahrscheinlich zu den ganzen anderen Hundesachen gepackt, weil ich es seither nicht gesehen und auch nicht daran gedacht habe. Als ich es in der Hand halte, überkommt mich so intensive, so abgrundtiefe Trauer, dass ich das Gefühl habe zu ertrinken. Normalerweise rufe ich jemanden an, wenn mich der Schmerz einholt, tue etwas, finde jemanden, der mir beisteht, aber jetzt sehe ich überhaupt kein Licht mehr. Nichts hilft. Ich muss aus dem Haus, weil ich dann vielleicht aufhöre zu weinen, deshalb nehme ich die Hunde mit an den Strand für einen Spaziergang, doch ich schluchze nur noch stärker. Ich versuche, mich auf meinen Atem zu konzentrieren, auf irgendetwas, um mich aus diesem Zustand zu reißen, aber ich kann es nicht. Ich bin zu tief abgestürzt.

Am Strand sind wir allein, weshalb ich die Hunde ableine und sie rennen lasse. Ich setze mich in den Sand. Zwar habe ich aufgehört zu weinen, doch ich spüre nichts. Ich bin völlig taub. Ich denke an Andrea und daran, dass ich sie nie wiedersehen werde, und an meine Großmutter und meine Mutter, die gerade eine Scheidung durchmacht – sie braucht mich, aber ich kann nicht für sie da sein. Und ich denke an Peppers Halsband und daran, dass er es nie wieder tragen wird und dass alles meine Schuld ist, und plötzlich stehe ich auf. Ich denke nicht mehr, ich gehe einfach nur noch. Ich gehe und gehe und halte erst an, als ich bis zur Hüfte im Meer stehe. Meine Sneakers sind voller Sand und Wasser, die Wellen schlagen gegen mich. Ich kann mich kaum auf den Füßen halten. Ich sehe hinaus aufs Meer. Es ist aufgewühlt. *Ich könnte einfach weitergehen,* denke ich. Ich könnte weggehen. Aus dem Leben. Ich könnte es. Da höre ich Ringo bellen und werde in die Realität zurückgeholt. Wenn ich jetzt sterbe, kann niemand die Hunde nach Hause bringen. Dieser Gedanke reicht, damit ich umkehre und wieder ans Ufer stapfe. *Wenn ich jetzt ins Wasser gegangen und ertrunken wäre, wer würde dann die Hunde nach Hause bringen?* Eine sehr rationale Überlegung. Die mich gerettet hat. Als ich zurück zum Wagen gehe, läuft Ringo neben mir, und Quila und Laika rennen glücklich vor uns her. Die Wolkendecke reißt ein wenig auf. Ich bin nass. Meine Schuhe sind nass. Warum war ich mit Schuhen im Wasser? Ich sehe mich von außen, wie ich durchnässt und vollständig angezogen mit den Hunden zurück zum Auto gehe. *Was für ein dummer Moment das war,* denke ich, und damit ist es für mich erledigt.

Zu Hause ist der Traueranfall vorbei, aber ich fühle mich immer noch etwas betäubt. Als wir später das Abendessen kochen, erzähle ich Dennis davon. »Ich war heute mit den Hunden draußen und dachte, ich sollte einfach ins Meer laufen und nicht zurückkommen.« Dennis hört auf, die Zwiebel vor ihm auf dem Schneidebrett klein zu schneiden. »Du hast was gemacht?« »Es war nur ein Gedanke. Ich bin nass geworden. Es war dumm. Ich habe mich umentschieden. Es hätte ja niemand die Hunde nach Hause bringen können.« Ich sage das alles zu meinem Mann, als würde ich ihm beiläufig von meinem Tag erzählen oder etwas aus der Arbeit. Doch eigentlich sage ich ihm: »Ich habe heute darüber nachgedacht, mich umzubringen.« Erst nach dem Abendessen wird mir bewusst, was ich getan habe. Dennis telefoniert draußen. Er weint. Schluchzt verzweifelt. Legt auf und kommt wieder ins Haus. Seine Augen sind rot. »Warum bist du so traurig?«, frage ich. Aufgebracht dreht er sich zu mir. »Ist dir klar, was du mir gerade erzählt hast? Hast du eine Vorstellung davon, was für Sorgen ich mir um dich mache?« Er bricht in Tränen aus und umarmt mich so fest, dass ich kaum atmen kann, aber nicht, weil ich seine Liebe nicht spüren würde, sondern weil sie so überwältigend ist. Sein Herz schlägt an meiner Brust, und er kann nicht aufhören zu weinen. Ich halte ihn. »Ich liebe dich so sehr. Bitte mach das nie wieder«, sagt er zwischen den Schluchzern, und jetzt weine ich auch. Ich halte ihn und sein Herz, und hier ist so viel Leben, nicht nur Tod. Ich habe dem Tod so viel Raum gegeben, dass er mich wortwörtlich fast getötet hätte. Als ich meinem Mann über die Haare streichele und ihn festhalte, fasse ich einen Entschluss: Es reicht. Das war genug Tod. Es ist Zeit, wieder ins Leben zurückzukehren.

Mein Todeswunsch war nicht ernst gemeint, aber mir wurde klar, dass ich ernsthaft Hilfe brauchte. Ich öffnete mich mehr meinen Freunden und meiner Familie. Wenn ich die nächste Trauerattacke kommen spürte, fraß ich nicht alles in mich hinein, sondern griff zum Telefon. Mit jemandem sprechen zu können, machte alles erträglicher. Ich lernte, dass ich niemanden brauche, der mir Ratschläge erteilt oder der mir sagt, dass alles in Ordnung kommen wird. Ich brauche nur jemanden, der da ist. Ich hatte so viele Menschen um mich herum, doch nach und nach hatte ich mich von allen zurückgezogen und geglaubt, ich wäre allein in meiner Trauer. Als ich mich mehr öffnete und um Hilfe bat, merkte ich, dass ich nicht allein war. Ich hatte so viel, für das es sich zu leben lohnte. Der Tod von Andrea und Mormor und Pepper bedeutete nicht das Ende meines Lebens – sondern das Ende eines Teils davon. Ich lernte, mich in einer Welt ohne sie zurechtzufinden. Mir war klar: Es gab keinen Weg zurück. Ich musste nach vorn schauen.

Eines Tages lag ich am Ende einer Unterrichtsstunde in Savasana, als ich plötzlich Peppers Gegenwart spürte. Mit Andrea
war es mir auch schon so gegangen, doch jedes Mal war auf
dieses Gefühl heftiger Schmerz gefolgt sowie die überwältigende
Sehnsucht, dass das Leben anders wäre. Es war nicht fair, dass sie
mit vierundzwanzig gestorben war, und ich war wütend auf das
Universum. Wenn ich ihre Anwesenheit in ruhigen Momenten
spürte, hatte ich nicht dabeibleiben können, weil meine Auf-
fassung, wie das Leben eigentlich sein sollte, alles überschattet
hatte, und sie verschwand wieder. Anfangs war der Schmerz so
stark, dass ich dachte, ich würde ihn nicht überleben. Dass
meine Trauer mich umbringen würde.

Dann starb meine Großmutter. Ich hatte sie von Herzen geliebt, aber diese Trauer war völlig anders. Es tat weh, und ich
wusste, ich würde sie vermissen, aber ihre Zeit war gekommen.
Sie hatte ein langes, wunderschönes Leben und starb umgeben
von den Menschen, die sie liebten. Zumindest konnte ich mich
verabschieden.

Peppers Tod war furchtbar. Nicht still und friedlich, sondern
voller Schmerz. Wir klammerten uns an ihn, wollten ihn nicht
gehen lassen, konnten ihn nicht retten. Hatten wir ihn im Stich
gelassen? Fragte er sich, warum wir nicht mehr taten? Warum
wir uns nicht besser um ihn gekümmert hatten? Ich fühlte mich
so schuldig. Die Schuldgefühle fraßen mich auf.

Dann besuchte er mich, als ich auf der Matte lag. Es war so
ruhig, und plötzlich spürte ich seine Anwesenheit. Bevor ich
dem Tod begegnete, hatte ich mich immer gefragt, was Menschen damit meinten, wenn sie dieses Gefühl beschrieben. Wie
kann man die Gegenwart von jemandem spüren, der doch gar
nicht da ist? Nun, jetzt wusste ich es. Ich beendete gerade die
Unterrichtsstunde, lag zum Abschluss flach auf dem Rücken auf
meiner Matte, und plötzlich spürte ich ihn. Er war hier, lag auf

mir wie eine warme Decke in einer kalten Nacht. Ich weinte nicht. Ich empfand keinen Schmerz, fragte mich nicht, was gewesen wäre, und ich sah auch nicht seinen quälenden Tod vor mir. Sondern ich lächelte. Ich sah, wie er den Strand entlangrannte – er war als Einziger von den vieren immer wieder zu mir zurückgelaufen. Er war nicht traurig. Er war glücklich. Er stieß meine Hand mit seinem Kopf an, als wollte er sagen: »Keine Angst. Ich bin immer noch hier.«

Später postete ich einen Nachruf auf Pepper unter ein Foto von Ringo und mir beim Yoga.

Spätabendliches Yoga im Kerzenschein, und dieser Schatz ist die ganze Zeit bei mir auf der Matte. Er kriecht unter die Decke, die ich beim Savasana benutze, und legt mir in der Stellung des Kindes den Kopf auf den Nacken. Er will die ganze Zeit dicht bei mir sein. Ich denke an Pepper, der sein kleines Gesicht auf den Mattenrand legen würde, aber nicht mehr. Er würde dort liegen, mich ansehen, meine Füße würden nur Zentimeter von ihm entfernt landen, wenn ich vom Handstand in Chaturanga wechselte. Er hat nie gezuckt. Hat mir blind vertraut. Aber er blieb in der Ecke, hat sich nie eingemischt. Als ob er wusste, dass ich den Platz brauchte, um mich zu bewegen. Als ich das Wort »move« schreibe, »bewegen«, ändert die Autokorrektur es zu »love« – »Liebe«. Ich brauche Platz, um zu lieben? Wahrscheinlich stimmt das. Ich denke an all die geliebten Menschen und Tiere, die ich dieses Jahr verloren habe, und mir stockt wieder ein wenig der Atem. Als wäre das eine völlig neue Erkenntnis. Aber vielleicht ist es genau das. Der Tod. Ein bisschen Raum, um zu lieben. Ringo ist bei mir, und ich liebe ihn. Pepper hat mir den Raum gegeben, zu lieben, und in diesem Raum wächst die Liebe. Ich hoffe, er kann es spüren, wo immer er auch ist. Meine Liebe wird größer, dank dir, Pep. Ich werde den Tod nie verstehen. Aber ich verstehe diesen Moment. Dafür bin ich dankbar.

Drei Tote, und sie sind alle noch hier. Ich muss nur still genug sein, um sie zu spüren.

KAPITEL FÜNFZEHN

———

VERTRAUEN

Als ich fast eine Million Follower auf Instagram hatte, bot mir ein schwedischer Verlag an, mein erstes Buch zu schreiben, eine Mischung aus Yoga-Lehrbuch, gesunden Rezepten und Geschichten zu Weisheit und Spiritualität. Der Titel sollte – wenig überraschend – *Yoga Girl* lauten. Ein Buch zu schreiben ist seltsam. Die lange Zeit von der Fertigstellung, bis es dann nach Monaten oder sogar noch später in den Buchläden liegt. *Yoga Girl* wurde zuerst in Schweden veröffentlicht und dann in den Vereinigten Staaten, wo es ein *New York Times*-Bestseller wurde. Den größten Teil hatte ich bereits vor all den Tragödien geschrieben, doch auch in den letzten Teilen, die ich noch fertigstellen musste – die Widmung und die Danksagung –, erwähne ich weder Andrea noch Mormor noch Pepper. Der Schmerz über den Verlust war noch zu frisch.

Im November 2014 wurde die Veröffentlichung des Buches in Stockholm gefeiert. Dazu kamen noch eine Lesereise und Unterricht und Vorträge. Auf dieser Reise begann ich das volle Ausmaß meines Erfolges zu verstehen. Ich füllte überall große Hallen. Hunderte Menschen wollten sich jeden Tag mit mir fotografieren lassen. Nach jedem Auftritt umarmte ich stundenlang Menschen, die wegen mir gekommen waren.

Weil so viele meine Geschichte in den sozialen Medien verfolgt hatten, ging es in meinem Unterricht weniger um Yoga-Stellungen als vielmehr darum, gebrochene Herzen zu heilen. »Du bist eine Dichterin«, sagten die Leute. »Wir lieben dich.« »Danke.« »Du bist eine Inspiration.« »Du hast mein Leben verändert.« Ich hatte Mühe, all das zu begreifen – ich hatte es ja gar nicht darauf angelegt, etwas zu bewirken. Ich versuchte nur, irgendwie zurechtzukommen, und teilte mein Leben mit der Welt. Ich hatte nicht das Gefühl, etwas Großartiges zu tun. An den meisten Tagen versuchte ich nur zu überleben.

Während ich immer erfolgreicher wurde, ließ sich meine Mutter scheiden. Sie war mit David so lange zusammen gewesen wie ich mit Dennis, und für mich gehörte er zur Familie. Sie hatten schon länger Probleme gehabt.

Meine Mom hatte diverse Beziehungen geführt, und meiner Meinung nach war ein Mann schlimmer als der andere. Als sie David kennenlernte, wurde es ruhiger, und ich hoffte das Beste für sie. Ich wünschte ihr so sehr, dass es wahre Liebe und sie glücklich war. Doch ihr Glück schien immer nur flüchtig zu sein, immer gefolgt von Depressionen und Trauer.

Als meine Großmutter starb, machte ich mir aus der Ferne Sorgen um meine Mutter, wollte ihr aber auch nicht zu nahe kommen. Mein Fluch war immer der Glaube gewesen, sie retten zu müssen, doch an diesem Punkt musste ich mich selbst retten.

Seit dem Moment am Strand, als ich mein Leben hinter mir lassen wollte und Dennis danach so außer sich war, hatte sich etwas in mir verändert. Ich hatte gemerkt, dass es leichter war, aufzugeben und nicht wieder aufzustehen, wenn man immer wieder aufgehoben wurde. Erst als Dennis selbst zusammenbrach, wurde mir klar, wie egozentrisch ich in meiner Trauer gewesen war. Danach achtete ich darauf, dass es um Dennis und mich ging, um uns. Ich konnte mich nicht mehr in meiner Trauer abkapseln. Ich musste mich ihm öffnen. Ich wusste jetzt, dass Heilung nicht linear verläuft – das erledigt man nicht an einem Tag, und danach ist man fertig. Es würden gute Tage kommen und schlechte. Wichtig war, dass man an den harten Tagen jemanden zum Reden hatte. Um über seine Gefühle zu sprechen. Um nicht allein zu sein. Ich wünschte, ich hätte dieser Mensch für meine Mutter während ihrer Scheidung sein können, aber nach allem, was ich im letzten Jahr durchgemacht hatte, hatte ich nichts mehr zu geben.

Meine Mutter erzählte mir, dass sie und David viel gestritten hatten. Das war keine Überraschung. Sie hatte mich oft mitten in der Nacht weinend angerufen und sich darüber beklagt, was für ein Mistkerl er war. In diesen Phasen kam ich kaum dazu, alles zu verarbeiten, was sie mir gerade berichtet hatte, bis sie schon wieder anrief und ihn entschuldigte. »Er hat es nicht so gemeint« oder »Es war alles ein Missverständnis.« Ich hasste es, mit meiner Mutter über ihre Beziehungen reden zu müssen. Es war jedes Mal ein Drama, und ich hatte immer Angst um ihre psychische Verfassung. David war charmant und attraktiv und lustig, aber er war völlig unzuverlässig, und er trank zu viel. Beide tranken zu viel, wenn sie zusammen waren.

Ich weiß nicht, was den Ausschlag gab, aber das Ende ihrer Beziehung jagte mir Angst ein. In meinen Augen war David immer der, der sich um meine Mutter kümmerte und mir die Verantwortung und die Angst abnahm, die mich die ersten zwanzig Jahre meines Lebens verfolgt hatten. *Wer würde jetzt auf sie aufpassen?*, fragte ich mich. Mom sagte, es wäre alles in Ordnung und es würde ihr noch viel besser gehen, wenn sie offiziell geschieden wären. Ich hatte so meine Zweifel, aber versuchte, sie zu bestärken.

Dennis und ich flogen in diesem Jahr über Weihnachten nach Schweden, und zu unserer Überraschung schien es meiner Mutter wirklich gut zu gehen. Sie sah so glücklich aus wie nie. Sie machte ihre Freundinnen für ihre Veränderung verantwortlich, die anders als bei ihren früheren Trennungen immer da waren, um sie aus ihrer Verzweiflung herauszuholen. Zum ersten Mal in ihrem Leben hatte sie echte Freundinnen, und deren Unterstützung veränderte alles. Weihnachten mit meiner Familie war wunderschön und ruhig, doch ich sehnte mich nach Silvester und dem damit verbundenen Neuanfang. Mom und meine Schwestern flogen mit Dennis und mir nach Aruba, um dort das neue Jahr einzuläuten.

Silvester war genau so, wie ich es mir gewünscht hatte. Mom sah toll aus. Ihr Haar war strahlend blond, sie war gebräunt und trug neue, glitzernde Malas. Doch was sie mir erzählte, machte den Abend wirklich perfekt.

Sie sprach von ihren Erweckungserlebnissen und wie sie zum ersten Mal in ihrem Leben das Gefühl hatte, auf dem richtigen Weg zu sein. Sie hatte ihren Instagram-Namen zu @yoga_mum geändert und postete ähnlich wie ich inspirierende Texte über das Leben und die Lektionen, die sie lernte. Sie ging endlich zu einem richtigen Therapeuten, der ihr Antidepressiva verschrieben hatte. Ich freute mich so, dass sie eine Therapie machte und die Medikamente nahm. Für mich wurde damit alles anders. Sie kümmerte sich um sich selbst. Sie hatte Unterstützung. Ich erlaubte mir, vorsichtig optimistisch zu sein, dass sie sich wirklich auf dem richtigen Weg befand.

Als sie fertig von sich erzählt hatte, fragte sie mich, wie es mir ging. Mir wurde bewusst, dass sie die ganze Zeit von außen auf meine Qualen und die Verluste in meinem Leben geschaut hatte. Ob ihr mein Leiden wohl genauso viel Angst machte, wie ich um sie hatte?

Sie fragte mich nach Andrea, was sie in dem knappen Jahr seit dem Unfall selten getan hatte. Sie hatten sich nie kennengelernt, meine Mutter und meine beste Freundin. Ich beschloss, es zu wagen und ihr eine verkürzte Fassung dessen zu erzählen, was ich durchgemacht hatte. Ich wollte nicht weinen, ich wollte nicht zusammenbrechen. Es war eine Erleichterung, mich ihr gegenüber verletzlich zeigen zu können. Schließlich verlagerte sich das Gespräch wieder zurück zu ihr und David und der Scheidung. Ich sagte ihr, dass ich fürchtete, es könnte sie zurückwerfen. »Jeder wartet darauf, dass ich durchdrehe«, erwiderte sie. »Aber vielleicht muss das ja gar nicht sein. Was ist, wenn ich mir zum ersten Mal in meinem Leben erlaubt habe, glücklich zu sein?« Ich beschloss, ihr ehrlich zu antworten. »Es ist schwer, dir zu glauben«, sagte ich. Ich erklärte ihr meine tief sitzende Angst, dass etwas Schlimmes passieren könnte; dass ich es hasste, wenn sie traurig war, es aber noch schwieriger war, wenn sie glücklich war, weil alles so unberechenbar war. »Bisher hat dich jede Trennung beinahe umgebracht«, sagte ich. »Ich glaube nicht, dass ich es ertragen könnte, wenn es dir jetzt schlecht ginge.«

Ich begann zu weinen. Meine Mutter nahm mich in die Arme und hielt mich fest. Das war so schön. Ich fühlte mich wie ein Kind. Sie wischte mir mit dem Ärmel die Tränen ab und nahm mein Gesicht in ihre Hände. »Du musst dir nie, nie wieder Sorgen machen, dass ich versuchen könnte, mich umzubringen«, sagte sie. »Ich verspreche es dir aus tiefstem Herzen. Du kannst mir vertrauen. Lass mich deine Mama sein.«

Ihre Worte waren wie das Geräusch sich öffnender Gefängnistore. Ich hatte so lange so viel Angst mit mir herumgetragen, hatte mir immer Sorgen gemacht, ob sie glücklich war und was sie tun könnte, wenn sie wieder abstürzte, und jetzt gaben mir ihre Worte die Freiheit.

In dieser Nacht schlief ich so gut wie seit Jahren nicht mehr.

Am nächsten Tag irritierten mich auf einmal meine Armbänder. Ich war auf meiner Yoga-Matte, und plötzlich waren sie irgendwie im Weg. Es war seltsam. Ich hatte die Armbänder fast zehn Jahre lang getragen und sie nie zuvor beim Üben bemerkt. Sie waren ein Teil von mir. Manche hatte ich als Erinnerungen an meine Reisen um die Welt gekauft. Eines war ein Geschenk von einer Frau, die auf den Kapverdischen Inseln Obst verkauft hatte, ein anderes war aus Spanien. Ich trug Freundschaftsarmbänder zusammen mit Andrea und meinen Freundinnen Olivia und Daniella und viele andere von Schülerinnen. Drei Armbänder hatte Andreas Cousine für mich zu meiner Hochzeit gemacht, aus Garn, mit dem Andrea einige Haarsträhnen umwickelt hatte. Ich konnte meine Geschichte an meinem Handgelenk ablesen. Über dreißig Armbänder, die ich nie abnahm – nicht einmal zum Duschen. Ich wollte gerade Malasana erweitern und meine Hände dabei verschränken, fand aber keinen richtigen Halt. Es war Zeit, die Bänder abzunehmen.

Ich wusste, es wäre, wie meine Haare abzuschneiden, nur dass die Bänder nicht mehr nachwachsen würden. Es wäre ein wirklich großer Schritt, aber ich brauchte einen Neuanfang. Einen frischen Start. Silvester war der richtige Tag, um loszulassen.

Ich nahm eine Schere und ging hinaus an Peppers Grab. Es war später Nachmittag und ein wunderschöner Tag. Peppers Baum war voller Blätter und spendete mir Schatten. Als ich mich ins Gras setzte, raschelten die Blätter im Wind. Ich weinte eine Weile, dann holte ich tief Luft und schnitt die Bänder ab, eins nach dem anderen.

»Mach's gut, 2014. Willkommen, 2015. Möge das neue Jahr uns Frieden und Freude und Normalität bringen«, sagte ich, während ich durch Leder und Faden schnitt. »Ich will jeden Tag Glück und Trauer, aber verdammt noch mal weder Tod noch Trauma oder Krisen. Und Gleichgewicht. Bitte, Gott, Univer-

sum, Geist, wer auch immer zuständig ist – gib mir Gleichgewicht. Bitte erlaube mir einfach, Sonnenuntergänge anzusehen und ein bisschen zu reisen und zu Hause zu bleiben und
mich wegen der Spülmaschine zu streiten und zu schreiben und
zu küssen und Yoga zu machen und glücklich zu sein und traurig
und mich okay zu fühlen. Danke.«

Bei den letzten Armbändern, denen von Andreas Cousine,
konnte ich kaum atmen. Plötzlich erschien es mir so widersin-
nig, dieses Loslassen. Ich flehte Andrea um Führung an. »Ich
wollte so lange, dass dieses Jahr vorbei ist, und jetzt sitze ich an
Peppers Grab und schneide deine Armbänder von meinem
Handgelenk und weiß nicht, ob das in Ordnung ist. Wo bist du?
Kannst du mir bitte ein Zeichen geben?«

In diesem Moment hörte ich ein lautes Geräusch aus dem
Haus. Es klang, als sei jemand gestürzt. Dennis, Mom? Eine
meiner Schwestern? Ich legte die Schere zur Seite und rannte
nach drinnen. Niemand war dort. Ich sah mich um, und mir
wich das Blut aus dem Gesicht. Mein Altar war umgestürzt. Er
war einfach umgefallen, ohne dass jemand in der Nähe gewesen
wäre, und alles lag auf dem Boden verstreut. Ich habe keine Ahnung, wie das passieren konnte, aber ich wusste, dass dies das
Zeichen war, auf das ich gewartet hatte. Ich räumte alles auf,
wischte mir die Tränen ab, ging wieder nach draußen und schnitt
die letzten Bänder von meinem Handgelenk.

Wieder hatte ich etwas gelernt: Loslassen heißt, den Schmerz
freizugeben, nicht die Liebe. Wenn jemand stirbt, den wir lieben,
ist er uns nahe genug, um uns Zeichen zu geben, wenn wir sie
brauchen, aber weit genug weg, damit eine neue Liebe heran-
wachsen kann. Die Liebe stirbt nie. Der Tod ist einfach ein weiter, leerer Raum, in dem wir all die Liebe aufbewahren können,
die geblieben ist. Denn die Liebe bleibt immer.

KAPITEL SECHZEHN

——

ATMEN

Im Januar fuhr ich mit zwei Freundinnen nach Thailand – in Koh Samui veranstaltete ich ein Retreat, und ich nahm Olivia und Daniella mit. Vor der Abreise bekam ich eine Nachricht von meiner Mutter, dass es ihr gerade nicht gut ging. Sie war wieder traurig. Erst seit ein paar Tagen, sagte sie. Ich schrieb ihr tröstende Worte zurück, ließ mich aber nicht von der alten Sorge mitreißen. Ich erinnerte mich an unser Gespräch auf Aruba vor ein paar Wochen und daran, dass sie professionelle Hilfe bekam. Ich konnte nach Thailand fahren und dort die Zeit mit meinen Freundinnen genießen. Ich durfte mein Leben leben.

Eines Morgens nach dem Frühstück liegen Olivia und Daniella und ich am Strand. Die Sonne steigt gerade auf, es ist früh und noch nicht zu heiß. Wir überlegen, ob wir Obstsalat oder Smoothies bestellen sollen, und gerade sagt Olivia etwas, als mein Handy piepst. Eine Nachricht auf WhatsApp. Ich habe mit Dennis telefoniert und ihn nach seinem Tag gefragt – in ein paar Tagen würde er den ganzen weiten Weg von Aruba zu mir kommen –, deshalb denke ich, dass er geschrieben hat. Ich höre weiter dem Gespräch zu, doch die Nachricht lässt mir keine Ruhe. Plötzlich habe ich ein schlechtes Gefühl; ist mit Dennis alles in Ordnung? Ich entschuldige mich und hole das Handy aus meiner Strandtasche. Die Nachricht steht auf dem Display. Sie ist von meiner Mutter. Das Blut gefriert in meinen Adern. Sobald ich zu lesen beginne, bleibt die Zeit stehen.

Liebling, es tut mir so leid, dass ich es nicht geschafft habe. Ich habe es versucht, aber ich kann nicht mehr. Bitte versprich mir, dass du dich für mich um Hedda und Maia kümmerst. Ich liebe dich so sehr. Es tut mir leid. Mom.

Es tut mir so leid, dass ich es nicht geschafft habe. Ich weiß, was das heißt. Mir ist schwindelig. Olivia und Daniella sehen meinen Gesichtsausdruck. »Was ist los? Was ist passiert?« Ich kann nicht sprechen. Ich rufe meine Mutter an. Keine Antwort. Ich rufe noch einmal an. Immer wieder. Keine Antwort. Sie geht nicht dran. Ich stehe auf. Die Panik in meiner Brust ist abgrundtief und übertrifft alles, was ich im letzten Jahr empfunden habe. Ich habe eine außerkörperliche Erfahrung. Immer wieder rufe ich an. Sie nimmt nicht ab. Die Panik sprengt gleich meine Brust. Ich weiß nicht, wen ich sonst anrufen soll. Meine Mutter hat vielleicht gerade einen Selbstmordversuch unternommen, und ich bin zwölf Flugstunden entfernt. Meine Schwester Hedda lebt in Südschweden und geht dort auf die Kunsthochschule. Maia wohnt noch bei meiner Mom. Ich rufe sie an. Beim ersten Klingeln meldet sie sich. Sie klingt fröhlich und normal. Im Hintergrund höre ich ihre Freundinnen. Sie weiß offensichtlich von nichts, und sie soll auch den Ernst der Situation nicht erfahren. *Ich liebe sie so sehr,* denke ich. Ich muss mich zusammenreißen. Sie darf nichts merken.

Ich zwinge mich, so beiläufig wie möglich zu klingen, als würde ich nur mal so anrufen. »Hallo, Schatz, ich bin's«, sage ich. Meine Stimme ist normal. Ich schaffe es. Ich sehe mich selbst von außen, wie ich in Thailand am Strand stehe und meine dreizehnjährige Schwester in Schweden anrufe, um herauszufinden, ob sie weiß, dass unsere Mutter vielleicht Selbstmord verübt hat. Die Situation ist so absurd, dass ich nicht begreifen kann, dass sie real ist. »Hallo! Wie geht's dir in Thailand?«, fragt sie. Sie klingt so glücklich. »Es ist super hier«, antworte ich. »Hey, hast du Mom heute gesehen?« »Ja«, antwortet Maia. »Wir haben zusammen gefrühstückt. Warum? Ist alles in Ordnung?« »Ja, alles ist gut«, erwidere ich. »Ich muss nur mit ihr reden. Alles okay.« »Na dann«, meint Maia. »Ich bin mit ein paar Freundinnen unterwegs. Soll ich ihr sagen, dass sie dich anrufen soll, wenn ich zu Hause bin?« »Gern. Wie ging es ihr denn heute Morgen?« Maia wird still. »Sie war traurig«, sagt sie schließlich. »Du weißt ja, wie sie ist. Sie war traurig, hat aber Pfannkuchen gebacken.« »Wie traurig?« »Sehr. Sie hat geweint. Aber sie hat gesagt, ich soll mich mit meinen Freundinnen treffen.« Maia klingt plötzlich besorgt, fragt sich vielleicht, ob sie etwas falsch gemacht hat. »Ist wirklich alles in Ordnung?« »Ja, klar!«, antworte ich. »Viel Spaß! Ich rufe dich später noch mal an.«

Wir legen auf. Wieder wähle ich die Nummer meiner Mutter. Immer noch keine Antwort. Ich bin in Panik, weiß nicht, wen ich noch anrufen soll, deshalb versuche ich es bei David. Wir haben das letzte Mal vor der Scheidung miteinander gesprochen. Er nimmt beim zweiten Klingeln ab. »Rachel«, meldet er sich, »Wie geht …?« Ich unterbreche ihn. »David«, sage ich, »bitte hör mir jetzt sehr genau zu. Mom hat sich etwas angetan. Ich weiß nicht, was oder wie schlimm es ist, aber du musst jetzt sofort zu ihr gehen.« Seine Stimme klingt abwehrend. Er glaubt mir nicht. »Rachel … Deine Mutter und ich sind geschieden, ich bin in der Arbeit, du kannst nicht einfach …« Wieder unterbreche ich ihn. »*Sofort*. Du musst *sofort* zu ihr.« Meine Stimme zittert. Leute drehen sich am Strand nach mir um. Ich schreie fast. Etwas in meiner Stimme sagt ihm, dass ich es ernst meine. »Okay, ich bin auf dem Weg.« »Ruf einen Krankenwagen«, dränge ich. Dann legen wir auf. Er arbeitet in der Nähe, und ich bete, dass er im Büro und gleich bei ihr ist. Die Lage ist sehr ernst, ich weiß es. Dieses Mal ist es wirklich ernst. Und fürchterlich real. Ich rufe sie wieder an. Keine Antwort. Ein paar Minuten später meldet sich David wieder. »Ich stehe vor ihrer Tür«, sagt er. »Sie macht nicht auf und geht nicht ans Telefon. Vielleicht ist sie nicht zu Hause.« »Doch, das ist sie«, antworte ich ruhig. Mir ist klar geworden, dass ich die Einzige bin, die weiß, dass etwas ganz und gar nicht in Ordnung ist. Ich bin der einzige Mensch auf der Welt, der weiß, was passiert, und ich kann nichts tun. Ich muss ihn unbedingt überzeugen. »Shama!« Er ruft ihren Namen, hämmert gegen die Tür. »Wenn du da drin bist, mach auf.« Stille. »Hol den Schlüsseldienst, sie müssen die Tür aufbrechen«, sage ich. »Ich weiß nicht, Rachel … Sie hat nach meinem Auszug das Schloss ausgewechselt. Vielleicht ist sie unterwegs. Du musst dich beruhigen.« »Sie ist *nicht* unterwegs!«, rufe ich. »Sie ist da.« Ich weiß es einfach. »Schau durch den Briefkastenschlitz. Siehst du etwas?« Er schweigt. Dann: »Ich sehe ihre Schuhe. Moment, Henry ist da!« Henry ist Moms Hund. Sie nimmt ihn überallhin mit. »Warte. Ich … Ich sehe ihre Handtasche. Ihre Handtasche liegt hier. Und ihre Schlüssel. Und Henry. Sie ist da. Shama! Mach auf!« Jetzt höre ich es in seiner Stimme, er weiß, dass sie in der Wohnung ist. Ich bin nicht mehr allein. »Ruf den Schlüsseldienst, sofort!« Er legt auf. Eine Ewigkeit vergeht. Ich gehe ins Meer, bis es mir bis zu den Knien reicht, halte mein Telefon an die Brust. Das alles passiert gerade nicht, und doch weiß ich, dass es so ist. Ich stehe im Meer. Das Wasser ist warm. Ich sehe nach oben – weiße Wolken ziehen über den strahlend blauen Himmel. *Meine Mutter ist vielleicht tot,* denke ich. Meine Mutter ist vielleicht tot.

Meine Mutter ist vielleicht tot. Ich lasse diese Worte auf mich einwirken und sehe, wie sich die ganze Welt um mich herum ändert. Ich schwebe außerhalb meines Körpers, bis hinauf in den Himmel. Ich sehe mich selbst in einer Welt, in der meine Mutter tot ist, in der ihr jetziger Selbstmordversuch erfolgreich war. Von weit oben sehe ich mich, wie ich in meinem orangefarbenen Bikini im Wasser stehe. Ich sehe so jung aus, fast wie ein Kind. Mein blondes Haar reicht mir fast bis zur Taille. Ich umklammere mein Handy, will es zwingen, dass es klingelt. Meine Mom könnte tot sein. Ohne die Ereignisse des letzten Jahres hätte ich mich dem Ernst dessen, was vielleicht meine neue Realität werden würde, verweigert. Doch in diesem Leben, in meinem Leben, schlägt der Blitz immer mehrmals ein. Zwei Mal. Drei Mal. Vielleicht auch ein viertes Mal. Meine Mom könnte tot sein. *Ich kann nicht ohne sie leben.* Kein Gedanke, sondern Wissen. Auch wenn ich mein ganzes Leben Angst davor hatte, kann ich mir ein Leben ohne meine Mutter nicht vorstellen. Wenn sie tot ist, sterbe ich. Sie muss am Leben sein. Ich will es so verzweifelt.

Eine Ewigkeit vergeht, bis David zurückruft, aber wahrscheinlich sind es nur zehn Minuten. Er weint und spricht mit jemand anderem. »Sie ist da drin. Meine Ex-Frau. Ich weiß es nicht, sie könnte sich etwas angetan haben. Ich mache mir Sorgen ... Ihre Tochter ist am Telefon, sie ist gerade in Thailand.« Ich höre Stimmen im Hintergrund. Man bricht die Tür auf. »Der Krankenwagen ist da«, sagt er, »und der Schlüsseldienst. Wir sind gleich drin.« Unruhe am anderen Ende der Leitung. Ein lauter Knall, Menschen rufen durcheinander. David schluchzt. »Shama!«, sagt er. »Shama!« Seine Stimme bricht. »Wir sind in der Wohnung«, berichtet er. »Ich sehe sie. Sie ist hier. Sie liegt auf dem Bett. Sie ist bewusstlos.«

Ich bleibe in der Leitung, bis man sie in den Krankenwagen gebracht hat. Er legt auf.

Ich falle auf die Knie.

Ich weiß nicht, wie ich zurück ins Hotelzimmer gekommen bin, aber dort sitze ich mit Olivia und Daniella, als David wieder anruft. »Sie ist am Leben«, sagt er. Meine Kehle schnürt sich zu, so plötzlich ist die Erleichterung. Die Tränen, die Emotionen bleiben darin stecken. Ich weine und schreie, doch nichts dringt nach außen. Ich bin erleichtert, aber vor allem überwältigt mich der Schmerz, weil ich einfach verdammt noch mal nicht glauben kann, dass das hier gerade passiert. Olivia und Daniella halten mich. »Sie liegt auf der Intensivstation«, fährt David fort. »Wie hat sie es getan?«, frage ich, auch wenn ich es schon weiß. »Eine halbe Flasche Wodka und eine ganze Packung Tabletten«, antwortet er. »Es war knapp. Sehr, sehr knapp.« David weint nicht mehr. »Ich kann nicht hierbleiben«, sagt er. »Ich kann mich nicht darum kümmern. Die letzten Monate … Du hast keine Ahnung. Ich muss jetzt gehen.«

Ich verstehe ihn. Das ist jetzt nicht sein Problem. Sie sind nicht mehr verheiratet. Er will das hier nicht mal mit der Kneifzange anfassen. »Deine Tanten sind auf dem Weg. Wenn sie hier sind, fahre ich.« »Danke, dass du die Tür hast aufbrechen lassen«, sage ich. »Danke, dass du mich dazu gedrängt hast«, erwidert er. »Es tut mir leid.« Dann legt er auf.

Als Nächstes ruft Stina an, die Schwester meiner Mutter. Sie klingt erschöpft. »Sie ist sediert, aber stabil. Wir bleiben bei ihr. Wer sagt es den Mädchen?«

»Ich übernehme das«, antworte ich.

Meinen Geschwistern sagen zu müssen, dass unsere Mutter einen Selbstmordversuch unternommen hat, wird nur von dem schrecklichen Gedanken übertroffen, dass jemand anders sie informiert.

Ich rufe zuerst Maia an. »Was ist los?«, fragt sie. »Mom ist den ganzen Tag nicht ans Telefon gegangen.« Maia sagt, sie ist zu

Hause bei ihrer besten Freundin Nike. Ich bin froh, dass sie dort ist, weil ich Angst hatte, sie wäre zwischendurch heimgefahren und hätte die aufgebrochene Tür gefunden, die Wodkaflasche und die Tablettenpackung.

»Ich muss dir etwas sagen«, fange ich an. »Alles ist in Ordnung, aber Mom hat heute versucht, sich umzubringen. Sie ist okay, sie ist am Leben, aber sie ist im Krankenhaus … Es hat nichts mit dir zu tun, nichts mit uns …« Ich sage das alles, versuche, den Schock abzumildern, aber ich weiß, dass es eine Lüge ist. Wie kann man sich umbringen wollen, wenn zu Hause die eigenen Kinder auf einen warten? Natürlich hatte es etwas mit uns zu tun. Sie ist unsere Mutter, es hat auf jeden Fall etwas mit uns zu uns, aber Maia soll nicht glauben, dass es ihre Schuld ist. Sie soll nicht mit meiner Schuld leben. Sie soll nicht denken, was sie sowieso schon denkt, da bin ich mir sicher: *Mom hat heute Morgen in die Pfannkuchen geweint. Ich hätte sie nicht allein lassen sollen. Ich hätte nicht meine Freunde treffen sollen.* Natürlich sollte sie ihre Freunde treffen! Weil unsere Mutter erwachsen ist und wir einen verdammten Tag verleben können sollten, ohne uns Sorgen zu machen, ob sie stirbt.

Das alles sage ich Maia – Mom ist krank, sie liebt uns, sie wird sich erholen –, aber gleichzeitig denke ich, was für ein Riesenmist das alles ist.

Maia weint leise. Tränen laufen mir wie brennende Säure über die Wangen.

»Stina und Lisa werden sich noch bei dir melden«, sage ich.

Maia wird bei ihrem Vater bleiben müssen. Sie hat ihn zwar seit Monaten nicht gesehen, aber sie muss irgendwo wohnen. Niemand weiß, wie lange Mom im Krankenhaus bleiben wird.

Als Nächstes rufe ich Hedda an. Am besten reiße ich gleich alle Pflaster auf einmal ab. Ich weiß, dass dieses Gespräch schwer werden wird. Hedda war immer ein sehr sensibles Kind. Im Moment steht sie Mom wahrscheinlich am nächsten. Manchmal verbringt sie mit ihr den ganzen Tag bei FaceTime, damit sie nicht allein ist. Sie meldet sich sofort.

»Hallo, Schatz«, sage ich.

»Was ist los?«, fragt sie.

»Ist jemand bei dir?« Ich fürchte, dass sie eine Panikattacke bekommt, und will nicht, dass sie allein ist.

»Ja«, sagt sie zögernd. »Meine Mitbewohnerin ist hier. Sag schon, was ist los?«

Ich will sie sofort von ihrer Unsicherheit erlösen, weshalb ich die Ereignisse rückwärts erzähle: »Mom ist am Leben – sie ist okay –, aber sie liegt im Krankenhaus. Sie hat heute versucht, sich das Leben zu nehmen.«

»Was?«, fragt Hedda kaum hörbar. »Sie hat was versucht?«

»Sie ist okay«, wiederhole ich. »Aber ja, sie wollte sich umbringen. Sie ist jetzt im Krankenhaus. Die Tanten sind bei ihr.«

Hedda stottert ungläubig. »Nein, ich glaube dir nicht. Das würde sie nie tun. Du lügst. Ich habe doch gestern Abend noch mit ihr gesprochen.« »Es tut mir so leid, Schatz«, sage ich. Sie beginnt zu weinen. Sie klingt so jung. Ich wünschte, ich könnte sie jetzt halten. Lange höre ich zu, wie sie weint. Es ist schrecklich – das Schluchzen eines Kindes, dessen ganzes Leben auf den Kopf gestellt wird. Sie weint leise, voller Unglauben. Jedes Schluchzen ist wie ein Messer, das in meinem Herzen herumgedreht wird. Hedda und unsere Mutter haben schon viel miteinander durchgemacht. Mom war Heddas Halt, als sie depressiv war. Sie kennt unsere Mutter nicht so, wie ich sie kenne. Für sie war Mom stark gewesen. Ich wiederhole, was ich auch Maia gesagt habe, doch Hedda glaubt mir nicht. Ihre Trauer verwandelt sich in Wut. »*Sie liebt uns?*«, schleudert sie mir entgegen. »Liebt uns? Welcher Mensch will sich umbringen, wenn er Kinder hat, die er liebt? Kinder, die sich auf ihn verlassen? Sie wollte uns alleinlassen! Sie liebt uns nicht!«

Ich weiß nicht, was ich antworten soll. Hedda ist vier Stunden mit dem Zug von ihrer Mutter entfernt. »Willst du zu ihr nach Stockholm fahren?«, frage ich. »Dann buche ich dir ein Ticket.«

»Warum sollte ich das wollen?«, entgegnet sie. »Eine Mutter besuchen, die mich nicht will? Die uns im Stich gelassen hat? Die nur an sich selbst denkt? Nein, danke!«

Sie fragt nach Maia. Ihre Sorge um ihre kleine Schwester bricht mir noch mehr das Herz. »Sie ist okay«, antworte ich. »Sie wird bei ihrem Vater bleiben. Ruf sie an. Es tut euch bestimmt gut, zu reden.«

Ein Anruf liegt noch vor mir. Mein Bruder Ludvig, der zwei Jahre jünger ist als ich und fast sein gesamtes Erwachsenenleben in L. A. verbracht hat. Er und unsere Mutter stehen sich nahe – so nahe, wie man es bei der großen Entfernung sein kann. Wir haben das schon einmal durchgemacht, als wir klein waren. Er kennt den Schmerz.

Ich wähle seine Nummer, doch der Anruf wird zur Voicemail weitergeleitet. Natürlich, Kalifornien liegt vierzehn Stunden hinter Thailand. Dort ist es mitten in der Nacht. Der Anruf würde warten müssen.

Sobald ich auflege, klingelt mein Handy. Hedda schluchzt und heult in den Hörer und kann nicht sprechen. Ich bin Tausende Meilen weit weg. Ich wünschte, ich könnte mich zu ihr beamen, sie in die Arme nehmen. Doch ich habe nur das Telefon. »Atme«, sage ich. »Atme.« Ich leite sie wie meine Schüler an. »Komm zurück in deinen Körper«, sage ich sanft. »Einatmen. Ausatmen.«

Nach gut zehn Minuten hat sie sich so weit beruhigt, dass sie mit mir reden kann. Ich bleibe am Telefon, während sie zur

Schulschwester geht. Nachdem ich aufgelegt habe, drehe ich mich zum Meer und schreie.

Es war später Nachmittag in Thailand, als Ludvig zurückrief. Er begrüßte mich fröhlich. »Schwesterchen! Wie geht's? Wie ist es in Thailand?« Ich kam gleich zur Sache. »Ich muss dir etwas sagen«, begann ich. »Mom hat versucht, sich umzubringen. Sie lebt, ist im Krankenhaus. Körperlich geht es ihr gut. Psychisch … Keine Ahnung.«

Das Schweigen meines Bruders war unerträglich, deshalb redete ich weiter. Er sagte immer noch nichts. Ich erzählte ihm die ganze Geschichte, angefangen mit Moms Nachricht an mich – auch wenn ich hier log und sagte, sie hätte auch von ihm gesprochen. Doch das hatte sie nicht. Sie hatte nicht geschrieben: »Kümmere dich um Hedda und Maia und Ludvig.« Sie hatte ihn nicht erwähnt in ihren – für sie – letzten Worten an ihre Kinder. In der Welt meiner Mutter kümmere ich mich um alles, bin ich die, die alle rettet, und jemand musste nach ihrem Tod für Hedda und Maia sorgen. Ich belog Ludvig, weil es für mich noch schlimmer gewesen wäre, nicht erwähnt zu werden.

Ludvig weinte. »Fliegst du heim?«, fragte er.

»Nein. Du?«

»Nein.«

Nachdem wir unser Gespräch beendet hatten, war ich so müde, dass ich mich auf den Boden legen musste.

Ich telefonierte jeden Tag mit meinen Tanten. Mom wollte nicht mit mir sprechen. Sie wäre zu sediert, sagten sie, aber ich wusste es besser. Meine Mutter war wie ein Kind. Sie schämte sich zu sehr, um mit mir zu reden.

Am dritten Tag nach ihrem Selbstmordversuch wurde sie von der Intensivstation in die Psychiatrie verlegt. Meine Tante erzählte es mir am Telefon. »Willst du mit ihr sprechen?«, fragte sie.

Ja, das wollte ich. Ich wollte, dass sie sich bei mir entschuldigte und mich fragte, ob es mir gut ging, damit ich ihr sagen konnte, dass es mir *verdammt noch mal nicht gut ging*. Meine Mutter hatte versucht, sich umzubringen, und auch wenn sie überlebt hatte, war es doch irgendwie so, als wäre sie gestorben. Sie hat mich verlassen. Schon wieder. Ich bin ganz allein. *Es geht mir nicht gut, und jetzt wird es mir auch nie wieder gut gehen.* Doch ich behielt es für mich.

Moms Stimme klang fremd. Rau, als hätte sie zu viele Zigaretten geraucht. Die Heiserkeit kam von dem Schlauch, den man ihr durch die Kehle geschoben hatte, um ihr den Magen auszupumpen.

»Rachel?«, sagte sie. »Bist du da?«

»Ja.« Ich versuchte, die Tränen zurückzuhalten. Ihre Stimme zu hören war eine große Erleichterung. Als hätte ich im Grunde noch nicht glauben können, dass sie wirklich überlebt hatte. Ich hatte ihr das Leben gerettet. Ich wusste, dass es ihr schlecht ging. Ich wusste, dass ich mich nie in sie hineinversetzen könnte, egal, wie sehr ich es versuchte. Noch nie hatte ich eine solche tiefe Verzweiflung erlebt, dass ich dieses Leben hinter mir lassen wollte. Ich hätte Mitleid mit ihr haben sollen, doch das hatte ich nicht. Ich hatte es so satt, Mitleid mit ihr zu haben, mir Sorgen um sie zu machen. Sie sollte sich jetzt um mich sorgen. Ich war ihre Tochter, und sie war meine Mutter – nicht umgekehrt. Ich wollte, dass sie mir sagte, dass sie mich liebte, dass es ihr leidtat, dass sie mich nie wieder alleinlassen würde.

»Wo ist David?«, fragte sie stattdessen. Es war wie ein Schlag ins Gesicht.

»Was?«, erwiderte ich.

»Wo ist David? Hast du mit ihm gesprochen? Er ist nicht hier. Er ist nicht im Krankenhaus.«

Ich könnte jetzt ins Telefon schreien, und sie würde mich nicht hören, dachte ich. Ich existierte gar nicht für sie.

»Ist es zu fassen, dass ich im Krankenhaus bin und David mich immer noch nicht besucht hat?«, jammerte sie verzweifelt.

»Ich weiß nicht, warum David bisher nicht gekommen ist, Mom«, sagte ich. »Ich bin in Thailand, erinnerst du dich?«

»Oh. Ja«, antwortete sie. »Ich muss jetzt aufhören.«

Meine Tante nahm den Hörer.

»Hat sie überhaupt nach uns gefragt?«, wollte ich wissen. »Hat sie gefragt, wie es uns geht? Nur ein Mal?«

Stina ignorierte meine Fragen. »Sie ist sehr verwirrt«, sagte sie. »Das hat etwas tief in ihr aufgewühlt. Du weißt, dass es nicht um David geht. Sondern um ihren Schmerz. Sie liebt dich über alles.«

Mir war übel. »Dann zeigt sie das aber auf seltsame Weise.«

Stina versuchte, mich zu trösten, doch es gelang ihr nicht. Meine Mutter hatte versucht, sich umzubringen, und nachdem ich ihr das Leben gerettet hatte, nach drei Tagen Stille, konnte ich endlich mit ihr reden, und wie reagierte sie? Sie fragte nach David. Nicht nach mir, meinen Geschwistern, ob es uns gut ging, ob wir versorgt waren. Für sie war nur wichtig, dass David nicht da war.

An irgendeinem Punkt in unserem Leben, ob wir wollen oder nicht, werden wir mit unserer größten Angst konfrontiert. Denn so ist das mit der Angst: Wir können sie nicht ignorieren. Sie führt uns zu allem, was wir versuchen zu vermeiden, und wir können ihr nicht entfliehen, egal, wie sehr wir uns bemühen. Wir wollen unsere Ängste auf Abstand halten, doch sie bleiben in unserer Nähe. Nah genug, damit wir an den Vorstellungen, die wir von uns haben, festhalten, aber doch weit genug entfernt, damit wir so tun können, als würden sie unser Leben nicht beeinflussen. Doch das tun sie.

In dieser Woche war ich einer Angst ausgesetzt, von der ich niemals gedacht hätte, dass ich mich ihr stellen müsste. Und doch hatte ich sie erwartet. Tief in mir hatte ich gewusst, dass es passieren würde. Mein Herz hatte vor angstvoller Erwartung gezittert und mehr als zwanzig Jahre auf diesen Moment gewartet. Bis er kam. Mein Körper war steif vor Schock. Mir tat alles weh. Aber ich war am Leben.

Ein paar Tage später saß ich auf einer kleinen Holzterrasse, versuchte zu schreiben, zu meditieren und alles zu verarbeiten. Ich hatte das Gefühl, als hätte man mein Herz in eine Waschmaschine geworfen, und ich wusste nicht mehr, wo oben und wo unten war. Innerhalb weniger Monate war ich operiert worden, hatte meine beste Freundin verloren, meine Großmutter, hatte meinen Hund begraben und beinahe meine Mutter durch Selbstmord verloren. Als die Sonne aufging, schrieb ich in Großbuchstaben quer über die Seite: »GIBT ES EINEN GRUND DAFÜR, DASS MIR DAS ALLES PASSIERT?« Der Schmerz in meiner Brust war so groß, dass er mich einen Moment lang zu ersticken drohte. Er war unerträglich. Ich schaffte das nicht. Von allen quälenden Momenten, die ich im letzten Jahr erlebt hatte – und davon hatte es so viele gegeben –, war das hier einer der brutalsten. Ich empfand etwas Schlimmeres als Traurigkeit: Ich war taub. Mein Herz war ein großer, kalter, leerer Raum. Plötzlich war die Terrasse mit Lichtflecken übersät. Sie waren überall; winzige Lichtpunkte, die über das Holz flimmerten. Sofort saugte ich die Luft tief in meine Lunge. Als ich ausatmete, sah ich aufs Meer hinaus. Die ersten Sonnenstrahlen ragten über den Horizont und brachen sich an einem Windspiel, das über mir an einem Ast hing, und das Licht fiel auf den Holzboden um mich herum. Es war das Licht, das mich seit Andreas Tod begleitete. Das Licht, das ich immer wieder in meinen schwersten Momenten gesehen hatte. Ich legte den Stift zur Seite und saß lange da und meditierte, gab der Taubheit ihren Raum. Ich erinnerte mich daran, dass der größte Schmerz dadurch entsteht, dass man ihn abwehrt. Ich holte tief Luft und erlaubte mir, alles zu spüren. Als ich die Augen wieder öffnete, war der Himmel warm und orange, goldene Wolken zogen über mich hinweg. Es war einer dieser Sonnenaufgänge, an die man sich lange erinnert; er war wirklich wunderschön. Ich blieb lange so sitzen und wärmte meine Haut im Licht. Dann nahm ich mein Notizbuch wieder auf und las den Satz, den ich geschrieben hatte. GIBT ES EINEN GRUND DAFÜR, DASS MIR DAS ALLES PASSIERT? Was, wenn das alles nicht mir zustieß, sondern für mich geschah? Was, wenn alles einen Sinn hatte, es einen Grund dafür gab? Sicher war ich mir nicht, aber ich musste es glauben. Ich musste hoffen.

Das kleine Mädchen in mir flüsterte: »Bald werden wir für all das hier dankbar sein.«

KAPITEL SIEBZEHN

———

FÜHLEN

Dennis kam zu mir nach Thailand, und wir flogen weiter nach Costa Rica zum Envision Festival 2015. Ein Jahr war vergangen, seit ich mit Andrea dort gewesen war. Ich war nervös, unsere gemeinsame Zeit noch einmal zu durchleben, aber freute mich auch darauf, in meine zweite Heimat zurückzukehren.

Als ich letztes Jahr dort war, wurden meine Social-Media-Accounts gerade etwas bekannter, und jetzt reiste ein ganzes Team mit mir. Außer Dennis und Ringo und meiner Freundin Rose war auch Ben dabei, der Fotograf, der uns das ganze letzte Jahr überallhin begleitet hatte. Ich war nicht mehr nur »diese Yoga-Lehrerin«, sondern »Yoga Girl«, und die Hälfte der Besucher schien wegen meiner Posts den Weg zum Festival gefunden zu haben.

Da ich auch im Internet das Herz auf der Zunge trug, waren die meisten persönlichen Details meines Lebens allgemein bekannt. Als ich zum Ticketschalter ging, verstummte die ganze Warteschlange. Ich hörte, wie eine Gruppe junger Frauen flüsterte: »Das ist Yoga Girl ... O mein Gott, hast du gehört, was ihr zugestoßen ist? ... Ich glaube, sie unterrichtet am Samstag.« Wir wollten uns auf dem Markt etwas zu essen holen, und ein

Mädchen zog sein Handy heraus und machte ein Foto von mir, ohne zu fragen. Ich fühlte mich sehr unwohl dabei und wollte sie darauf ansprechen. »Hi!«, sagte ich und ging zu ihr und ihren Freundinnen. »Wie geht's?« Ich klang verärgert, erwartete, dass sie frech sein würden, so tun, als hätte sie mich nicht gerade ohne meine Erlaubnis fotografiert. Das Mädchen mit dem Handy sah mich an, und ihr stiegen Tränen in die Augen. »Es tut mir so leid!«, sagte sie. »Ich liebe dich so sehr. Du bist mein absolutes Vorbild. Ich dachte, du wolltest sicher nicht belästigt werden, nach allem, was letztes Jahr passiert ist, aber ich wollte mich an diesen Moment erinnern. Ich lösche es wieder.«

Beinahe hätte ich geweint. Ich verstand immer noch nicht so richtig, warum ich so viel Aufmerksamkeit bekam. Dass die Menschen meine nur allzu menschlichen Probleme nachvollziehen konnten. Ich erzählte alles, und es bedeutete ihnen wirklich etwas. Mein Ärger verflog. Das Mädchen hatte keine bösen Absichten. »Lass uns lieber ein richtig schönes Foto machen«, meinte ich.

Ich schoss ein paar Bilder mit der Gruppe, und alle freuten sich sehr.

»Wir sind aus Connecticut hergereist, um an deinem Kurs teilzunehmen«, sagte die junge Frau.

»Costa Rica wird euch gefallen«, antwortete ich. »Es ist so wunderschön hier.«

Sie nickte. »Ich bin so gespannt auf deinen Unterricht«, sagte sie. »Das ist das Highlight unserer Reise. Wenn du nicht als Lehrerin dabei wärst, wären wir nicht hier. Darf ich dich umarmen?«

»Natürlich.«

Wir umarmten uns, und als sie sich von mir löste, weinte ich. »Ich habe auch jemanden verloren«, erzählte sie. »Danke, dass du all das in Worte gefasst hast, was ich nie ausdrücken konnte.«

Die Begegnung mit der jungen Frau hätte so anders verlaufen

können. Ich hatte etwas Wertvolles von ihr gelernt. Danach betrachtete ich die Menschen auf dem Festival, die mich erkannten, mit liebevollen Augen und fühlte mich nicht mehr wie ein Tier im Zoo. Durch Yoga und die sozialen Medien baute ich eine Gemeinschaft von Menschen auf, die Schmerz und Verlust erlebt hatten. Ich hatte Menschen berührt, die ich normalerweise nie kennengelernt hätte. Und sie hatten mich berührt.

Dieser Moment ist der perfekte Lehrmeister, schrieb ich auf Instagram. Seht die Zeichen und wie das Universum zu uns allen spricht. Es gibt keine falschen Abzweigungen. Alles ist genau so, wie es sein soll.

Manchmal hatte ich das Gefühl, dass ich es irgendwann tatsächlich glauben würde, wenn ich es mir nur oft genug vorsagte.

Meine Mutter beschloss, nach Costa Rica zu kommen, solange ich wegen des Festivals dort war. *Warum?,* fragte ich mich. Seit ihrem Selbstmordversuch hatten wir kaum miteinander gesprochen. Ich wollte nicht, dass sie herkam. Costa Rica war mein Ort, mein Land. Hierher war ich damals vor ihr geflohen. Und jetzt wollte sie herkommen?

Das kleine Mädchen in mir wollte seine Mutter sehen. Die Erwachsene in mir wollte ihr antworten: »Fahr zur Hölle! Du bist viel zu verkorkst. Ich will mit deinem Mist nichts mehr zu tun haben.« Doch ich sagte nichts davon.

Wir beschlossen, uns in einem Café in Dominical zu treffen, was nur eine kurze Fahrt vom Festival entfernt war. In mir gärte große Wut auf sie, aber ich wusste nicht, wie ich damit umgehen sollte. Sie »heilte« gerade, wie sie sagte, weshalb ich ihr meine Wut nicht entgegenschleudern konnte. Zumal ich auch nie gelernt hatte, auf meine Mutter wütend zu sein.

Wir umarmten uns. Oder nein, sie umarmte mich. Ich konnte nicht reagieren, stand einfach nur steif da. Dennis und Rose überbrückten das Schweigen mit Small Talk. Ich fürchtete zu weinen, wenn ich etwas sagte, und ich wollte nicht, dass meine Mutter mich traurig sah.

»Wie war das Festival bisher?«, fragte sie. »War dein Workshop schön?«

Auch wenn ich es nicht vorgehabt hatte, erzählte ich ihr, was am Abend zuvor Schreckliches mit Gabriel, Andreas Freund, passiert war.

Wir waren gerade auf dem Weg zum Festivalgelände, um eine unserer Lieblingsbands anzuschauen, als mich Gabriels Mutter anrief. Ihn kannte ich gut, aber mit ihr hatte ich noch nie gesprochen. »Hast du ihn gesehen?«, fragte sie. »Nein, seit gestern nicht mehr. Er hätte bei uns wohnen sollen, hat sich aber in letzter Minute umentschieden.« »Ich habe einen seltsamen Anruf von ihm erhalten, und jetzt kann ich ihn nicht erreichen. Ich mache mir Sorgen. Er ist nicht mehr er selbst … seit dem Unfall.« »Ich suche nach ihm«, versprach ich. »Und rufe Sie an, sobald ich ihn gefunden habe.« Ich sagte allen, sie sollten Augen und Ohren offen halten. Wir mussten nicht lange suchen. Als wir durch den Haupteingang gingen, hörten wir einen Aufruhr. Eine große Menschenmenge hatte sich versammelt, es war laut. Wir achteten erst nicht besonders darauf, doch dann hörte ich jemanden schreien. *Die Stimme kenne ich,* dachte ich. *Ich kenne diesen Schrei.* Dennis fragte jemanden in der Menge, was da los war. Ein Typ auf einem schlechten Trip, sagte man. Schon eine ganze Weile.

Ich ging näher heran und fürchtete das Schlimmste. »Andrea!«, schrie die Stimme. »Andrea!« Ich lief los, drängte mich durch die Leute. »Lasst mich durch! Ich kenne ihn!«

Gabriel lag auf dem Boden, und fünf große Männer mussten ihn festhalten. Ich erkannte ihn kaum wieder. Seine Augen zuckten wild, und er hatte Schaum vor dem Mund. Er war auf einer Trage festgeschnallt. »Rachel«, brüllte er, als er mich sah. »Macha! Hilf mir!«

Die Leute starrten uns an und machten Bemerkungen. »Der Typ ist völlig durchgeknallt.« »Ganz krasser Trip.« »Psycho.«

Ich kauerte mich neben ihn. Seine Brust hob und senkte sich mühsam, und er war panisch. Ich fragte einen der Sanitäter, was passiert war. »Er hat eine Art Anfall«, sagte er, »vermutlich durch Drogen verursacht. Er hat sich selbst verletzt, und als ihn sein Freund aufhalten wollte, ist er auf ihn losgegangen.«

Ich drehte mich um, und da stand Luigi. »Was ist passiert?«, rief ich. »Ich weiß es nicht«, antwortete er. »Er hat den Verstand verloren. Er hat sich selbst verletzt, sich getreten. Ich habe versucht, ihn aufzuhalten. Ich weiß nicht, was er eingeworfen hat. Aber er ist ausgeflippt und wollte mich schlagen. Diverse Leute mussten ihn auf dem Boden festhalten, und wir mussten die Sanitäter rufen.« Luigi war den Tränen nahe. »Er hat nach ihr gerufen«, erzählte er. »Nach Andrea. Hat geschrien. Immer wieder.«

Ich sah zu, als man Gabriel in den Rettungswagen lud. Ich konnte ihn nicht allein fahren lassen. Als ich hineinkletterte, sagte ein Sanitäter, das sei gegen die Vorschriften, ich dürfe nicht mitfahren. Ich weigerte mich, stemmte mich mit den Stiefeln gegen die Tür. »Bitte«, flehte ich, »seine Freundin ist gestorben. Das verfolgt ihn. Sie war meine beste Freundin. Er hat sonst niemanden außer mir.« Verständnis blitzte in seinen Augen auf. »Sie hatte einen Unfall?«, fragte er. »Die Frau, die man zuerst ins falsche Krankenhaus gebracht hat?«

Ich nickte. Er wusste Bescheid. Alle kannten die Geschichte. Der Fall hatte im ganzen Land Schlagzeilen gemacht. Danach erließ jedes Krankenhaus in Costa Rica sofort neue Vorschriften, dass Assistenzärzte nicht mehr über die Aufnahme von Notfällen entscheiden durften. »Ja, das war sie. Und das hier ist ihr Lebensgefährte.« Der Sanitäter nickte. »Okay. Sie können mitfahren.«

Während der langen Fahrt hielt ich Gabriels Hand. Seit den Tagen nach der Beerdigung hatte ich ihn selten gesehen, und er antwortete kaum auf meine Nachrichten. Von Andreas Familie hatte ich gehört, dass es ihm nicht gut ging. Mein Herz verkrampfte sich, als ich ihn so daliegen sah. Er war krank vor Trauer um Andrea. Ich konnte mir nur vorstellen, wie es für ihn gewesen war. Sie war die Liebe seines Lebens. Er war dabei gewesen, war mit ihr im Krankenwagen gefahren, während das Leben aus ihrem Körper floss. Eine Sekunde erinnerte ich mich an die überwältigenden Schuldgefühle bei Peppers Tod, als ich seinen leblosen Körper in meinen Armen hielt und dachte, dass ich das irgendwie hätte verhindern können. Ich wusste noch genau, wie taub ich mich gefühlt hatte, wie ich ins Meer hinausgehen und nicht wieder zurückkommen wollte. Nicht eine Sekunde lang konnte ich mir wirklich vorstellen, wie das letzte Jahr für Gabriel gewesen sein musste. Vielleicht gab er sich die Schuld, dass er sie nicht hatte retten können. Vielleicht wurde er bei lebendigem Leib davon aufgefressen. Seine Brust hob und senkte sich immer noch mühsam, aber er beruhigte sich allmählich.

»Muss er so fixiert sein?«, fragte ich die Sanitäter, bekam jedoch keine Antwort. Endlich waren wir im Krankenhaus. Juliana, Andreas Schwester, traf uns dort, und ich war erleichtert, dass sie übernahm. »Ich kümmere mich um alles«, sagte sie. Ich fuhr zum Festival zurück, erst jetzt, als ich die Geschichte erzählte, wurde mir bewusst, wie traumatisch das alles gewesen war.

Ich begann zu weinen. Meine Mutter rückte zu mir und hielt mich fest. Wenn sie es doch dabei belassen hätte. »Warum bist immer du diejenige, die solche Situationen in Ordnung bringt?«, fragte sie. »Wer hat dir gesagt, dass du alle retten sollst? Es war nicht deine Aufgabe, in den Rettungswagen zu steigen. Du hast nur eine Aufgabe, nämlich, dich um dich selbst zu kümmern.«

Ich wusste nicht, ob ich lachen oder weinen sollte. Erst ein Monat war seit ihrer Selbstmordnachricht vergangen; dass ich mich um meine kleinen Schwestern kümmern sollte. Ihre Kinder. Ich hatte auf meine Mutter aufgepasst, seit ich ein kleines Kind gewesen war. Wer hat dir gesagt, dass du alle retten sollst? Du warst das, wollte ich sagen. Du bist der Grund, warum ich so bin. Doch ich schwieg und löste mich aus ihrer Umarmung. Ihre Worte hatten wie unzählige Glasscherben in mich hineingeschnitten. Unser Verhältnis würde nie wieder in Ordnung kommen.

KAPITEL ACHTZEHN

———

TEILEN

Ich war nur ein paar Tage zu Hause auf Aruba, bis es wieder losging, dieses Mal auf meine bisher größte Tour: die Happiness Tour. Mein Buch kam Ende März in den USA heraus, und ich würde an siebenundzwanzig Orten auftreten, mit riesigen Workshops, Presseevents und Signierstunden. Sie begann in New York und würde bis Mitte Mai dauern. So dankbar ich für meinen Erfolg als Yoga Girl war, für die Millionen Menschen, die meinem Instagram-Account folgten, für die Tausenden, die zu meinen Kursen gekommen waren, so sehr vermisste ich Dennis und unsere Hunde, und ich sehnte mich nach ruhigen Nächten in meinem eigenen Bett.

Das Leben auf Tour war hart. Die Tage waren lang, und ich bekam nie genug Schlaf, weil ich von Meetings zu Interviews raste, zum Flughafen, zum Mietwagen, zu Yoga-Kursen, zu Hotels und noch mehr Flughäfen. Meine Körper sehnte sich schmerzlich nach Routine. Rituale halfen mir, geerdet und psychisch gesund zu bleiben. Ich reiste mit Kristallen und Halbedelsteinen, meinen Engelkarten und Palo Santo.

Dreimal am Tag postete ich in den sozialen Medien. Es half mir, mich mit allen verbunden zu fühlen. Manchmal dachte ich, dass ich verrückt sein musste, weil ich mein Seelenleben auf einer oberflächlichen Plattform offenlegte, auf der es sonst nur um die Kardashians und Thigh Gaps und Sonderangebote für Abnehmtees ging. Alle versuchten so verzweifelt, ihre Leben als perfekt darzustellen, mit bearbeiteten Fotos und dazu passenden Geschichten. Und dann war da ich, die über zwei Millionen Menschen von meinen Qualen erzählte. Aber dann dachte ich: *Da draußen gibt es Menschen, denen das Wissen hilft, dass auch andere leiden.* Instagram muss keine Parade all der Dinge sein, die wir fürchten, nicht leisten zu können. Es kann mehr sein als perfekte Winkel und perfekte Körper und perfektes Essen und perfekte Leben. Es kann echt sein. Menschlich. Roh. Es kann ein Begleiter für einsame Momente sein, um uns daran zu erinnern, dass wir nicht allein sind. Für mich war es das.

Als die Happiness Tour vorbei war, reiste ich nach Europa für weitere Signierstunden und Workshops. Schweden stand auch auf dem Plan, und Mom bestand darauf, dass Hedda, Maia und ich uns mit ihr zusammensetzten und redeten.

Wir trafen uns in der Lobby meines Hotels. Fünf Monate waren seit ihrem Selbstmordversuch vergangen, und sie hatte mit keiner von uns vernünftig darüber gesprochen, was passiert war. Sie hatte uns nur gesagt, dass sie sich ein paar Tage davor gut gefühlt und die Antidepressiva abgesetzt hatte. Sie hatte es niemandem gesagt. Ein Streit mit einem geliebten Menschen ließ sie dann in eine Depression abstürzen, aus der sie nicht mehr herausfand. Mehr hatte sie uns nicht erzählt.

Das Gespräch brachte keine weitere Klarheit. Es begann und endete mit ihr, wie schlecht es ihr ging und wie schlecht es ihr immer gegangen war, die Arme. Ihr ganzes Leben war sie immer die Arme gewesen, und normalerweise hätte ich Mitleid gehabt, doch ich konnte einfach nicht mehr. Ich hatte es satt, dass sie das Opfer war, dass sie so zerbrechlich war. Ich hatte genug. Wir

begannen zu streiten. Sie beschuldigte uns, sie nicht zu unterstützen. Wir würden sie ausschließen. Wir wären unsere eigene
Clique. Meine Schwestern und ich sahen einander an. Natürlich
waren wir das. Wir wollten Antworten, Halt. Vielleicht war es
aber noch zu frisch, zu schmerzhaft, denn sie wollte nicht mit
uns darüber reden. Stattdessen erzählte sie, was für gute Freunde
sie hätte und wie sehr diese sie unterstützen würden, und sie
nahm immer noch keine Antidepressiva oder ging zu einem
Therapeuten, sondern sie schluckte Vitamine und trank grünen
Saft und bekam eine Art Behandlung für ihre Nebennieren, wie
sie sagte. Sie schaffte das allein. Alles würde gut werden!

Ich sah rot. »Du musst Medikamente nehmen«, drängte ich
sie. »Oder wenigstens musst du dir professionelle Hilfe holen.
Ich werde dir nicht vertrauen – wir werden dir nicht vertrauen
können –, bis du dir professionelle Hilfe geholt hast.« Meine
Mutter weigerte sich. Sie hätte eine Erleuchtung gehabt, sagte
sie. Dieses Mal sei es anders. Sie könne sich um sich selbst kümmern.

Ich hatte diese Beteuerungen schon so oft gehört, dass ich
hätte kotzen können. War das wirklich zu viel verlangt, dass sie
zu einem Therapeuten ging, wenn uns das helfen würde, uns
sicher zu fühlen und ein wenig von den Traumata zu verarbeiten?
Ist das eine zu große Verpflichtung deinen Kindern gegenüber? Die
Kinder, die du so bereitwillig im Stich lassen wolltest? Ich kapierte
es nicht.

»Tu's für uns«, flehte ich sie an.

»Ich will aber nur noch Dinge für mich tun«, antwortete sie.
In gewisser Weise konnte ich das nachvollziehen. Hatten wir alle
gerade eine ähnliche Erleuchtung, gingen die Sache aber völlig
anders an? Hedda brach in Tränen aus. Ich wusste, was sie dachte. Was passiert das nächste Mal, wenn sie traurig ist? Das nächste Mal, wenn sie weint? Was dann? Werden wir immer so leben

müssen – uns fragen, wann unsere Mutter sich umbringen könnte? Warum will sie nicht, dass es ihr besser geht?

Mom stand auf und ging aus der Lobby, ließ mich mit Hedda unter einem Arm und Maia unter dem anderen zurück. Beide weinten. Ich hatte genug. Wenn meine Mutter keine Rücksicht nahm – nicht einmal ihren eigenen Kindern gegenüber, die litten –, würde ich sie nicht mehr beschützen.

Ich ging auf mein Zimmer, nahm mein Handy, loggte mich bei Instagram ein und begann zu tippen.

17. Juli

Mein Name ist Rachel, und es geht mir nicht gut. Ich habe das hier noch nicht richtig erzählt, auch wenn ich sonst das meiste mit euch teile, aber im Februar dieses Jahres hat meine Mutter versucht, sich umzubringen. Das hat mich so grundlegend erschüttert, dass ich mich selbst verloren habe. Sie hat mich verlassen, und das war nicht das erste Mal, und jetzt liegt unsere Familie in Trümmern.

Als es passiert, bin ich wieder fünf Jahre alt, aber dieses Mal geschieht es nicht nach meiner Geburtstagsfeier. Sondern ich bin gerade in Thailand, und sie ist in Schweden. Dieses Mal stürzt nicht ihr Verlobter mit seinem Flugzeug ins Meer, sondern ihr Mann lässt sich von ihr scheiden. Dieses Mal finde ich nicht einige Zeit später Abschiedsbriefe, die sie ordentlich in verschlossenen Umschlägen hinterlassen hat, einen für mich, einen für meinen Bruder und einen für alle anderen; ich bekomme eine Nachricht auf WhatsApp, und sie sagt mir, ich soll mich um meine Schwestern und meinen Bruder kümmern, und es tut ihr so leid, dass sie es nicht geschafft hat. Wieder hat sie zu Tabletten und Wodka gegriffen, um auch ganz bestimmt zu sterben.

Damals hat meine Großmutter den Rettungswagen gerufen. Dieses Mal mache ich das, von einem fernen Land aus, am Telefon mit ihrem Ex-Mann und dem Schlüsseldienst und der Polizei, und ich versuche ihnen verzweifelt zu erklären, dass sie sofort die Tür aufbrechen müssen, weil meine Mutter stirbt, sie ist fast schon tot, es stimmt wirklich, ich bin mir ganz sicher, aber niemand glaubt mir. Dennoch tun sie, was ich ihnen sage, weil ich hysterisch bin. Es dauert ewig, und die Zeit steht still, aber sie entfernen das Schloss aus der Tür, und der Rettungswagen kommt, und sie liegt bewusstlos auf dem Bett, und die ganze Zeit kann ich nur daran denken, wie ich ohne meine Mutter überleben soll, wo sie doch der absolute Mittelpunkt ist. Und jetzt ist es fünf Monate später, und nichts ist besser geworden. Alle leiden, und ich bin so wütend, dass ich schreien möchte, bis meine Stimme versagt, und ich bin traurig, und ich habe Angst, und ich bin wieder fünf Jahre alt und frage mich, ob das alles meine Schuld ist. Vielleicht hätte ich braver sein sollen, weniger anstrengend, meinen Bruder weniger ärgern sollen. Vielleicht will Mom ja leben, wenn ich perfekt bin. Also werde ich perfekt, und mein ganzes Leben dreht sich darum, überall die Beste zu sein, und plötzlich bin ich sechsundzwanzig, und die Geschichte wiederholt sich, und die Leute sagen mir: »Es hatte nichts mit dir zu tun«, aber wie kann es nichts mit mir zu tun haben, wenn ich doch immer diejenige bin, die ihr das Leben rettet?

Diesen Teil von mir hatte ich noch nie auf Instagram erzählt. Ich hatte alles für mich behalten, weil ich meine Mutter nicht aufregen wollte, und es war wie ein Krebsgeschwür in mir gewachsen. Ich wusste nicht, ob es sie verletzen würde, was ich getan hatte, oder ob sie sich verraten fühlen würde. Für mich jedenfalls war es eine riesige Erleichterung. Manche kommentierten, dass ich die Genesung meiner Mutter behinderte und dass es mir nicht zustand, ihre persönliche Geschichte zu erzählen. Vielleicht hatten sie recht, aber das war mir egal. Ich war wütend. Es war auch meine Geschichte, mein Leben. Seit Andrea hatte ich jeden Kummer, jeden Verlust, jeden Moment des Schmerzes auf Instagram geteilt. Es war ein zentraler Bestandteil meiner Heilung, und ich würde jetzt nicht damit aufhören. Es war unwichtig, was meine Mutter dachte. Ich hatte es satt, wie auf rohen Eiern um sie herumzuschleichen.

Sie schrieb mir daraufhin eine Nachricht: Es wäre schön gewesen, wenn du mich zuerst gefragt hättest, bevor du es postest. Aber es ist in Ordnung. Ich liebe dich. Wir werden das überstehen.

Zu dem Zeitpunkt wusste ich es noch nicht, aber wir hatten gerade die ersten Schritte in Richtung unserer Heilung unternommen. Meine Mutter machte es auf ihre Weise und zum ersten Mal in meinem Leben … ich auf meine.

KAPITEL NEUNZEHN

SCHAFFEN

Dennis wünschte sich ein Baby. Er hatte schon seit der Hochzeit Nachwuchs gewollt, aber ich war zu beschäftigt – oder hatte zu viel Angst. Ich wartete darauf, dass ich mich bereit genug fühlte, geheilt genug für etwas so Monumentales wie die Mutterschaft. Der Schamane in Costa Rica hatte gesagt, dass ich meinen Schmerz – oder den Schmerz, den mir meine Vorfahren übertragen hatten – niemals an mein Kind weitergeben würde. Meine Tochter, hatte er gesagt. Das war der Zweck meines Lebens; das kollektive Familientrauma umzuwandeln und loszulassen. Ich war tief und fest davon überzeugt, dass er recht hatte. Schon als kleines Mädchen hatte ich immer gesagt, ich wollte kein Kind, solange ich nicht »fertig« war. Geheilt. Glücklich. Ich wollte nicht wie meine Mutter sein – Kinder bekommen und gleichzeitig mit so vielen Problemen kämpfen. Die meisten Menschen machen es so, wir können nichts dagegen tun. Wir können nicht kontrollieren, was uns zustößt, und wenn wir mit Verlust und Unglück konfrontiert sind, tun wir, was wir müssen, um zu überleben. Was in unserer Vergangenheit geschehen war, musste geschehen, sonst wäre ich nicht hier. Ich hatte versucht, mich in Mom hineinzuversetzen;

schwanger mit zwanzig, so viele Traumata, so viele Verluste, das Dasein als alleinerziehende Mutter. Für uns hatte sie Berge versetzt. Ich hatte riesiges Mitgefühl mit meiner Mutter – ich liebte sie über alles, und sie war der wichtigste Mensch in meinem Leben. Ich wusste, sie hatte ihr Bestes gegeben. Doch ihr Weg war nicht der meine. Ich war immer noch wütend auf sie und musste mich auf mich selbst konzentrieren. Doch irgendwo tief in mir begann ein Traum Gestalt anzunehmen. Ein Traum, zu dem ein Baby gehörte und in dem wir alle eine Familie waren.

Aber ich war immer noch verwundet. Gebrochen. Ich wollte irgendwann Mutter werden, aber ich spürte, dass mir immer noch Teile von mir selbst fehlten. In der Zwischenzeit stürzte ich mich mit voller Kraft in unser Unternehmen. Wir hatten so viel in so kurzer Zeit aufgebaut, und Dennis und ich leiteten nun zusammen diverse Firmen. Ich hatte Kurse mit mehr als tausend Teilnehmern unterrichtet. Eine riesige Online-Plattform ins Leben gerufen. Hatte zwei Wohltätigkeitsorganisationen gegründet. Einen *New York Times*-Bestseller geschrieben. *Was könnte ich noch schaffen, wenn ich es mir in den Kopf setze?*, fragte ich mich. Ein Yoga-Studio. Das sollte mein nächstes Ziel werden. Es gab wenig Yoga auf Aruba, und die Gemeinschaft, die ich aufgebaut hatte, hatte sich wieder zerstreut, seit ich so viel auf Reisen gewesen war. Ich sehnte mich nach einer Heimat, einem Ort, an dem ich Wurzeln schlagen konnte, an dem ich von zu Hause aus arbeiten konnte.

Ich entwarf einen Businessplan für ein Studio, das ich Island Yoga nennen wollte. Dennis und ich begannen mit der Suche nach einem Grundstück. Es ging voran. Wir fanden etwas und nahmen einen Kredit auf. Das Haus war eine Ruine, und wir würden den größten Teil abreißen müssen, aber wir hielten den Schlüssel in der Hand. Es hatte eine große überdachte

Terrasse mit wunderschönen Deckenbalken, und ich stellte mir vor, wie wir eines Tages auf unseren Yoga-Matten lagen und hinaufblickten. Island Yoga wurde Wirklichkeit.

Eines Abends sagte ich zu Dennis beim Essen, dass wir »irgendwie, vielleicht, also so ein bisschen« darüber nachdenken könnten, irgendwann mal ein Kind zu bekommen, sobald das Studio ein Jahr in Betrieb war. Die Bauarbeiten sollten im Frühjahr 2016 beginnen. Mit etwas Glück wäre das Studio vor meinem achtundzwanzigsten Geburtstag eröffnet. Vielleicht im Jahr danach, sagte ich.

Manche Menschen dachten, dass ich den ganzen Tag am Strand verbrachte oder auf meiner Yoga-Matte. Das entsprach überhaupt nicht der Wahrheit. Ich war nicht mehr das Yoga Girl von Instagram; ich war Yoga Girl, Unternehmensinhaberin, Chefin, CEO, Vorstandsvorsitzende. Ich leitete vier Unternehmen in drei Ländern, veranstaltete Retreats, unterrichtete Workshops, ging auf Tour, verwaltete die Social-Media-Kanäle, engagierte mich im Tierschutz und versuchte die ganze Zeit, für meine Community da zu sein. Es war unglaublich viel Arbeit, und manchmal war mir ganz schwindelig, wenn ich nur daran dachte. Und es stellte sich heraus, dass der Bau des größten Yoga-Studios in der Karibik kein Spaziergang war! Die Bauarbeiten waren extrem stressig, und uns ging öfter das Geld aus, als ich zählen konnte. Nach ein paar Monaten wurde mir langsam alles zu viel. Mein Geist und mein Körper standen ständig unter Strom. Es gab keine Pausen. Ich liebte diese energische Seite an mir (weil ich dadurch mehr Magie in einem Jahr gewirkt hatte, als ich mir je hätte vorstellen können!), aber ich sehnte mich nach Ruhe. Ich wusste nur nicht, wie ich es langsamer angehen lassen konnte.

Der Stress, sich mit Geschäftspartnern auseinanderzusetzen, durch Rückschläge bei den Bauarbeiten und lange Yoga-Tourneen rächte sich irgendwann. Ich brauchte dringend Zeit für mich. Seit über acht Jahren hatte ich schon an einem jährlichen Meditations-Retreat namens Path of Love teilnehmen wollen, aber nie war der richtige Zeitpunkt gewesen. Jedes Mal, wenn ich hinfahren wollte, war etwas dazwischengekommen – eine andere Reise, die Arbeit, das Leben. Doch der Samen, der vor langer Zeit gesät worden war, begann zu sprießen.

Ich wusste nicht viel über Path of Love, außer dass es als zutiefst transformativer, heilender Workshop galt. Mit achtzehn hatte ich zum ersten Mal davon gehört, als ich an meinem ersten Retreat teilnahm – das mein Leben für immer verändern sollte. Jetzt war es acht Jahre später, und ich wusste einfach, dass der richtige Zeitpunkt dafür gekommen war. Als ich das letzte Mal so etwas gemacht hatte, hatte es mich darin bestärkt, Schweden zu verlassen und meinem Leben eine komplett neue Richtung zu geben. Es hatte mein Leben auf unglaublich magische Weise verändert. Ich war bereit, noch einmal einzutauchen. Per Mail fragte ich an, ob im Mai noch ein Platz in der Workshopwoche frei war, die in Deutschland stattfinden sollte. Ja, lautete die Antwort, man würde sich über meine Teilnahme freuen. So hatte ich wenigstens noch ein paar Monate Zeit zur Vorbereitung, und dazwischen fand auch das Envision Festival statt.

Ende Februar kehrte ich nach Costa Rica zurück, dieses Mal begleitete mich Olivia. Es war kaum zu fassen, dass ein weiteres Jahr vergangen war, und zwei, seit ich mit Andrea dort gewesen war. *Wie funktioniert die Zeit? Ist sie linear? Oder überlagert sie sich in Schichten und wird zu einer krassen Erfahrung gedehnt und zusammengequetscht?*

Zum ersten Mal seit Andreas Tod fühlte ich mich auf dem Festival wie ich selbst. Im letzten Jahr war alles noch zu frisch gewesen, zu traurig. Ich hatte versucht, sie in mir zum Leben zu erwecken, aber es war mir nicht gelungen. Dieses Jahr sah ich sie überall. Ihre Haare, ihre Ohrringe, ihr Lächeln. Ihr Geist war allgegenwärtig. Sie war so lebendig in dieser Gemeinschaft wie eh und je. Tanzte. Verhandelte mit Standbesitzern wegen Zwanzig-Dollar-Röcken. Schlich sich an Leute heran und kitzelte sie. Verlor immer wieder ihre Autoschlüssel. Rollte ihre Yoga-Matte aus und fragte sich, welche Seite nach oben gehörte. Lachte ständig. Ich sah sie, und ich spürte sie.

Nach einem Tag auf dem Festival platzte ich vor Dankbarkeit. Was gab es Besseres als Yoga und Staub und Schweiß und Tränen und Umarmungen und so viel Liebe? Überall blieben die Leute stehen, um mich zu umarmen. Völlig Fremde schenkten mir Obst und Kristalle. Eine Frau bot mir eine Thai-Massage an. Normalerweise hätte ich abgelehnt, aber als ich Nein sagte, dachte ich mir: *Warum sage ich nicht einfach Ja? Warum nehme ich nicht einfach etwas an?* Und das tat ich.

Es dämmerte bereits, und ich legte mich unter einen Baum auf ein paar Decken. Ich weiß nicht, wie lange sie an mir arbeitete, aber mein ganzer Körper vibrierte. Als Letztes massierte sie meinen Scheitel, und als sie fertig war, spürte ich, wie Andreas Hand an ihrer Stelle weitermachte. Es war so real. Ich spürte sie, hörte sie, roch sie. Sie saß hinter mir, ihre Handflächen drückten auf meinen Scheitel und das dritte Auge. Sie summte, und ich weinte. Wir blieben lange so. Olivia und Laura kamen zu mir und hielten mich, und dann waren wir zu viert, ein einziger Ball aus Liebe und Tränen und der Art Freundschaft, die man mit Worten nicht beschreiben kann. Sie fühlten Andrea auch.

Dabei lernte ich etwas Wichtiges. Ich durfte mich entspannen. Ich durfte Dinge annehmen. Andrea hat das möglich gemacht. Sie blieb bei mir und hat mir geholfen zu verstehen, dass ich mich für die Liebe öffnen musste. Und dafür musste ich nur aufhören, Widerstand zu leisten. Ich teilte diese Erkenntnis mit meiner Internet-Community: Das Universum will dich halten. Lass es bitte zu.

Meine Mutter hatte mir fast jeden Tag geschrieben. *Ich vermisse dich. Wie geht es dir? Brauchst du etwas?* Ich antwortete kaum, weil ich nicht wusste, was ich schreiben sollte. In dieser Woche begann ich beim Yoga, die Taube zu variieren. Die Stellung ist eine Herausforderung, und ich hatte mein ganzes Leben damit gekämpft, doch plötzlich gelang sie mir. Ich hatte sie nicht geübt oder sie unbedingt umsetzen wollen. Es passierte einfach. Vielleicht war mein Herz endlich offen genug, dass mich die Stellung fand. Nach Savasana rollte ich die Matte auf, griff nach dem Handy und schrieb meiner Mutter zurück: *Ich vermisse dich auch.*

Die zwei Wochen in Costa Rica waren sehr ereignisreich gewesen, voller Öffnung, Reinigung und Heilung. Ich spürte Andreas Nähe immer noch so intensiv, aber es war anders als bisher. Es schmerzte nicht mehr so sehr. Ich vermisste sie, aber ich hatte endlich aufgehört, darauf zu warten, dass sie zurückkam. Ich musste nicht mehr auf ihrem Handy anrufen und hoffen, sie würde abheben. Sie war schon da. Sie war überall.

An Andreas zweitem Todestag flog ich nach Aruba. Ich hätte umbuchen und noch einen Tag in Costa Rica bleiben können, doch ich flog nach Hause, setzte mich auf einen Stein in meinem Garten, sah den Hunden beim Spielen zu und fragte mich, ob es wohl regnen würde. Bei Regen fühlte ich mich ihr immer näher.

Ich hatte die Tatsache akzeptiert, dass ich beschädigt war. Darüber war ich nicht traurig oder wütend, sondern es war eben so.

Das Leben passierte, und ich stellte mich darauf ein. Wir sind alle ein wenig angeschlagen. Wir erleben Schmerz und Verluste, und mit der Zeit entwickeln wir Verhaltensmuster, von denen wir glauben, dass sie uns schützen. Doch sie bewahren nur den Zustand der Angst.

Ich habe Eigenschaften, die nicht ursprünglich zu mir gehören, sondern Nachwehen dessen sind, was ich in diesem Leben durchgemacht habe. Zum Beispiel: Ich werde wahrscheinlich immer riesige Verlustängste haben. Sie rühren von der Trennung meiner Eltern her, als ich zwei war, vom Tod meines Stiefvaters, als ich vier war, den Selbstmordversuchen meiner Mutter und jeder Scheidung, jedem Trauma und jedem Tod, den ich seither erlebt habe. Daher muss ich genau überlegen, was echt ist und was meine Angst.

Ich habe Angst, außen vor gelassen zu werden. Ich bin ein Kontrollfreak – ich will, dass alles auf meine Weise gemacht wird, und ich glaube oft, dass etwas schiefgeht, wenn ich es nicht selbst mache.

Ich gehe davon aus, dass Menschen mich enttäuschen, hängen lassen, mich verlassen, weshalb sie das auch oft tun. Seit meiner frühen Kindheit habe ich verinnerlicht, dass, wenn ich es nicht tue, keiner von uns überleben wird.

Ich fasse nur langsam Vertrauen, und bei mir gibt es keine zweite Chance.

Ich bin unordentlich. Ich bin emotional. Ich liebe aus tiefstem Herzen und empfinde Schmerz selbst bei kleinen Dingen. Ich nehme alles persönlich. Ich will alle heilen, selbst wenn sie gar nicht beschädigt sind.

Ich will, dass die Welt heil und ganz ist, weil ich es dann auch bin.

So viel von dem, was ich fühle, wie ich mich verhalte, führt in die Vergangenheit zurück. Ein Teil meines Wegs besteht darin, herauszufinden, was wirklich ich bin, was mein Licht in die Welt hinausträgt und was Ballast ist, der sich als Persönlichkeit ausgibt. Was ist Aktion, was ist Reaktion? Bewege ich mich mit Liebe oder mit Angst?

Ich habe jetzt gelernt, dass man nur Frieden mit sich selbst schließen kann, wenn man Frieden mit der eigenen Vergangenheit schließt. Alles erforscht. Sie hat einen hierhergebracht und zu dem Menschen gemacht, der man ist; aber verbirgt sich da nicht noch Potenzial? Erkennst du in allem Liebe? Ist das deine Bestimmung? Stell Fragen. Zieh die Schichten ab. Erkenne die Zeichen.

Je mehr ich über Erfahrungen, Gefühle und Gedanken nachdenke und darüber, wie sie mit meiner Vergangenheit zusammenhängen, desto mehr fühle ich mich mit ihnen verbunden. Ich verstehe immer besser, dass absolut nichts zufällig geschieht. Alles ist perfekt vorherbestimmt und soll uns das geben, was wir benötigen, um unser Dasein zu erhöhen. Um unsere Bestimmung auszuleben. Mein Daseinszweck ist unter anderem das Heilen, dass ich andere durch Traumata und Trauer geleiten kann, dass ich zu Akzeptanz, Freundlichkeit und Furchtlosigkeit inspirieren kann. Nicht so sehr Fotoshootings und Businessmeetings – aber das ist mein Weg, auf dem ich dorthin gelange. Sie gehören dazu.

So lange habe ich mich gefragt, was der Sinn des Ganzen ist. So langsam begreife ich es. Schmetterlinge flattern in meinem Bauch umher, wenn ich an das wahre Potenzial denke, das von mir entfaltet wird. Ich werde die Welt verändern, das weiß ich ganz sicher. Bisher habe ich mein Leben damit verbracht, Schmerz und Traumata zu verarbeiten, um an diesen Punkt zu kommen. Um zu verstehen, dass es meine Berufung ist, zu lehren und Liebe zu verbreiten.

Ich teilte meine Gedanken auf Instagram:

Ich habe das Gefühl, dass mir etwas Großes bevorsteht; als Lehrerin, als Schülerin des Lebens, als Mensch. Das ist der Weg. Ich entdecke mein wahres Dharma, und die Erde erbebt unter meinen Füßen. Ich habe einen Entschluss gefasst: Nächsten Monat fahre ich weg. Eine Weile. Lasse alles zurück. Reise zu mir selbst. Zurück zu den Ursprüngen. Bald erzähle ich euch mehr. Alles ist gut.

KAPITEL ZWANZIG

HEILEN

Bevor ich nach Deutschland zu Path of Love weiterflog, verbrachte ich noch etwas Zeit in Schweden bei meiner Mutter und Maia, die wieder zu Hause wohnte. Ein Jahr war seit dem Selbstmordversuch vergangen, und das Verhältnis zu meiner Mutter war wieder einigermaßen normal (was auch immer »normal« bedeutete). Wir hatten einen neuen Rhythmus gefunden – wir telefonierten, schrieben hin und wieder Nachrichten, und sie meldete sich ständig bei mir. Sie war viel aufmerksamer mir gegenüber als sonst, fragte immer, ob sie mir irgendwie helfen könnte. Das war ungewohnt, und ich fühlte mich etwas unbehaglich dabei. *Brauchte ich denn Unterstützung?* Sie musste stabil sein, am Leben. Das brauchte ich. Von außen betrachtet, wirkte fast alles wie vor ihrem Selbstmordversuch, aber im tiefsten Inneren hatte ich die ganze Zeit furchtbare Angst. Ich konnte mit ihr zusammen nicht entspannt sein. Ich wollte, dass sie glücklich war, leben wollte, sich geliebt fühlte – aber ich vertraute ihr nicht mehr. Manchmal fragte ich mich, ob ich das überhaupt je getan hatte. Ich wusste, dass wir eine Pause einlegen mussten. Ich brauchte Abstand und musste herausfinden, wer ich ohne sie war, doch gleichzeitig machte mir die Vorstellung, nicht mit ihr zu sprechen, auch Angst. Sie war der Mittelpunkt meines Lebens. Nach Dennis war sie der wichtigste Mensch für mich. Käme ich ohne sie klar, selbst für kurze Zeit? Käme sie klar? Ich wusste es nicht, aber ich musste es herausfinden. All ihre vier Kinder hatten sich nach ihrem Selbstmordversuch auf unterschiedliche Weise von ihr distanziert. Ich las viel über Co-Abhängigkeit und merkte, dass wir uns auf oft ungesunde Weise aufeinander gestützt hatten. Plötzlich war meine Mom allein, nachdem sie fast dreißig Jahre Mutter gewesen war. Zurück in Schweden fiel mir auf, dass etwas an ihr anders war. Ich konnte es zwar nicht richtig festmachen, aber es war positiv. Trotzdem konnte ich ihr immer noch nicht vertrauen. Und das würde ich auch nie wieder können, dachte ich.

In Stockholm führten wir lange Gespräche, während wir mit den Hunden spazieren gingen. Sie fand es nicht gut, dass ich an Path of Love teilnehmen wollte. Sie hatte das Programm vor vielen Jahren absolviert und wusste, wie es ablief. Warum wollte ich das unbedingt machen?, fragte sie. Ich hatte keine Antwort. Ich wusste es wirklich nicht genau. Das Retreat umfasste Arbeit mit den ersten Lebensjahren – eine Rückführung in die Kindheit, in den Schmerz, in alte Wunden und Therapie und Meditation als Weg zur Heilung. Ich wusste, dass es sehr anstrengend werden würde. Die meisten Menschen, die daran teilnahmen, machten gerade unglaublich schwere Zeiten durch – seelische Traumata, Scheidung, Krankheit, Tod. Bei mir schien im Moment alles in Ordnung zu sein. Ich fühlte mich stabil. Vielleicht wollte ich es deshalb machen, sagte ich. Nicht aus Panik heraus oder weil ich etwas reparieren wollte, was beschädigt war, sondern als nächsten Schritt auf dem Weg zu einem besseren Menschen.

Nach einer wunderschönen Woche in Schweden fuhr mich Mom zum Flughafen. Wir umarmten uns zum Abschied. »Hast du eine Vorstellung davon, worauf du dich einlässt?«, fragte sie. »Nein«, antwortete ich und stieg aus dem Wagen. »Aber ich brauche das.«

Als ich meinen Aufenthalt im Osho Center für das Path-of-Love-Retreat gebucht hatte, hatte ich mir große Sorgen über die Unterbringung gemacht. Es gab viele Möglichkeiten, doch die meisten waren Doppelzimmer oder Schlafsäle. Ich wollte mein eigenes Zimmer. Die Vorstellung, mit einem fremden Menschen zusammenzuwohnen, belastete mich. Ich brauchte Platz für mich. Man sagte mir, es sei kein Einzelzimmer verfügbar. Ich bat inständig, dass man mich irgendwo allein unterbrachte. Schließlich bot mir ein Mitglied des Moderatorenteams gegen eine geringe Miete seine Wohnung im obersten Stock des Zentrums an.

Ich landete in Köln und fuhr in die Innenstadt. Eine nette Frau am Empfang checkte mich ein und gab mir einige Schlüssel. Ich war früh dran, und es waren erst ein paar andere Teilnehmer eingetroffen. Ich schleppte meinen Koffer fünf Stockwerke nach oben und schloss die Tür zu meiner Unterkunft auf. Ich konnte mein Glück kaum fassen. Die Dachwohnung hatte ein riesiges Schlafzimmer, ein Badezimmer, und ich hatte meine eigene Küche. Ich hüpfte vor Freude auf und ab.

Die Regeln waren streng. Wir durften während unseres Aufenthaltes mit niemandem außerhalb des Retreats kommunizieren, alle elektronischen Geräte waren verboten. Die Zeit zwischen den Sitzungen mussten in absolutem Schweigen verbracht werden. Ich hielt mich für einen Menschen, der seine Smartphone-Nutzung ganz gut im Griff hatte: Ich benutzte mein Handy viel, aber hauptsächlich für die Arbeit. Ich hatte es nicht ständig in der Hand. Doch als ich es jetzt für eine Woche wegpackte, fühlte ich mich, als hätte mir jemand die Hand abgehackt.

Am ersten Abend versammelten sich alle zu einer Orientierungsveranstaltung im Hauptraum. Ich kam als Letzte hinzu, und alle drehten sich zu mir um. Ich fand einen leeren Stuhl und setzte mich. Die Gruppe umfasste vierzig Teilnehmerinnen und Teilnehmer, vierzig Mitglieder des Supportteams, zehn Moderatoren sowie Rafia und Turiya, die Begründer des Programms. Ich fühlte mich sofort zu Rafia hingezogen. Er war Mitte sechzig, attraktiv und wirkte sehr gelassen. »Hier erwartet euch die Reise eures Lebens«, versprach er uns lächelnd. »Wir fühlen uns zutiefst geehrt, dass ihr hier seid.« Er sah mich gütig lächelnd an.

Wir alle bekamen einen großen, leeren Ordner und ein leeres Blatt Papier. »Der Path of Love hat sieben Schlüsselsätze«, sagte Turiya. »Jeder Schlüsselsatz wird euch helfen, an einen tieferen Ort in euch selbst zu gelangen. Im Lauf der nächsten Woche werdet ihr sie verstehen und verkörpern. Nehmt eure Stifte und schreibt sie euch auf.« Sie las die Sätze vor und wiederholte jeden diverse Male. Ich schloss die Augen und ließ alles auf mich wirken.

Während sie las, spürte ich, dass sich etwas in meiner Brust regte. Ein Schlüsselsatz handelte von Ehrlichkeit und davon, dass man seine Gefühle zeigen solle. Ein anderer davon, wie man sich seinen Vorurteilen und Meinungen stellen konnte. Als sie den siebten Satz laut vorlas, stellten sich mir die Härchen im Nacken auf. »Ich werde um göttlichen Beistand bitten.« Turiya wiederholte den Satz. »Ich werde um göttlichen Beistand bitten.« Ich hatte mich bisher immer nur in Zeiten der Verzweiflung Hilfe suchend an Gott (oder das Göttliche oder wie man es auch immer nennen will) gewandt. Ich erinnerte mich an meine Erfahrung während der Ayahuasca-Zeremonie vor einigen Jahren, als ich mich auf den Boden geworfen und um Gnade gefleht hatte. Wie ich mit Pepper auf der Straße gestanden hatte, als er plötzlich nichts mehr sehen konnte und ich Andrea bat, ihn zu retten. Wie ich in Thailand am Strand mein Handy an die Brust gedrückt und das Universum angefleht hatte, meine Mutter am Leben zu erhalten. Auf einen Schlag wurde mir klar: *Ich habe kein Verhältnis zu Gott, außer in dunklen Momenten. Ich bete nur, wenn ich auf die Knie gezwungen werde und kurz vor dem Aufgeben bin. Was hoffte ich, hier zu finden?* Ich wusste es immer noch nicht genau, aber wenn die Bitte um göttlichen Beistand zum Prozess gehörte, würde ich es sicher herausfinden.

Ein zweites Blatt Papier wurde verteilt, auf dem die Regeln für das Retreat standen. Rafia erklärte, dass sie eine starke und tiefe Struktur schaffen sollten, die uns und unsere innere Suche stützen würde.

Er las eine nach der anderen vor. »Wer sich nicht im Gruppenraum befindet, soll schweigen.« Das hatte ich erwartet und verstand auch den Grund. Schweigen ist ein wichtiger Teil des Prozesses, weil wir dann zwischen den Sitzungen über alles nachdenken können. Einige Erkenntnisse, die mein Leben nachhaltig verändert haben, habe ich in anderen Retreats durch das Schweigen gewonnen. Stille war wirklich sehr, sehr wichtig, sagte Rafia.

»Keine Rauschmittel«, lautete die nächste Regel. Das hieß, wir durften keinen Alkohol oder nicht verschreibungspflichtige Medikamente zu uns nehmen. Ein paar lachten.

»Kein sexueller Kontakt.« Rafia erklärte dazu nichts und machte weiter.

Schließlich kam er zur letzten Regel. »Ich stimme zu, den Anweisungen zu folgen, die mir die Moderatoren bis zum Ende des Prozesses erteilen.« Das war's.

Wir unterschrieben alle auf der gepunkteten Linie, und die Assistenten sammelten die Blätter wieder ein.

Als die Sitzung begann, wurden wir in vier Gruppen zu je

neun oder zehn Personen aufgeteilt. Jede Gruppe würde so etwas wie eine Familie werden, sagte Rafia. »Ihr werdet zu diesen Menschen eine Verbindung auf einem völlig neuen Level aufbauen. Seht ihnen in die Augen.« Ich ließ den Blick über meine Gruppe schweifen. Sie bestand aus Menschen verschiedenen Alters, aus den unterschiedlichsten sozialen Schichten. Alle wirkten nervös.

Wir sollten Blickkontakt zu einem Mitglied der Gruppe aufnehmen und die Verbindung halten. Diese Person war dann unser Partner oder unsere Partnerin. Ein junger Mann, den ich für neunzehn oder zwanzig hielt, sah mich an. Er war groß und schlank, mit blauen Augen. Als ich ihn näher betrachtete, schien er sogar noch jünger zu sein. Er würde also mein Partner sein.

Wir sollten uns kurz miteinander bekannt machen. Er hieß Naveen – ein Sannyasin, ein Anhänger von Osho (ein indischer Mystiker, der auch unter dem Namen Bhagwan Shree Rajneesh bekannt ist). Path of Love und die Retreats, an denen ich schon teilgenommen hatte, gründen sich alle auf die Lehren von Osho, aber er wird kaum erwähnt. Die Gruppen konzentrieren sich auf bedingungslose Liebe; es gibt niemanden, vor dem man sich verbeugen sollte, niemanden, der auf ein Podest gestellt würde. Naveen war tatsächlich in meinem Alter, wurde bald achtundzwanzig und hatte im letzten Jahr an sechs oder sieben dieser Workshops teilgenommen. Er war Grafikdesigner und schon seit vielen Jahren mit seiner Freundin zusammen. Sein Blick war durchdringend, und er hatte sich seinem spirituellen Weg zutiefst verschrieben. Früher hätte ich mich in dieselbe Kategorie einsortiert. Jetzt sah ich mich eher als eine »lockere« Sucherin, wenn es so etwas geben sollte.

Als ich an der Reihe war, stiegen mir Tränen in die Augen. »Ich heiße Rachel«, stellte ich mich vor. »Ich weiß nicht, warum ich weine. Ich lebe auf Aruba. Ich bin Schwedin und seit zwei

Jahren verheiratet. Ich habe ein gutes Leben.« Bei meinem letzten Satz konnte ich kaum weitersprechen. Ich spürte eine so überwältigende Traurigkeit, dass ich mich mit aller Kraft zusammenreißen musste, um nicht schluchzend zusammenzubrechen. Ich griff nach einem Taschentuch. Mein Leben war gut. Alles war solide und geordnet. Dennis und ich liebten einander. Wir stritten nie. Wir waren ein Team. Meine Arbeit erfüllte mich. Wir hatten Geld, ein wunderschönes Haus, wir reisten. Ja, in den letzten Jahren war einiger Mist passiert. Aber über das meiste war ich hinweg – selbst über das mit meiner Mutter. Wir hatten wieder ein gutes Verhältnis. Warum war mein Herz also so schwer? Warum musste ich weinen? Naveen sah mich aus freundlichen Augen an.

Wir setzten uns wieder auf unsere Stühle, und Rafia und Turiya erklärten kurz, wie die Woche ablaufen würde. Wir bekämen keinen Ablaufplan und würden nie vorher wissen, was an welchem Tag auf dem Programm stand. Dadurch sollten wir immer im Moment verhaftet sein, unsere Gedanken sollten nicht wandern.

Als die Sitzung zu Ende war, ging ich zurück in die Wohnung, schrieb in mein Tagebuch und rollte die Yoga-Matte aus. *Ich weiß nicht, warum ich hier bin,* dachte ich. Ich weiß nur, dass es wirklich wichtig ist. Ich setzte mich auf die Matte, schloss die Augen und atmete. Plötzlich zuckte ich und fiel nach hinten. *Was war das denn?* Ich war im Sitzen eingeschlafen. Mir war gar nicht klar gewesen, wie müde ich gewesen war. Es war immer noch hell draußen, doch ich kroch ins Bett und schlief weiter.

Dann hörte ich erst wieder ein Klopfen an der Tür. »Raus aus den Federn!«, rief eine Stimme. Einen Moment wusste ich nicht, wo ich war. Ich griff zum ersten Mal nach meinem Handy, dann fiel mir ein, dass ich in Köln war, im Osho Center. Heute war der erste Tag von Path of Love. »Ich bin wach«, rief ich in Richtung Tür. »Viel Glück heute«, antwortete die Stimme. Wie bitte? Auf was hatte ich mich da nur eingelassen. Ich ging in die Küche. Die Uhr an der Wand zeigte fünf Minuten nach halb sechs – ich musste mich beeilen. Ich zog mir eine Yoga-Hose, einen Sport-BH und ein Tanktop an und kochte mir eine Tasse Tee. Gleich begann die erste Dynamische Meditation.

Die Dynamische Meditation ist die grundlegende Meditation bei Osho-Zusammenkünften, und sie soll das Verrückte heraustreiben – man soll aufgestaute Emotionen loswerden und Raum schaffen für das Hier und Jetzt. Es ist extrem transformativ, aber auch anstrengend. Die Meditation umfasst fünf Abschnitte, die alle von sehr lauter Musik begleitet werden. Die erste Phase besteht aus chaotischem Atmen und dauert zehn Minuten. Man konzentriert sich nur auf das Ausatmen, stößt mit aller Kraft die Luft durch die Nase aus, der Mund ist geschlossen. Der ganze Körper arbeitet mit. Die zweite Phase ist die Katharsis – das Herauslassen. Was auch immer in einem vorgeht, man soll es herauslassen. Wenn man glücklich ist, tanzt und singt man, lächelt oder lacht. Wenn man wütend ist, schreit man, schlägt auf Kissen ein, flucht oder brüllt. Wenn man traurig ist, weint man. Auch das dauert zehn Minuten und geht richtig tief. Beim ersten Mal kann es einen ziemlich überfordern. Die dritte Phase ist die »Hu«-Phase und dauert auch zehn Minuten – man hüpft auf und ab, kommt auf den Fußsohlen auf, während man die Arme nach oben ausstreckt und das Sufi-Mantra ruft: »*Hu! Hu! Hu!*« Darauf folgt die vierte Phase, die stille Phase. Sie beginnt, wenn jemand »Stopp!« ruft. Man streckt die Arme in die Luft und verharrt so. In der fünften und letzten Phase dürfen alle feiern und tanzen.

Die ganze Meditation dauert eine Stunde. Der Sinn ist, einen sicheren Ort zu schaffen, an dem man all die angestauten Emotionen herauslassen kann. Osho glaubte, dass der westliche Geist zu festgefahren war, zu voll mit Sorgen und Problemen und Anspannung – wir leben im Geist. Deshalb ist es für uns unrealistisch, uns hinzusetzen und sofort meditieren zu können. Wir müssen erst Raum schaffen, damit die Stille eintreten kann; in unsere Körper eintauchen und alles herauslassen.

Vor der Dynamischen Meditation war ich nervös, auch wenn ich sie schon viele Male gemacht hatte. Ich hatte immer Angst vor einem Asthmaanfall oder davor, dass ich es nicht schaffen würde (was seltsam ist, weil ich körperlich fit bin). Irgendetwas an der Dynamischen Meditation triggerte meine Angst, nicht mithalten zu können. Ich trank meinen Tee aus und ging nach unten.

Als ich den Meditationsraum betrat, gab man mir eine Augenbinde – die bei der Dynamischen Meditation alle tragen. Alle putzten sich vor der ersten Phase noch einmal die Nase. Wir durften nichts mitbringen, doch ich hatte mein Asthmaspray im BH eingeschmuggelt. Ich nahm mir ein Polster und suchte mir einen Platz in der Ecke. Auch wenn ich das Spray selten brauchte, beruhigte mich das Wissen, es griffbereit zu haben. Alle waren anwesend. Während das Vorgehen erklärt wurde, sahen die, die zum ersten Mal daran teilnehmen würden, mit großen Augen zu. Alle nahmen ihre Plätze ein, ein Gong erklang, und es ging los. Ich atmete durch die Nase ein und stieß die Luft mit aller Kraft aus. Schleim spritzte heraus, den ich an meinem Top abwischte, doch ich hörte nicht auf. Man sollte so kraftvoll und chaotisch vorgehen, damit dabei der ganze Körper mit Sauerstoff versorgt wurde und man Energie aufbaute. Das Geräusch des gemeinsamen Atmens trieb mich an. Sehen konnte ich meine Umgebung nicht, aber spüren.

Nach einer gefühlten Ewigkeit erklang wieder der Gong. Die Musik änderte sich. Katharsis. Sofort stieß ein Mann links von mir einen animalischen Schrei aus. So laut, dass ich zusammenzuckte. Dann brüllten alle und schlugen auf ihre Polster ein. Es klang wie in einem Zoo und war furchterregend. »*Fuck! Fuck! Fuck!*«, brüllte eine Frau durch den Raum. Der Mann links von mir steigerte sich in einen richtigen Wutanfall hinein. Ich wusste, dass das kommen würde – darum ging es schließlich in der zweiten Phase. Aber meine letzte Dynamische Meditation war Jahre her, und ich fühlte mich sehr klein und verängstigt.

Ich ließ mich auf den Boden fallen und hielt das Polster hoch, um mich zu schützen. Ich schluchzte, fühlte mich ausgesetzt, schutzlos. Um mich herum tobte der Wahnsinn: Menschen weinten, schrien, fluchten, stampften mit den Füßen auf, stießen animalische Laute aus.

Wieder ertönte der Gong. Diesmal schien nur eine Minute vergangen zu sein. Jetzt kam die Hu-Phase. Ich war müde und wollte mir die Nase putzen, doch es gab keine Pause. Ich stand da und hob die Arme in die Luft. Alle brüllten gleichzeitig: »*Hu! Hu! Hu!*« Ich war so erschöpft, dass ich die Arme nicht gerade nach oben strecken konnte. Daher winkelte ich nur die Ellbogen ab und hielt die Hände über dem Kopf. Meine Beine waren schwer wie Blei. Ich konnte kaum hüpfen. Endlich rief jemand: »*Stopp!*« Ich erstarrte, die Arme immer noch erhoben. Mein Herz klopfte wild, Schweiß tropfte mir von Gesicht, Armen und Beinen. Ich fühlte mich wie in Trance. Ich verlor das Gefühl für Raum und Zeit. Dann erfüllte sanfte Musik den Raum. Ich schwankte hin und her. Die Musik war leise und fröhlich, und ich begann zu tanzen.

Als die Stunde vorbei war, schienen Tage vergangen zu sein. Ich fühlte mich belebt, voller Energie. Als hätte die Meditation etwas aus dem Weg geräumt, und innerlich war ich leer, aber auf gute Weise. Ich duschte, frühstückte und hatte immer noch Zeit vor der nächsten Sitzung, um die Schreibaufgabe des Morgens zu erledigen. Sie bestand aus nur zwei Fragen.

Was funktioniert gut in deinem Leben?

Was fehlt in deinem Leben, und welchen Themen in dir müsstest du dich stellen, damit sich daran etwas ändert?

Die erste Frage war einfach: Die Beziehung zu meinem Mann. Meine Hingabe an die Arbeit. Eine Gemeinschaft aufzubauen, Sachen zu erledigen. Glück zu manifestieren. Meine Fähigkeit, Gefühle und Schmerz in Worte zu fassen. Dabei beließ ich es. Die zweite Frage war schwieriger. Was fehlte in meinem Leben und musste sich ändern? »Ruhe«, schrieb ich. Das war ein bitteres Eingeständnis und eine noch bitterere Realität. Ich bin Yoga Girl, und meinem Leben fehlt Ruhe? Ich kann Momente voller Gelassenheit und Frieden für andere erschaffen, aber weiß nicht, wie ich das für mich tun kann. Sex fehlte auch. Unser Sexleben war in letzter Zeit nicht das beste gewesen. Ich schob es darauf, dass wir zusammen arbeiteten, den ganzen Stress, die Reisen, aber vermutlich steckte mehr dahinter, und das lag wahrscheinlich an mir.

Als ich mit dem Schreiben fertig war, ging ich zum Warteraum für die zweite Sitzung. Ich suchte mir einen Stuhl weit hinten und setzte mich. Der Raum füllte sich schnell. Als alle Stühle besetzt waren, schlossen die Assistenten die Tür. Ich sah mich um. Manche knabberten an ihren Nägeln, andere saßen aufrecht mit geschlossenen Augen da und schienen zu meditieren. Plötzlich überkam mich Erschöpfung. Wie am Abend zuvor auf der Yoga-Matte nickte ich immer wieder ein. Ich unterdrückte ein Gähnen und fragte mich: *Warum wird das hier Warteraum genannt, und worauf warten wir?* Die anderen Anwesenden stellten sich bestimmt dieselbe Frage.

Irgendwann öffnete sich endlich die Tür, und sechs Leute kamen herein, die sich vor uns aufbauten: ein glatzköpfiger

Mann in den Fünfzigern, ein jüngerer Mann mit schwarzen Locken, eine große, dünne Frau mit Haaren bis zur Taille, eine Dame in den Sechzigern, die einen langen, fließenden Rock trug, sowie ein Mann mittleren Alters mit Brille und weißem Hemd. In der Mitte stand eine kleine, wunderschöne Frau, die etwa Mitte dreißig zu sein schien. Sie war barfuß, trug Zehenringe und eine Kette um das Fußgelenk, deren kleine Glöckchen bei jeder Bewegung klirrten. »Seid willkommen«, sagte sie mit portugiesischem Akzent. »Wir sind die Moderatoren. Mein Name ist Shubhaa. Ich bin die Moderatorin der Gruppe eins.« Meine Gruppe. Ich war wirklich froh, dass Shubhaa für uns zuständig sein würde. Ich mochte sie jetzt schon.

Nach der Einführung wurden wir gruppenweise in den Hauptraum geführt. Die Stühle waren wie gestern hufeisenförmig aufgestellt, doch dahinter stand ein Tisch mit etwa zehn Menschen, die zu uns sahen. Es war wirklich seltsam. Wir setzten uns. »Willkommen bei eurer Familie«, sagte Shubhaa. »Seht euch um. Wir alle werden zusammen in dieser Woche einige wahrlich transformative Dinge erleben. Ich bin hier, um euch anzuleiten. In dieser kleinen Gruppe werdet ihr oft die Möglichkeit haben, vor den anderen zu stehen und in eure Vergangenheit einzutauchen, in eure Emotionen, eure Wunden, und ihr werdet alles ausdrücken können, was euch gerade bewegt. Und ihr werdet eure Vorstellungen und Meinungen hinterfragen.«

Ich war immer noch so müde, dass ich ihr kaum folgen konnte; ständig drohten mir, die Augen zuzufallen, und bald würde ich den Kopf nicht mehr hochhalten können. Als ob in dem Moment, in dem der Prozess begann, plötzlich alle Kraft aus mir wich. Ich wollte nur noch schlafen.

Shubhaa sprach weiter. »Die erste Übung dreht sich um die Frage: Wie geht es dir gerade – und wonach sehnst du dich wirklich in deinem Leben?« Die Gruppe schwieg. Ich war entsetzt. *Bitte nicht ich,* betete ich stumm.

»Wer möchte als Erstes aufstehen?«, fragte sie. Lange regte sich niemand. Schließlich erhob sich der große Mann, der mir gegenübersaß. Er überragte alle. Er sah gut aus, war wahrscheinlich Mitte vierzig, athletisch und hatte blondes, dünner werdendes Haar und dunkle Ringe unter den Augen. »Hallo«, sagte er in die Runde. »Ich heiße Bas, und es geht mir gut. Wonach ich mich sehne? Ich weiß es nicht. Ich habe einen sehr fordernden Job. Vielleicht bin ich ein bisschen müde.« Ich glaubte ihm nicht. »Ich weiß nicht, warum ich hier bin«, fuhr er fort. »Ich habe eine Frau kennengelernt. Sie hat es mir empfohlen. Ich leite eine große Firma. Ich habe zweihundert Angestellte. Alles ist gut.« Er sah zu Shubhaa, unsicher, ob er weitersprechen sollte. Sie schwieg. »Das war es dann, oder?« Shubhaa lächelte ihn an. »Danke, Bas. Wer möchte als Nächstes sprechen?«

Die Frau neben mir stand auf. Sie war klein, mit roten Locken und runden Hüften. »Ich heiße Tatiana«, stellte sie sich mit schwerem, finnischem Akzent vor. »Ich komme aus Helsinki. Ich bin nervös, weil ich nicht weiß, was mich hier erwartet. Ich bin alleinerziehende Mutter. Meine Tochter ist sechzehn. Sie macht sich Sorgen um mich.« »Warum macht sie sich Sorgen um dich?«, fragte Shubhaa. »Ich bin nicht sehr glücklich in letzter Zeit«, antwortete Tatiana. »Meine Mutter ist letztes Jahr gestorben.« Der Schmerz war ihr anzusehen. »Sie war alles für mich. Aber ich hatte keine Zeit zum Trauern. Ich habe ein Geschäft und meine Tochter, und ich bin sehr beschäftigt.« »Und wonach sehnst du dich?«, fragte Shubhaa. »Danach, glücklich zu sein«, sagte Tatiana. »Nach Freude. Das habe ich schon lange nicht mehr empfunden.« Ihre Augen füllten sich mit Tränen, als sie sich setzte.

Als Nächstes stand eine dunkelhaarige Frau auf. Sie war etwa

Ende dreißig oder vielleicht etwas älter. Ihre Augen waren stark geschminkt, ihre Stirn so glatt wie Eis. Sie wirkte wütend, auch wenn sie lächelte. »Ich heiße Bianca«, sagte sie, »ich komme aus Frankreich, lebe aber mit meinem Mann und meinem Sohn in Florida. Beziehungsweise jetzt nur noch mit meinem Sohn. Wir haben ein wunderschönes Haus, gleich am Meer. Ich bin Innenarchitektin.« »Und wie geht es dir, Bianca?«, fragte Shubhaa. »Ich weiß es nicht«, erwiderte die Frau. »Ich bin aus diversen Gründen hier, schätze ich. Mein Mann hat mich betrogen. Jetzt lassen wir uns scheiden, und er will mir mein Geschäft wegnehmen und das Haus und alles, was ich besitze. Es ist sehr unfair. Wahrscheinlich bin ich wütend.« »Und wonach sehnst du dich, Bianca?«, fragte Shubhaa. Bianca überlegte lange. »Ich will mich nicht so fühlen«, sagte sie schließlich. »Das bin nicht ich, so, wie ich mich gerade fühle. Ich bin so wütend. Ich will glücklich sein.«

Jedes Mal, wenn jemand fertig gesprochen hatte, geriet ich in Panik. Ich wollte nicht als Nächste drankommen. Ich war so unendlich müde und konnte kaum die Augen offen halten. Naveen stand auf. »Hallo, Leute. Ich komme aus Deutschland. Ich freue mich sehr, hier zu sein«, sagte er. *Er freute sich?*, dachte ich. Der ist aber überheblich. *Alle tragen hier schlimme Dinge mit sich herum, alle sind traurig, müde, überarbeitet, wütend, und er freut sich?* Ihm glaubte ich auch nicht. »Das ist mein sechster Osho-Workshop in diesem Jahr«, erzählte er. »Er wurde mir wärmstens empfohlen. Ich sehne mich danach, meine Verbindung zu Gott und zum Universum zu vertiefen. Ich möchte in meinen Meditationen tiefer gehen.«

Eine hübsche Frau in den Vierzigern mit rundem Gesicht, braunen Augen und dunklen Haaren, die ihr bis über die Schultern reichten, sah uns nacheinander an. »Ich heiße Devika«, stellte sie sich vor und versuchte, nicht zu weinen. »Ich bin

Mutter von drei wunderbaren Jungs, und ich weiß nicht, warum ich hier bin. Ich liebe meinen Mann. Meine Kinder. Mein Leben. Alles ist gut. Ich habe nur das Gefühl, als hätte ich etwas verloren. Einen Teil von mir selbst … Ich glaube, ich sehne mich nach Zeit für mich allein. Ich will wieder wissen, wie es ist, ich selbst zu sein. Ich will nicht nur Mutter sein, nicht nur Ehefrau. Ich will mich selbst finden.« Als Devika sich wieder hinsetzte, hätte ich aufstehen sollen, es hinter mich bringen, aber ich versteckte das Gesicht hinter den Händen und merkte, dass ich weinte. Mit dem Pulloverärmel wischte ich mir die Tränen ab. *Ich kann nicht aufstehen*, dachte ich. *Ich bin zu müde.*

Zwei andere Männer erhoben sich. Der erste, Peter, sagte, er sei verwirrt und suche nach Weisheit. »Ich will Einsichten«, erklärte er. »Klarheit. Ich will wissen, warum wir alle hier sind. Der Sinn des Lebens. Darüber denke ich oft nach.« Als er sich wieder setzte, stand der letzte Mann der Gruppe auf. Er war attraktiv, mit dunkelbraunen Augen und Dreitagebart im gebräunten Gesicht. Malas baumelten um seinen Hals. »Ich heiße Matteo und komme aus Chile. Ich freue mich, hier zu sein, aber ich bin sehr nervös. Ich habe Aggressionsprobleme. Familientraumata. Dinge, die ich klären will. Ich habe das Gefühl, eine schwere Dunkelheit in mir zu tragen. Probleme aus der Kindheit. Meine Kindheit war sehr hart, und ich glaube, sie lebt immer noch in mir.« Matteo sagte, er suche nach Seelenfrieden. »Ich will einfach nur Frieden.«

Und dann waren nur noch eine andere Frau und ich übrig. Ich konnte mich nicht bewegen. Die andere stand auf, sie war dünn und blond, und eine große Brille saß auf ihrer Nasenspitze. »Ich heiße Anna«, begann sie, »und komme aus der Schweiz. Ich habe gerade eine Trennung hinter mir. Mein Freund hat mich ohne Vorwarnung verlassen. Alle verlassen mich. Ich weiß nicht, was ich falsch mache.« Sie wischte sich die Augen mit einem Taschentuch. »Ich sehne mich nach Liebe«, sagte sie. »Echter, wahrer Liebe. Ich habe niemanden.« Sie brach in Tränen aus. Shubhaa ging zu ihr und legte ihr eine Hand auf die Schulter. »Du bist hier, und das ist sehr mutig. Du bist sehr stark.« Ihre Worte schienen Anna zu beruhigen, und sie setzte sich wieder.

Dann war nur noch ich übrig. Ich wollte aufstehen, aber ich schien mit dem Stuhl verschmolzen zu sein. Schließlich fragte Shubhaa: »Rachel? Möchtest du aufstehen?« Das wollte ich nicht, aber vor allem sollten die anderen aufhören, mich anzustarren. Als ich mich erhob und die Gruppe ansah, brach ich in Tränen aus. Ich stand einfach vor allen da und schluchzte. Es war mir so peinlich. »Darf ich deinen Arm anfassen?«, fragte Shubhaa. Ich nickte, und sie streichelte mit ihren Händen meine Oberarme. Ihre Berührung beruhigte mich. »Wie geht es dir, Rachel?«, fragte sie. Als ich antworten wollte, flossen wieder die Tränen. »Ich bin einfach so … müde«, brachte ich schließlich heraus. Es stimmte. Ich war noch nie so müde gewesen. Als würden mich mein hektisches Leben und die ganzen Qualen der letzten zwei Jahre auf einen Schlag einholen. »Und wonach sehnst du dich, Rachel?«, fragte Shubhaa. »Ich will schlafen«, sagte ich mit einem schwachen Lächeln. »Ich will mich einfach nur ausruhen.« Shubhaa erwiderte das Lächeln. »Danke, Rachel.«

Ich war emotional völlig erschöpft, wie alle anderen auch, aber der Tag hatte gerade erst angefangen. Gleich sollte die nächste Übung beginnen. Sie handelte davon, wie uns Menschen wahrnahmen, die wenig oder gar nichts über uns wussten. Alle mussten nacheinander vor der Gruppe stehen und sich von den anderen einschätzen lassen. »Wir wollen, dass ihr ehrlich und wahrhaftig antwortet, auch wenn es wehtut«, sagte Shubhaa.

Tatiana machte den Anfang. »Anna, was hältst du von mir?«
Gemäß Shubhaas Anweisungen antwortete Anna: »Tatiana, ich
sehe dich als sehr freundlichen Menschen. Eine gute Freundin.«
Shubhaa unterbrach sie. »Danke, Anna, aber darum geht es
hier nicht. Natürlich hat Tatiana viele wunderbare Eigenschaften, aber bei dieser Übung wollen wir uns mit den Schatten-
seiten beschäftigen. Was siehst du, wenn du Tatiana anschaust?
Was ist die echte Wahrheit?« Anna musterte Tatiana lange. »Ich
verstehe. Tatiana … Ich sehe dich als jemanden, der ein sehr hartes Leben hat.« »Danke, Anna«, sagte Shubhaa. »Tatiana, mach
bitte weiter.«

»Bas, was denkst du über mich?«

»Tatiana, auf mich wirkst du … ein wenig unnahbar«,
antwortete er.

»Naveen, wie ist dein Eindruck von mir?«

»Tatiana, mir erscheinst du wie jemand, der in der Vergangenheit viel kämpfen musste«, sagte er.

»Rachel, was denkst du über mich?«, fragte Tatiana.

Ich wollte sie nicht verletzen, aber auch ehrlich sein. Sie wirkte wirklich wie jemand, der ein sehr hartes Leben gehabt hatte.
Tiefe Falten durchzogen ihre Stirn und ihr Gesicht. Sie hatte die
Arme vor der Brust verschränkt. »Tatiana, mir erscheinst du wie
jemand, der gegen die Strömung ankämpft«, antwortete ich.

Als alle ihre Einschätzung abgegeben hatten, war Tatiana
merklich aufgewühlt. »Ich hätte nicht gedacht, dass ihr mich so
seht«, sagte sie. »Es stimmt alles. Ja, ich hatte ein sehr hartes
Leben. Aber ich halte mich selbst für einen sehr glücklichen
Menschen. Ich will nicht auf jemanden mit einem harten Leben
reduziert werden. Ich bin viel mehr als nur das.«

Ich hatte noch nie über jemanden mit so ungefilterter Ehrlichkeit nachgedacht. Mein Herz klopfte, als ich an der Reihe
war, mich vor die Gruppe zu stellen. Ich versuchte, liebevolle

Sachen zu denken. Ich hoffte, sie schätzten mich als netten Menschen ein. Ihre Antworten schockierten mich. »Rachel, auf mich wirkst du wie jemand, der eine Mauer um sich herum aufgebaut hat«, sagte Anna. »Rachel, ich sehe dich als Kontrollfreak«, erklärte Matteo. »Ich sehe abgrundtiefe Traurigkeit in dir«, meinte Devika. »Auf mich wirkst du wie jemand, der sich tief im Inneren für hässlich hält«, sagte Bas. »Für mich bist du eine Perfektionistin«, bemerkte Peter. »Ich habe das Gefühl, als wärst du tief in dir sehr wütend«, meinte Tatiana. Naveen gab als Letzter seine Einschätzung ab. »Ich sehe dich als jemanden, der alle Last der Welt auf seinen Schultern trägt.«

Ich stand einfach nur da. »Wie fühlst du dich jetzt?«, fragte Shubhaa. »Traurig«, antwortete ich weinend. »Sehr, sehr traurig. Ich habe nicht das Gefühl, als sei ich der Mensch, den ihr hier beschrieben habt. Oder vielleicht bin ich es, aber man soll es mir nicht anmerken.«

»Und was wäre, wenn du der Welt dein wahres Ich zeigen würdest?«, fragte Shubhaa. »Dann würde keiner mit mir zusammen sein wollen«, erwiderte ich.

War ich wirklich so? Ein Kontrollfreak, traurig, eine Perfektionistin? Shubhaa nannte die Übung »Schattenarbeit« und beschrieb sie als zutiefst transformativ. Der Path-of-Love-Prozess handelte nicht nur davon, unseren Weg hin zu Liebe und Licht zu finden, sondern auch unsere Schattenseite anzuerkennen, die dunkle Seite. Statt diese Facetten an uns zu unterdrücken, sollten wir ihnen Raum geben und sie zeigen. »Wenn wir aufhören, diese Aspekte an uns zu verstecken, können wir sie in etwas Wunderschönes verwandeln«, erklärte sie. »In diesem Prozess geht es darum, jeden Teil von euch selbst anzunehmen.«

Später sollten wir einen Brief schreiben mit einem Versprechen an uns selbst. »Ich verspreche mir, verletzlich zu sein, das zu zeigen und mich halten zu lassen«, schrieb ich. Ich fragte mich, wie zur Hölle ich diese Woche überstehen sollte. Erst ein paar Stunden waren vergangen, und ich hatte schon das Gefühl, als hätte ich so viel über mich gelernt, doch es änderte nichts an der Erschöpfung und der tief sitzenden Traurigkeit.

Als es Zeit für die nächste Sitzung war, fiel mir auf, dass die Stühle anders angeordnet waren. Sie standen jetzt paarweise einander gegenüber. Matteo und ich bildeten ein Paar. Wir sollten uns gegenseitig folgende Frage stellen: »Könntest du vor deinem Tod auf dein Leben zurückblicken und zufrieden sein?«

Matteo antwortete zuerst. »Ich bin so wütend«, sagte er. »Ich will nicht mit dem Wissen sterben, dass ich einen Großteil meines Lebens mit Wut und Bitterkeit verbracht habe.«

Ich sagte voller Zuversicht: »Wenn ich heute sterben würde, hätte ich das Gefühl, das Beste gegeben zu haben. Zumindest hoffe ich das. Ich habe geliebt. Ich liebe. Sehr. Ich habe die Welt gesehen. Aber ich habe auch zu viele Abende zu Hause auf der Couch vor dem Fernseher verbracht. Ich könnte mich besser um meinen Körper kümmern. Ich könnte mehr Sex mit meinem Mann haben. Er liebt mich so sehr. Außerdem glaube ich, dass ich noch sehr viel verarbeiten muss.« Ich war überrascht, wie leicht ich intime Einblicke in mein Leben und meine Beziehungen mit einem völlig Fremden teilen konnte.

Als wir alle die Frage beantwortet hatten, sollten wir uns in zwei langen Reihen aufstellen und dem Menschen uns gegenüber in die Augen sehen. Meine Partnerin war eine rothaarige Frau mit stechenden grünen Augen und Sommersprossen. Ich kannte ihren Namen nicht, und sie so direkt anzusehen, war seltsam und unangenehm. Nach ein paar Minuten sollten wir einen Schritt aufeinander zumachen. Warum war es so schwer, ihr in die Augen zu sehen? Ich verdiente meinen Lebensunterhalt mit Yoga-Unterricht. Ich konnte Menschen lehren, innige Verbindungen aufzubauen. Warum war das hier dann so schwierig?

Rafia leitete uns an, bis sich unsere Stirnen berührten. Ich war erleichtert, dass ich ihre Augen nicht sehen konnte. Der Kontakt fühlte sich gut an. Schließlich umarmten wir uns, und ich fühlte mich wieder unwohl. Die Musik wechselte. Die Leute bewegten sich im Raum.

Ich wollte mich in einer Ecke verstecken. Shubhaa rief nach mir. »Rachel, na los!« Ich schüttelte den Kopf. »Komm schon«, drängte sie mich. »In dir wohnt ein Kind. Es will herauskommen und spielen. Der Tag war anstrengend. Tanz!« Sie nahm meine Hand und zog mich in die Mitte des Raums. Ich hatte das Gefühl, wieder in der Schule zu sein und alle würden mich auslachen. Ich schwenkte die Arme und drehte mich um mich selbst. »Gut gemacht«, flüsterte Shubhaa. »Ein kleiner Schritt nach dem anderen.«

Schließlich konnten wir bei Tee und Snacks eine Pause machen. »Ruht euch ein bisschen aus, und regeneriert euch«, sagte Rafia. »Ihr werdet die Energie brauchen.« In einer Dreiviertelstunde sollten wir mit einem Handtuch und einer vollen Wasserflasche zurückkommen. Ich war zu früh. Als alle versammelt waren, erteilte uns Rafia die nächste Anweisung. »Gleich folgt eine sehr starke Gruppenmeditation«, erklärte er. »Der Raum im Obergeschoss wurde zu einem sicheren, heiligen Ort umgewandelt, damit ihr dort eure Emotionen entsorgen könnt. Ihr sollt eure Gefühle ausleben, alte Emotionen freigeben, sie Feuer fangen lassen und sie verbrennen. Das wird euch gewaltige Erleichterung verschaffen. Wir haben Matratzen, Kissen und Decken für euch vorbereitet. Sucht euch eine Matratze aus, und lebt die Gefühle aus, die ihr gerade empfindet. Es werden Leute da sein, die euch stützen und für eure Sicherheit sorgen. Wringt euer Handtuch, weint hinein, schlagt damit zu und bedeckt euch damit. Grabt tief. Eure Sehnsucht brennt in euren Herzen, und sie will euch nach Hause geleiten. Folgt jetzt euren Gruppenleitern nach oben und haltet dabei die Hand eurer Partner.«

Elektrische Spannung lag in der Luft. Ich suchte Naveen, und wir folgten unserer Gruppe nach oben in den Hauptraum. Er sah völlig anders aus. Das Licht war gedimmt, und Matratzen mit Kissen und Decken bedeckten den Boden. Musik spielte. Ich entschied mich für eine Matratze in der Ecke. Die Türen schlossen sich, und Rafia führte uns via Mikrofon zu unserem Atem, in unsere Körper. Ich umklammerte mein Kissen und schloss die Augen, spürte mein Herz schlagen. Ich legte mir das Handtuch übers Gesicht und weinte.

Rafia führte uns tiefer, gab Beispiele von echtem Schmerz. Er sprach von Verlusten, Kämpfen, gebrochenen Herzen. Schon bald weinten alle. Die Musik wurde intensiver. Um mich herum wandelte sich bei einigen die Trauer zu Wut. Manche schrien, boxten in ihre Kissen und schlugen mit den Fäusten in die Matratze. Jemand in meiner Nähe flippte richtig aus. »*Fick dich, du verfickte Fotze!*«, brüllte er. Ich erkannte Matteos Stimme und öffnete die Augen. Es war furchterregend. Drei Assistenten hielten ihn fest, während er auf ein Polster eintrat, das ein vierter Assistent hielt. Die Mitarbeiter trieben ihn an. »Na, ist das alles, was du draufhast?« Ich sah, wie Matteos Augen dunkel wurden. Das war nicht mehr er, sondern nur noch reine Wut. Er kämpfte so lange, bis er schließlich schluchzend auf dem Boden zusammenbrach. Die Assistenten umringten ihn, hielten ihn und streichelten seinen Rücken und seinen Kopf. Während ich das Geschehen beobachtete, dachte ich: *Das ist genial.* Vor meinen Augen ließ jemand seinen Emotionen freien Lauf, ich sah die Heilung. *Es ist verdammt unglaublich, dass wir das alles in uns einsperren,* dachte ich. Dass es in uns existiert. Nicht es hinauszulassen war verrückt – sondern es in uns zu behalten.

Ich wollte auch wütend sein. Bisher sah ich nur von außen zu, anstatt mich selbst der Erfahrung hinzugeben. Ich versuchte, in mein Kissen zu schlagen, aber ich war zu müde, und es war einfach zu anstrengend. Ich konnte mich kaum bewegen. Jemand ging neben mir in die Hocke. »Tu's trotzdem«, sagte eine unbekannte Stimme. »Schlag trotzdem hinein. Auch wenn du nicht wütend bist. Auch wenn du nichts fühlst. Überlass dem Körper die Führung. Schlag einfach zu.«

Ich gehorchte. Ich schlug in das Kissen. Immer wieder. Wut stieg aus mir herauf an die Oberfläche. Ich war wütend, weil ich hier war. *Warum bin ich in diesem Raum voller Verrückter?,* fragte ich mich. *Ich gehöre hier nicht hin.* Oder vielleicht doch. Vielleicht lag es an dem ganzen Mist von außen – allem, was ich in der Welt da draußen gelernt hatte und weshalb ich glaubte, nicht dazuzugehören. Wieder drosch ich auf das Kissen ein, und die Wut in mir wuchs noch mehr. *Warum war ich hier? Warum musste ich in einem dunklen Raum voller wütender Leute sein und so irrsinnige Sachen machen, wie auf Kissen einzuschlagen, wenn ich jetzt friedlich daheim bei meinem Mann sein könnte? Warum musste das Leben so oft so hart sein?* Ich begann zu brüllen, schrie meine Wut auf die Welt hinaus und hämmerte auf das Kissen ein, bis ich in Tränen aufgelöst auf der Matratze zusammensackte. Ich sah Pepper vor mir. Ich hielt das Kissen, aber ich hielt auch ihn. Pepper. Mein Baby. Ich vermisste ihn so sehr. Ich bekam keine Luft. Ich hörte Shubhaas Stimme. »Dürfen wir dich halten?«, fragte sie. Während sie mich in die Arme nahm, spürte ich andere Hände auf meinen Füßen, die sie drückten. »Warum bist du so traurig?«, fragte Shubhaa. »Erzähl es mir.« Ich konnte kaum sprechen. »Er … Er ist gestorben. Pepper. Er ist tot. Ich hätte ihn retten sollen, aber ich habe es nicht getan. Es war meine Schuld. Pepper, mein Hund, ich habe ihn so sehr geliebt.« Shubhaa hielt ihr Gesicht an meines. Ob sie wohl überrascht war, dass Pepper ein Hund war? War es seltsam, dass ich wegen eines Haustiers so am Boden zerstört war? »Wow«, sagte sie. »Schau nur, wie viel Liebe du für ihn empfindest. So viel Liebe. Kannst du sie spüren?« Ich nickte. »Bleib einen Moment dabei«, sagte sie. »Bleib bei der Liebe. Du bist so voller Liebe für ihn. Deshalb ist der Schmerz auch so groß. Weil deine Liebe zu ihm so groß war. Bleib. Konzentrier dich auf das Gefühl.« Ich hörte auf zu weinen und saß still da. Spürte die Liebe. Sie war unter einer Schicht aus Trauer verborgen, aber sie war da. Unmengen davon. Geliebter Pepper.

»Darf ich dir eine Frage stellen?«, sagte Shubhaa. Wieder nickte ich. »Wenn du ihn hättest retten können – hättest du es getan?« Ihre Frage verblüffte mich. Ich hätte alles gegeben, alles getan, um Pepper zu retten. »Natürlich«, antwortete ich. »Aber du konntest es nicht«, erwiderte sie.

Ich weiß nicht, was dieser einfache Satz an sich hatte – ob es daran lag, dass ich all die Wut und den Schmerz und die Traurigkeit herausgelassen hatte, oder an den Gefühlen, die das intensive Retreat in mir hervorrief –, aber er veränderte alles. »Du konntest es nicht.« Das stimmte. Ich konnte ihn nicht retten. Wenn es mir möglich gewesen wäre, hätte ich es getan. Aber ich konnte es nicht. So funktionierte das Leben nicht. »Wenn ich ihn hätte retten können, hätte ich es getan«, wiederholte ich. »Und was sagt dir das?«, fragte Shubhaa. »Vielleicht … Vielleicht war es nicht meine Schuld.«

Als ich die Worte aussprach, wurde mir eine große Last von den Schultern genommen. Peppers Tod war nicht meine Schuld. Ich liebte ihn über alles. Wenn ich ihn hätte retten können, hätte ich es getan. Ich konnte es nicht, und er ist gestorben. Es war nicht meine Schuld. Ich atmete aus und schlief beinahe

sofort ein, auf meiner Matratze, inmitten der anderen Teilnehmerinnen und Teilnehmer. Als wäre ein Stöpsel gezogen
worden, nachdem ich die Schuldgefühle wegen Peppers Tod hatte abstreifen können. Es war nicht meine Schuld. Mein ganzer
Körper ließ los.

Am Abend ging ich nach dem Essen und der abschließenden
Meditation in meine Wohnung. Als ich die Vorhänge zuzog,
entdeckte ich auf der anderen Seite des Hofs ein Licht in einem
Fenster. Eine Frau saß dort und schaute in die Nacht hinaus,
während sie ihr Baby stillte. Plötzlich fühlte ich ein sehnsuchts-
volles Ziehen im Bauch. Die beiden wirkten so friedlich. Ich
dachte: *Das will ich auch.* Ich zog die Vorhänge zu und ging ins
Bett.

Am dritten Tag nahm ich das Asthmaspray nicht mehr mit. Ich
hatte etwas mehr Vertrauen zu der Gruppe aufgebaut und fühlte
mich sicherer als am Anfang, auch wenn ich vermutete, dass die
Sitzungen noch intensiver werden würden. Shubhaa begann mit
einer Frage, die auf meiner Erkenntnis zu Pepper am Tag zuvor
aufbaute. »Warum hatte ich mich für Pepper verantwortlich
gefühlt, für sein Leben und seinen Tod? Woher kamen diese
Schuldgefühle?« Mehr sagte sie nicht. So funktionierten die
Sitzungen mit Shubhaa – sie löcherte uns nicht oder stellte eine
Menge Fragen, die zu dem führten, was sie wissen wollte. Sie
warf es uns einfach hin.

Was war die Wurzel meiner Schuld? Ich wusste die Antwort,
doch sie steckte in meiner Kehle fest, als müsste ich mich gleich
übergeben. Etwas wollte heraus, aber ich hatte Mühe, es freizugeben. »Ich glaube, es hat mit meiner Mutter zu tun«, sagte ich
nach ein paar Minuten. Shubhaa schwieg, weshalb ich die Stille
füllte und weitersprach. »Sie hat schon mehrmals versucht, sich

umzubringen. Letztes Jahr ist es wieder passiert. Ich habe sie gerettet. Seit ich klein war, hatte ich immer das Gefühl, ich wäre für ihr Leben verantwortlich.«

Ich sprach ruhig, beinahe nüchtern. Ich wusste, dass hier meine rationale Seite dominierte. *Ja, es ist passiert. Ja, es ist scheiße. Aber ich bin darüber hinweg. Nicht wahr?* »Was passiert gerade in deinem Körper?«, fragte Shubhaa. »Schließ die Augen. Spür in dich hinein. Sag den Satz noch einmal. ›Ich habe das Gefühl, als wäre ich für das Leben meiner Mutter verantwortlich.‹« Nach einem tiefen Atemzug begann ich zu sprechen. »Ich habe das Gefühl … Ich habe das Gefühl …« Ich erstickte fast an den Worten. »Ich habe das Gefühl, als wäre ich für das Leben meiner Mutter verantwortlich.« Meine Kehle schnürte sich zu, und ich bekam keine Luft mehr. Ich legte die Hand an den Hals und keuchte. Shubhaa rannte zu mir und winkte den Assistenten zu, ihr zu folgen. Sie rieb meinen Rücken. »Du bist hier sicher«, sagte sie und versuchte, mich zu beruhigen. »Hier bist du in Sicherheit. Du bist in deinem Körper in Sicherheit. Dir droht keine Gefahr.« Ich begann zu würgen. Die Verantwortung erstickte mich. »Eimer!«, rief Shubhaa. Ich würgte in den Eimer, doch nichts kam heraus. »Du warst nur ein Kind«, sagte Shubhaa. Ich klammerte mich an ihre Worte. *Ich war nur ein Kind. Es war nicht meine Schuld, dass sie sterben wollte.* Langsam wurde ich ruhiger. Ich war schockstarr, wie viel sich in mir bewegte. Als ich nach Ende der Sitzung in meine Wohnung zurückkehrte, hatte ich immer noch das Gefühl, als würde etwas in meinem Körper schwären – etwas, das herausmusste.

Am Nachmittag fand eine weitere intensive Meditation statt. Ich versuchte, wütend zu werden, doch stattdessen saß ich weinend auf meiner Matratze und dachte an Andrea. Ich fragte mich, ob ich ihren Tod je verarbeiten würde. Ich wollte, dass sie mich in einer Vision besuchte wie Pepper am Tag zuvor, aber ich sah sie nicht. Ich fühlte nur den Schmerz.

Als Letztes stand für den Tag Satsang auf dem Plan – eine heilige Zusammenkunft. Es war wie Savasana am Ende einer Yoga-Einheit. Beruhigend. Wunderschön. Zurück in der Wohnung wurde ich dann unruhig. Ich fühlte mich allein und panisch. *Warum hatte ich kein Bett in einem Schlafsaal gebucht oder wenigstens ein Zimmer mit jemand zusammen?* Stattdessen war ich allein in dieser großen Wohnung, um die ich so gekämpft hatte.

Ich duschte und versuchte, die Panik abzuwaschen. Ich kochte mir eine Tasse Tee und saß schweigend da, wollte meditieren. Ich probierte alle bewährten Methoden aus – ich rollte die Yoga-Matte aus, verbrannte Palo Santo, schrieb Tagebuch. Nichts half. Ich wusste nicht einmal, woher die Panik kam.

Ich ging ins Bett und hoffte, ich würde da ruhiger werden. Sobald ich zu schlafen versuchte, überwältigte mich die Angst. Meine Kehle schnürte sich zu, ich konnte nicht atmen. Ich geriet in Panik wie im Jahr zuvor, als mich die Hunde in meiner Straße angegriffen hatten. Ich konnte einfach nicht mehr atmen. Ich wollte Rose anrufen, Dennis, doch ich konnte nicht. Ich war mir sicher, dass ich sterben würde und dass niemand da war, der mir helfen könnte. Das Zentrum war geschlossen, ich war allein. *Ich werde hier sterben, und niemand wird es merken.*

Rational wusste ich irgendwie, dass ich eine Panikattacke hatte, aber ich redete mir fest ein, ich würde sterben. Ich öffnete die Schranktüren, zog meinen Koffer heraus und griff nach dem Laptop. Während ich wartete, dass er hochfuhr, atmete ich keuchend. Schwarze Flecken flimmerten vor meinen Augen. Meine Brust wurde immer enger. Ich öffnete Skype und wählte die Notrufnummer auf dem Willkommensblatt mit Informationen. Eine Frau sagte mit müder Stimme: »Osho UTA, wie kann ich

Ihnen helfen?« »Ich sterbe«, keuchte ich. »Ich sterbe. Hilfe. Ich sterbe. Bitte – ich kann nicht atmen. Ich bin im obersten Stockwerk. Ich bin allein. Ich heiße Rachel. Bitte helfen Sie mir.« Die Stimme der Frau war ruhig. Zu ruhig. »Wir schicken sofort jemanden, bitte bleiben Sie am Apparat«, sagte sie. »Atmen Sie tief durch. Können Sie mir erklären, was gerade passiert? Was in Ihrem Körper vorgeht?«

Mir wurde klar, dass alle Angestellten darin ausgebildet waren, mit Trauma und Panikattacken umzugehen. Die Frau wusste, was sie sagen musste. Als jemand an meine Tür klopfte, hatte ich mich ein wenig beruhigt, und alles war mir peinlich. *Ich hätte allein damit klarkommen sollen,* dachte ich.

Als ich die Tür öffnete, standen Shubhaa und Turiya davor. Ich brach in Tränen aus. Sie brachten mich dazu, mich hinzusetzen, und Shubhaa rieb mir den Rücken. »Erzähl uns, was passiert ist«, sagte Turiya. Sie hatte den Prozess entwickelt, sie war die Lehrerin aller Lehrer. Ich suchte nach einer Antwort, doch was dann aus mir herausplatzte, war mir selbst bis zu diesem Moment nicht bewusst gewesen. »Meine Mom hat auch Path of Love absolviert«, sagte ich. »Und dann hat sie letztes Jahr bei euch die Therapeutenausbildung gemacht. Währenddessen hat sie versucht, sich umzubringen. Ihr konntet ihr nicht helfen, und ihr habt sie in die Welt hinausgehen lassen, damit sie anderen Leuten hilft, wo sie doch aber diejenige ist, die Hilfe braucht. Ich vertraue euch nicht. Ich traue nichts von all dem hier.« Ich war völlig verblüfft von dem, was aus meinem Mund kam. Ich hatte nicht einmal gewusst, dass ich so empfand. Diese Gefühle mussten sehr tief verborgen gewesen sein.

Turiya sprach zuerst. »Vertrauen ist der fundamentalste Bestandteil dieses Prozesses«, erklärte sie. »Ohne bist du allein auf hoher See. Vertrauen ist dein Rettungsring. So durchschiffen wir diese schwierigen Gewässer zusammen. Es ist nicht verwunderlich, dass diese Gefühle an die Oberfläche gekommen sind. Du bist sehr mutig, dass du sie mit uns teilst.«

Sie erzählte mir mehr über die Ausbildung meiner Mutter. »Sie hatte uns nicht gesagt, dass sie einen Selbstmordversuch unternommen hat. Das wussten wir nicht. Es kam in einem sehr intimen Kreis ans Licht; sie hatte mir vorher nichts davon erzählt. Wir nahmen es sehr ernst. Selbstmord ist etwas sehr, sehr Ernstes. Hätten wir vor ihrer Bewerbung gewusst, dass sie suizidal ist, wäre sie niemals aufgenommen worden. Doch dann waren wir damit konfrontiert. Manchmal kommt es so im Leben. Man macht das Beste aus dem, was einem gegeben wird. Wir haben uns so verhalten, deine Mutter auch. Und du ebenso, gerade jetzt.« Das war mir alles neu. »Ich mache mir so große Sorgen um sie«, sagte ich. »Und jetzt ist sie da draußen und versucht, anderen Menschen zu helfen. Das macht mir riesige Angst. Und ich dachte, was ist, wenn sie wegen der Ausbildung so geworden ist? Wenn ihr ihr nicht nur nicht geholfen, sondern alles noch verschlimmert habt?«

Turiya legte eine Hand auf meine Schulter. »Du und deine Mutter habt sehr unterschiedliche Wege eingeschlagen«, sagte sie. »Bei manchen verläuft der Prozess des Erwachens langsamer. Es ist wichtig, dass du deinen Weg von dem deiner Mutter trennst. Und ich bitte dich, uns zu vertrauen. Du wirst hier unterstützt und gehalten. Der Weg deiner Mutter ist ihrer, nicht deiner.«

»Das ist heute in der Gruppensitzung passiert«, sagte ich. »Ich habe die Realität ihres Selbstmordversuches nur ein wenig angetippt, und schon musste ich mich übergeben. Es steckt in meinem Körper fest. Ich fühle mich nirgendwo sicher.«

»Allein schon die Tatsache, dass du jetzt hier bist und um Hilfe bittest, ist ein riesiger Schritt«, erklärte Shubhaa. »Der Schmerz ist real, die Angst ist real. Sie sitzt in deinem Körper.

Aber sie ist auch alt. Sie spielt keine Rolle für das Hier und Jetzt. Du musst das Alte loswerden, die Wunde schließen und ein Leben manifestieren, in dem du losgelöst davon bist. In dem dir zutiefst bewusst ist, dass das Leben deiner Mutter nicht in deinen Händen liegt. Was für eine Last das ist! Bist du nicht müde?«

Ich begann zu weinen. »Total erschöpft«, antwortete ich.

»Kannst du allein schlafen? Ansonsten kann auch jemand von den Assistenten bei dir bleiben, wenn du möchtest.«

»Ich bin okay«, sagte ich. »Ich vertraue dem Prozess.« Und als ich es aussprach, wusste ich, dass es stimmte. Ich vertraute dem Prozess tatsächlich. Ich war den beiden dankbar.

Danach ging ich wieder ins Bett und sprach ein Gebet.

Liebes Universum,
bitte hilf mir, mich diesem Schmerz zu stellen, damit ich ihn
heilen kann. Ich will nicht, dass er noch länger mein Leben
dominiert. Bitte hilf mir, das durchzustehen, und hilf mir,
dass ich nicht zerbreche.

Zum ersten Mal hatte ich das Gefühl, die Wahrheit ohne Vorwürfe und Bitterkeit aussprechen zu können. Mein ganzes Leben lang hatte ich den Schmerz meiner Mutter in mir getragen. Ich musste die halbe Erde zwischen uns bringen, damit ich meinen eigenen Weg finden konnte. Damit ich mich finden konnte. Wenn ich mit ihr zusammen war, musste ich mich immer zurücknehmen, weil ich das Gefühl hatte, dass für sie nie genug da war. Ich machte mich klein, wo ich doch eigentlich ein heller, leuchtender Stern war. Wer gab ihr das Recht, @yoga_mum auf Instagram zu sein? Yoga, Yoga Girl – das war meine Identität. Sie machte ja nicht mal Yoga! Es war wirklich verrückt. Ich konnte mich nicht den Rest meines Lebens von der Angst ersticken lassen, sie könnte sich umbringen. Ich musste endlich für mich leben.

Die nächste Meditation begann ich mit dem überwältigenden Bedürfnis nach einem Platz für mich. Ich stand in der Mitte des Raums, streckte die Arme aus, Handflächen nach vorn, als wollte ich »Stopp!« sagen. Ich stellte mir ein Kraftfeld um mich herum vor und dass meine unterschwellige Energie eine starke, aber sanfte Grenze für mich selbst zog. Niemand konnte sie überwinden, außer ich erlaubte es. Ich stellte mir meine Mutter auf der anderen Seite vor und sagte laut zu ihr: »Nein! Nein, du darfst nicht ›Yoga Mom‹ sein. Nein, du darfst nicht überall hingehen, wo ich bin. Nein, du darfst mir nicht die Verantwortung für deine Kinder überlassen. Nein, nein, nein!«

Als ich den Raum verließ, fühlte ich mich stark und ganz. »Du leuchtest – wie ein Stern«, flüsterte Shubhaa. »Wie ein Stern.« So fühlte ich mich auch. Als ob ich leuchtete.

Gegen Ende des Retreats machten wir etwas namens Peace Walk. Wir sollten laufen, bis wir dem Universum ganz deutlich unsere Sehnsüchte mitteilen konnten. Alle um mich herum hatten Erleuchtungen. Ich ging und ging und merkte überhaupt nichts. *Vielleicht hatte ich meine tief greifenden Erkenntnisse alle schon Anfang der Woche,* überlegte ich. Wie viel kann ein Mensch in so kurzer Zeit über das Leben lernen? Ich lief weiter, aber irgendetwas stimmte nicht. Wieder fühlte ich mich schwer und müde.

Rafia ging neben mir und nahm meine Hand. »Du musst sie absetzen«, sagte er. Ich wusste, was er meinte. Ich schleppte immer noch das Gewicht meiner Mutter mit mir herum. »Sie ist klein, aber schwer«, fuhr er fort. »Ich kann sie nicht absetzen«, antwortete ich. Tränen traten mir in die Augen. »Wenn ich es tue, dann … dann …« »Dann was?«, fragte Rafia. »Dann stirbt sie vielleicht.« Es laut auszusprechen, war beängstigend. »Es muss anstrengend sein, sich für sie verantwortlich zu fühlen«, sagte er. »Und natürlich machst du es aus Liebe. Aber hilfst du ihr damit wirklich?«

Ich wusste nicht, was er meinte. »Du liebst sie so sehr und willst, dass sie am Leben bleibt«, erklärte er. »Ein langes Leben hat. Aber manchmal wissen wir nicht, dass wir fähig sind, unser Leben selbst in die Hand zu nehmen, wenn wir nie auf unseren eigenen zwei Beinen gestanden haben.« *War das zu viel gewesen? Sie immer zu halten, mir um die ganze Familie Sorgen zu machen und mich um alles zu kümmern? Immer die Problemlöserin und die Retterin zu sein?*

Wir gingen weiter. »Sie ist selbst für ihr Leben verantwortlich«, sagte Rafia. »Nimm ihr diese Macht nicht – glaub nicht irrtümlich, dass du sie ihr nehmen könntest. Was sie mit ihrem Leben macht, ist ihre Angelegenheit. Nicht deine.«

Wut stieg in mir auf. »Sie weiß nicht, wie sie sich um sich selbst kümmern soll«, antwortete ich. »Ohne mich wäre sie tot.«

Rafia blieb stehen und sah mich an. »Wer hat dich zu Gott ernannt?« Ich sah ihm in die Augen. Sie waren ernst und warm. »Was wäre das Schlimmste, das passieren könnte, wenn du sie absetzt?«, fragte er. Ich schloss die Augen. Wusste die Antwort. »Sie könnte sterben«, erwiderte ich. Rafias Blick bohrte sich in meinen. »Ja. Dann lass sie sterben.« *Lass sie sterben?* Ich war sprachlos. »Es ist ihr Leben«, fuhr er fort. »Es ist ihre Entscheidung. Du bist nicht Gott – du entscheidest nicht, wer lebt und wer stirbt. Du kannst es versuchen, aber das bringt dir nur Erschöpfung und Schmerz. Lass sie los. Lass sie ihr eigenes Leben leben. Hab Vertrauen, dass sie sich um sich selbst kümmern kann. Lass sie leben. Oder lass sie sterben. Lass sie sein.« Er drückte meine Hand und entfernte sich.

Ich ging weiter. Lass sie sterben? Noch eine Wahrheit. Ich wusste, dass er recht hatte. Wenn sie loszulassen bedeutete, sie sterben zu lassen, dann musste ich das tun. Es war sehr hart zu akzeptieren. Meine Mutter war zu schwer, um sie zu tragen. Deshalb war ich so müde. Ich konnte sie nicht länger mitschleppen. Ich musste sie absetzen. Ich musste sie gehen lassen. Ich fiel auf die Knie.

Lieber Gott,
bitte nimm die Last von meinen Schultern, die meine Mutter
ist. Ich kann sie nicht länger tragen. Bitte sorg für ihre Sicher-
heit. Dass sie gesund und ganz bleibt. Bitte hilf ihr, ihr eigenes
Licht zu finden. Ich lasse jetzt los. Amen.

Noch nie hatte ich direkt zu Gott gesprochen. Normalerweise mag ich den Begriff *Gott* nicht – ich sage immer das Göttliche oder Universum oder Liebe. Doch in diesem Gebet klang die Bezeichnung richtig. Ich brauche Raum, Gott. Ich brauche Abstand von ihr. Ich kann sie nicht in meinem Leben behalten. Nicht jetzt. Wohin auch immer mich dieser Prozess führt, ich muss den Weg allein beschreiten. Ich muss herausfinden, wie es ist, nur für mich zu leben. Ich fühle mich ruhig und klar bei diesem Entschluss. Ich habe losgelassen. Ich bin fertig.

Wärme erfüllt mein Herz. Andrea. Sie war hier. Ich habe mich nach ihr gesehnt. Ich habe sie vor mir gesehen, lachend, strahlend, und erkannt: Alles, was ich je sein wollte, habe ich in ihr gesehen. Sie war so völlig sie selbst – sie verkörperte das pralle Leben, das ich mir immer für mich gewünscht hatte. Sie hatte dieses Leuchten, für das ich mich immer unwürdig gehalten hatte. Mit ihr zusammen war ich mein schönstes Ich. Sie brauchte keinen Path of Love – sie lebte ihn. Das war ein Grund, warum ich sie so vermisste: Weil mich ihre Gegenwart an etwas erinnerte, von dem ich immer das Gefühl gehabt hatte, dass es mir fehlte. Wenn sie ihr Licht verströmte, hatte ich das Gefühl, es ihr gleichtun zu dürfen. Ich vermisste sie so sehr. Die Wärme um mein Herz verstärkte sich. *Ich rief mir in Erinnerung: Der Schmerz ist groß, weil die Liebe so groß war.*

Ich verließ Path of Love nach acht Tagen der intensivsten, herzöffnendsten Heilung, die ich je erlebt hatte, und mir stand klar vor Augen, was ich zu tun hatte. Wenigstens für eine Weile musste ich Abstand zwischen mich und meine Mutter bringen. Ich wusste nicht, was das konkret bedeutete oder wie lange es andauern würde. Ich wusste nur, dass ich Raum für mich brauchte.

Als ich das Handy zum ersten Mal einschaltete und Instagram aufrief, sah ich als Erstes einen Post von ihr. Während meiner Abwesenheit hatte sie ihren Accountnamen geändert. Sie hieß nicht länger @yoga_mum. Ich konnte es nicht fassen. Das war ihre Idee gewesen – ich hatte ja keinen Kontakt mit irgendjemandem gehabt.

Meine Mutter hatte mir in der Zwischenzeit viele Nachrichten geschickt. Ich brauchte zwei Tage, um den Mut aufzubringen, sie anzurufen. Als wir dann sprachen, war sie nervös, als ob sie wüsste, was ich ihr zu sagen hatte.

»Warum hast du deinen Instagram-Namen geändert?«, fragte ich.

»Ich weiß es nicht. Es ist mir nur auf einmal klar geworden … War es komisch, dass ich versucht habe, Yoga Mom zu sein? Ich meine, Yoga ist dein Ding. Du bist Yoga Girl. Ich mag Yoga ja nicht mal! Ich weiß nicht, warum ich es getan habe. Es tut mir leid.«

Mein Herz wurde weicher. Während ich an mir gearbeitet hatte, war auch sie nicht untätig gewesen.

Ich erklärte ihr, dass ich Abstand brauchte und eine Weile den Kontakt abbrechen würde. Ich merkte, dass ich ihr damit das Herz brach, aber es musste sein. Ich tat es für mich. »Ich weiß nicht, für wie lange«, sagte ich. »Ich brauche einfach Abstand, um mich zu verstehen, und das kann ich nicht zusammen mit dir.«

Ich glaube, auf gewisse Weise verstand sie es. Es ging nicht um sie persönlich – sondern um unsere gemeinsame Vergangenheit und die ungute Energie, die sie mit sich brachte. Es ging um meine Verletzungen, meinen Weg und die Veränderungen, die das für mich bedeutete. Auch wenn unsere Vergangenheit so schwer war, voller Kämpfe, empfanden wir so viel Liebe füreinander. Ich wollte nicht, dass unsere Schwierigkeiten diese Liebe überschatteten, die zwischen uns immer so präsent gewesen war. Sie hatte ihr absolut Bestes gegeben. Ich liebte sie aus tiefstem Herzen. Aber zum ersten Mal in meinem Leben liebte ich mich mehr.

—

KAPITEL EINUNDZWANZIG

DER ANFANG

Dennis' Gesicht zu sehen, als ich vom Path of Love zurückkehrte, war so wunderschön. Mein Seelenverwandter. Die Liebe meines Lebens. Ich erzählte ihm alles, was ich gelernt hatte. Dinge, die ich nie zuvor mit ihm geteilt hatte, Dinge, für die ich mich schämte, meine Fehler, meine Probleme. Alles erzählte ich ihm. Wir weinten zusammen, und danach fuhren wir an einen einsamen Strand an der Nordküste. Wir liebten uns, und dann lag ich mit dem Kopf auf seiner Brust da und lauschte seinem Herzschlag, während mir Tränen über die Wangen liefen. »Was ist los?«, fragte er. »Ich bin einfach so glücklich.« Das stimmte. Ich konnte für so vieles dankbar sein. Mein Leben war so reich. Zum ersten Mal in meinem Leben fühlte ich mich völlig ganz.

Zwei Wochen später wachte ich in der Nacht auf, weil meine Brüste schmerzten. Ich musste nicht zurückrechnen, um zu wissen, dass ich an dem Nachmittag am Strand schwanger geworden war. Ich musste nicht auf mein Leben zurückschauen, um die Heilung zu erkennen, die nötig gewesen war, damit dieser Moment geschehen konnte.

Dennis und ich waren überglücklich. Ich dachte, ich wäre

starr vor Angst, aber das war ich nicht. Ich fühlte mich bereit. Alles hatte sich so wunderbar gefügt. So perfekt. Ich wusste, dass es ein Mädchen werden würde.

Wir beschlossen, sie Lea zu nennen. So hatte ich meine Tochter nennen wollen, seit ich selbst ein kleines Kind gewesen war. In der Bibel waren Lea und Rachel Schwestern. Ich wollte immer eine Schwester, als ich klein war, jemanden, mit dem ich Geheimnisse teilen und nachts unter der Bettdecke flüstern konnte. Dennis liebte den Namen, aber was, wenn es ein Junge wurde?, fragte er sich. Ich musste nicht auf die Ultraschalluntersuchung warten – ich wusste, es war ein Mädchen.

Sobald ich von der Schwangerschaft wusste, war ich überzeugt, dass das Baby an Andreas Todestag geboren werden würde. Ich rechnete im Kopf nach – die Empfängnis war Anfang Juni gewesen, also neun Monate später … Das Datum wäre irgendwann Ende Februar, Anfang März. Andrea starb am 10. März. Etwas in mir machte klick, als ich die Verbindung herstellte, und ich war zutiefst erleichtert. Es ergab völlig Sinn! Natürlich würde das Baby dann auf die Welt kommen! Die Hebammen sagten, der Geburtstermin wäre der 28. Februar, und überhaupt hätten »Babys ihr eigenes Tempo«, und es wäre selten und sehr ungewöhnlich, so weit über dem errechneten Termin zu liegen, und ich sollte mich nicht zu sehr auf ein bestimmtes Datum versteifen. Ich ignorierte sie – sie wussten nichts von dem Schmerz und den Wundern, die ich in den letzten Jahren erlebt hatte. Sie kannten Andrea nicht, sie kannten uns nicht. Aber ich wusste es: Der 10. März war der Stichtag. Endlich würde der schlimmste Tag meines Lebens zu einem schönen werden. Der Tod würde zur Geburt werden. Alles war vorherbestimmt.

Die Schwangerschaft begann mit etwas Übelkeit, doch danach war alles unkompliziert. Ich empfand eine Ehrfurcht vor meinem Körper wie noch nie zuvor. Ich hatte schon immer eine enge Verbindung zu meinem Körper gehabt und fühlte mich dank jahrelangem, intensivem Yoga kraftvoll und beweglich. Ich konnte ohne Probleme in den Handstand gehen, und wenn ich auf der Matte fließend von einer Stellung in die nächste wechselte, hatte ich manchmal das Gefühl zu fliegen – ich liebte meinen Körper wirklich. Doch durch die Schwangerschaft lernte ich ihn noch einmal auf eine ganz andere Weise zu schätzen. Ich konnte nicht nur irgendwas »tun« – verknotet auf den Händen balancieren, tanzen, rennen, umarmen –, ich konnte Leben erschaffen. Ich! Ein menschliches Leben hervorbringen! Die Vorstellung war unglaublich. Ich nahm zu, und es war wunderbar. Ich verstand jetzt, was die Leute meinten, wenn sie von diesem »Strahlen« in der Schwangerschaft sprachen – das kommt nicht nur von der Schönheit, Leben zu erschaffen, sondern weil man Teil von etwas Heiligem und Uraltem ist, das uns mit dem Anbeginn der Zeit verbindet. Mir war übel und schwindelig, und meine Brüste schmerzten, aber ich hatte mich nie schöner gefühlt. Ich erinnerte mich an das, was der Kakaoschamane vor so vielen Jahren gesagt hatte: »Wenn du eine Tochter hast, wird sie nicht den Schmerz früherer Generationen deiner Familie mit sich herumtragen. Mit dir wird der Schmerz aufhören.« Wenn du eine Tochter hast. Eine Tochter. Dennis war nicht überzeugt (er glaubte eher, dass es ein Junge werden würde), und wir hatten noch nicht einmal die Ultraschalluntersuchung gehabt, bei der das Geschlecht festgestellt werden kann. Aber ich wusste es. Insgeheim wünschte ich mir, dass das Baby Andreas Seele in sich trüge. »Was, wenn das Baby Andrea ist, die zu uns zurückkommt?«, fragte ich Dennis einmal, ganz am Anfang der Schwangerschaft. Er war nicht überzeugt. »Nein«, sagte er, »so funktioniert das nicht. Vielleicht kannst du durch das Baby mit Andrea sprechen, aber das Kind ist eine eigene kleine Persönlichkeit.« Ich gab mich damit zufrieden, hoffte aber insgeheim auf das Gefühl, beim Kennenlernen meines Babys gleichzeitig auch meine beste Freundin wiederzusehen. Erst später in der Schwangerschaft und als ich mich wirklich in die Seele einfühlte, die in mir heranwuchs, erkannte ich, dass Dennis recht hatte. Das kleine Mädchen hatte seine völlig eigene Persönlichkeit – natürlich! Sie war ein eigener kleiner Mensch. Ich konnte sie bereits spüren, ihr Herz, ihre Seele. Sie war lebhaft, stark und eigensinnig – und mir damit sehr ähnlich –, aber auch ruhig, lieb und geduldig ... und damit Dennis sehr ähnlich. Das war nicht Andreas Wiedergeburt, wie schön (und auch etwas verrückt) der Gedanke auch war. Dieses Baby war, nun ja, Poppy. Seit wir von der Schwangerschaft erfahren hatten, nannten wir sie »unseren kleinen Mohnsamen«, weil sie da genauso groß gewesen war. Und so hieß sie bis zur Geburt Poppy.

Ein paar Monate später kam meine Mutter nach Aruba, um uns zu besuchen. Sie hatte die Reise vor meinem Path-of-Love-Workshop gebucht und jetzt gefragt, ob sie immer noch kommen sollte. Ja, antwortete ich, aber sie könne nicht bei uns wohnen. Ich fragte mich, ob ich zu hart war. Wir hatten seit Monaten keinen Kontakt. Ich hatte ihr nichts von dem Baby erzählt. Wir hatten es noch niemandem gesagt. Es war noch zu früh, Poppy war immer noch unser Geheimnis.

Nach Moms und Maias Ankunft traf ich mich mit ihnen. Ich wollte sehen, wie es mir damit ging. Ein Teil von mir vermisste meine Mutter furchtbar. Ich vermisste es, mit ihr zu lachen, aber ich war noch nicht bereit, wieder zu unserem früheren Verhältnis zurückzukehren.

Sie wirkte glücklich und ausgeglichen. Sie erzählte, dass sie zu den Anonymen Alkoholikern ging. »Ich bin jetzt trocken«, sagte sie. Das überraschte mich. Ja, sie trank viel, aber ich hatte sie nie als Alkoholikerin wahrgenommen. »Ich hatte einen

Weckruf«, erzählte sie. »Es war am Tag, nachdem Path of Love vorbei war und du mich immer noch nicht angerufen hattest. Da wusste ich, dass du neue Erkenntnisse gewonnen hattest, die dich von mir wegführen würden. Es hat sehr wehgetan. Ich habe an diesem Abend sehr viel getrunken, war mit meinen Freundinnen unterwegs, und mitten in der Nacht bin ich von einer lauten Stimme aufgewacht. ›Es reicht‹, hat sie gesagt. ›Du musst jetzt absolut präsent sein. Es reicht.‹ An dem Tag bin ich zu meinem ersten Meeting gegangen.« Ich rechnete im Kopf nach. *Das war der Tag, an dem wir das Baby gezeugt haben. Konnte es wirklich sein …?*

Meine Schwester riss mich aus meinen Gedanken. »Gehen wir schwimmen«, sagte sie. Maia sah sehr gesund aus. Normalerweise hätte ich sie mit Fragen zu ihrem und Moms Leben überschüttet und dann Hilfe zu allem angeboten, was gerade so los war. Doch ich schwieg. Maia war meine Schwester, nicht meine Tochter. Ich liebte sie, sie bedeutete mir viel, aber ich würde mich nicht mit etwas belasten, was nicht meine Aufgabe war. Wir schwammen, ließen uns auf dem Wasser treiben, sahen in den Himmel. »Es läuft echt gut zu Hause«, erzählte Maia. »Es hat sich etwas verändert. Die Anonymen Alkoholiker scheinen wirklich zu helfen. Sie ist anders. Ruhiger.« Ich lächelte. »Das ist gut«, antwortete ich. Ich wünschte mir so sehr, dass es meiner Mutter gut ging. Wenn die Anonymen Alkoholiker ihr dabei halfen, dann stand ich voll dahinter. Da kam meine Mutter zu uns ins Wasser. »Darf ich zu euch kommen?«, fragte sie. Sie wirkte so klein und gleichzeitig so erwachsen. *Ob sie wohl weiß, dass ich sie losgelassen habe?*, dachte ich. »Ich bin schwanger«, sagte ich stattdessen. »Du bist was?« »Ich bin schwanger.« Meine Mutter sah mich an. Maia nahm meine Hand. Wir begannen zu weinen. Meine Mutter umarmte mich fest. Als ich ihre Arme um mich fühlte, atmete ich erleichtert aus. Irgendwie wusste ich, dass alles in Ordnung kommen würde.

Danach fanden wir zu einer neuen Normalität. Ich hatte nicht mehr das Bedürfnis, mich von ihr abzugrenzen, und ich war nicht mehr angespannt, wenn wir Zeit miteinander verbrachten. Ich fühlte mich frei. Als ob das Baby eine neue Ebene der Verbindung in unser Verhältnis brachte – jetzt konnten wir jemanden lieben, der Teil von uns beiden war, statt ständig aufeinander konzentriert zu sein. Wir hatten wieder regelmäßig Kontakt, doch auf eine Weise, die mich nicht erdrückte. Sie ging weiter zu den AA-Treffen, und ich hatte gelernt, eine Grenze zwischen ihrem und meinem Leben zu ziehen. Auf meinem Weg zur Mutterschaft entwickelte ich auch ganz neuen Respekt und Ehrfurcht vor meiner Mutter. Sie hatte das vier Mal geschafft – ganz allein. Sie war durch die Hölle gegangen und hatte dabei vier wunderbare Kinder aufgezogen. Meins war noch nicht mal auf der Welt, und ich war jetzt schon überfordert mit dem, was vor mir lag. Ich war demütig und hatte Respekt vor allem, was meine Mutter geleistet hatte, um mich und meine Geschwister auf die Welt zu bringen. Oft hatte ich wirklich Angst. *Würde ich es schaffen? War ich bereit?* Ich wusste, ich konnte nur mein Bestes geben, genau wie meine Mutter es getan hatte. Als ich im dritten Monat schwanger war, erzählte mir jemand etwas, das meinen Blick auf die Vergangenheit für immer veränderte. Wenn wir eine Tochter bekommen, tragen wir eigentlich zwei Generationen in unserem Bauch. Die Eier, die eines Tages die Kinder meiner Tochter werden, sind bereits in ihr angelegt, also auch in mir. Als meine Mutter also mit mir schwanger war, trug sie auch schon unseren kleinen Mohnsamen in sich. Wir drei waren schon vor meiner Geburt miteinander verbunden. Was, wenn das alles Schicksal war? Was, wenn es uns vorherbestimmt war, so durchs Leben zu gehen und auf diesen

Moment zu warten? Was, wenn wir die ganze Zeit auf Poppy gewartet hatten?

Im August verkündete ich meine Schwangerschaft auf Instagram. Es war etwas Besonderes, sie mit der Welt zu teilen – in den letzten Jahren hatte ich alles mit meiner Community geteilt, und mit ihr zusammen auf eine solche glückliche Reise zu gehen, war ein neues Kapitel. Die meiste Zeit verlief alles wie erwartet. Ich arbeitete und reiste weiter, und wir bereiteten uns auf die Eröffnung von Island Yoga zu Beginn des neuen Jahres vor. Dennis freute sich so sehr darauf, Vater zu werden. Beim zweiten Ultraschall erfuhren wir, dass es tatsächlich ein Mädchen war. Ich war überglücklich. Jeden Morgen rollte ich die Yoga-Matte aus, setzte mich darauf, legte die Hände auf meinen Bauch und sprach mit ihr. Ich erzählte ihr, wie sehr ich mich darauf freute, sie kennenzulernen und ihr alles zu erzählen, was ich erlebt hatte und was wir durchgemacht hatten, um an diesen Punkt zu gelangen. Ich erzählte ihr von der Schönheit des Lebens und was ich liebte und was mir Probleme bereitete. Ich erzählte ihr von Andrea, wie sehr ich sie vermisste. »Sag ihr, dass ich sie liebe, ja?«, bat ich meine Kleine. »Sag ihr, wir haben sie bei der Hochzeit vermisst und dass es wunderschön war. Sag ihr, Pepper hat auf mein Kleid gepinkelt – sie hätte sich weggeschmissen vor Lachen, das weiß ich. Sag ihr, wir haben ihr Brautjungfernkleid in eine Ecke gehängt und eine Kerze angezündet und einen Altar errichtet, und alle haben sich davorgesetzt. Sag ihr, dass ich sie die ganze Zeit vermisse.« Ich übte Yoga und streckte mich und atmete und meditierte am Ende. Mit ihr in mir war alles intensiver – still dasitzen, präsent sein, fühlen. »Schau«, flüsterte ich. »Die Sonne geht auf.« Und wir saßen da und sahen dem Sonnenaufgang zu. Die Schwangerschaft war so wunderbar. Als ob all die Puzzleteile, die mir mein ganzes Leben lang ein Rätsel gewesen waren, jetzt an ihren Platz fielen. Irgendwie fühlte es sich an, als ob alles genau so hatte passieren sollen, genau zum jeweiligen Zeitpunkt, damit ich meinem Bauch beim Wachsen zusehen und fühlen konnte, wie sich alles rechtzeitig für ihre Geburt zusammenfügte.

Im dritten Trimester wurde es anstrengend. Mein Bauch war riesig – wirklich riesig –, und schon ab der sechsunddreißigsten Woche sagten die Hebammen, ich solle mich auf eine vorzeitige Geburt vorbereiten. »Dieses Baby ist schon richtig groß!«, sagten sie. »Seien Sie nicht überrascht, wenn es etwas früher kommt.« Da das meine erste Schwangerschaft war, wusste ich nicht, was mich bei der Geburt erwartete. Ich las alle Bücher über natürliche Geburt, die ich in die Finger bekam, und beschloss, dass ich eine Hausgeburt wollte, in einem Wasserbecken. Ich liebte Ina May Gaskins Worte aus ihrem bekannten Buch *Die selbstbestimmte Geburt*, die zusammengefasst etwa so lauteten: »Für die Medizin ist die Geburt etwas Passives, etwas, das Frauen passiert. Für Hebammen ist eine Geburt etwas Aktives, etwas, das Frauen bewerkstelligen.« Ich wollte die Kontrolle über diese Geburt behalten, und je mehr ich las, desto wohler fühlte ich mich mit dem Gedanken, mein Kind zu Hause auf die Welt zu bringen. Ich wollte keine Medikamente bekommen oder in einer sterilen Umgebung von Fremden umringt sein. Ich stellte mir vor, wie ich zu Hause Räucherwerk abbrannte, Kerzen anzündete, Mantras sang und mich mit unseren Hunden auf die Geburt vorbereitete. Nachdem man mir schon gesagt hatte, dass ich mich ab der sechsunddreißigsten Woche auf Wehen einstellen sollte, wurde ich mit jedem vergehenden Tag ungeduldiger. Mein Bauch war riesig, und jetzt waren die Beckenschmerzen so stark, dass ich kaum mehr laufen konnte. Als Ende Februar endlich der errechnete Geburtstermin kam, fühlte ich mich furchtbar unwohl. Nachts konnte ich nicht schlafen, hatte heftiges Sodbrennen, und die Becken- und Schambeinschmerzen, die ich seit letztem Monat hatte, waren so schlimm geworden, dass ich nicht mal mehr von der Couch aufstehen konnte.

Die letzten Tage der Schwangerschaft waren mit die schwersten meines Lebens. Ich hatte mich noch nie so schlecht gefühlt. Dennis und ich versuchten alle Tricks: Wir unternahmen lange Spaziergänge, ich aß scharfe Gerichte, trank Rizinusöl, aß Unmengen Ananas, wir hatten Sex … Nichts half. Im Hinterkopf wusste ich, dass der 10. März nahte, aber die Vorstellung, noch zehn Tage hochschwanger zu sein, war unerträglich. Die Tage zogen sich dahin, und die Hebammen begannen sich Sorgen zu machen, weil ich so lange überfällig war. »Eine Woche geben wir Ihnen noch«, sagten sie. »Bis zum 7. März, aber dann müssen wir die Geburt einleiten, und Sie müssen im Krankenhaus gebären.« »Aber ich habe Ihnen doch die ganze Zeit gesagt, dass es der 10. März werden würde!«, rief ich. »Ich werde mein Kind nicht im Krankenhaus auf die Welt bringen, sondern zu Hause.« Drei Hebammen arbeiteten in der Klinik, und nur eine von ihnen stimmte einer Hausgeburt zu, wenn ich zwei Wochen überfällig war. »Wehe, es wird nicht der 10. März«, sagte sie. »Doch, das wird er«, antwortete ich.

Endlich kam der Tag. Ich wachte voll freudiger Erwartung auf, wie ein Kind an Weihnachten. »Heute ist es so weit!«, verkündete ich Dennis. Er gähnte und sah mich verschlafen an. »Okay … dann leg dich hin und press«, witzelte er. Er hatte die ganze Zeit mit gemischten Gefühlen darauf reagiert, dass ich mir diesen Tag in den Kopf gesetzt hatte. »Du glaubst, dass du dem Baby sagen kannst, wann es auf die Welt kommen soll, aber das kannst du nicht!« Plötzlich war er ernst. »Vielleicht kommt es heute. Vielleicht aber auch nicht. Du musst die Kontrolle aus der Hand geben.« Ich wusste, dass er recht hatte, aber leicht war es nicht. Den ganzen Tag sprach ich mit dem Baby, versunken in Meditation auf meiner Yoga-Matte, und bereitete alles im Haus vor. Ich saß wie auf glühenden Kohlen, horchte nach irgendeiner Bewegung in mich hinein, die vielleicht eine Wehe sein könnte. Nichts. Am Nachmittag wurde ich nervös – heute sollte es doch so weit sein! – und setzte mich auf die Veranda. »Hör zu, Schatz, ich bin mehr als bereit für dich. Heute ist der perfekte Tag, um auf die Erde zu kommen!« Poppy bewegte sich, und plötzlich hörte ich, wie sie etwas sagte. *»Nein!«* Ich war verblüfft. Ich schloss die Augen und konnte mir das Baby richtiggehend vorstellen, wie sie mit verschränkten Armen die Beine gegen meine Gebärmutter stemmte. Ihr Gesicht war entschlossen. Sie schmollte! »Nein«, wiederholte sie. Nein? Einfach so, nein? Ich konnte es nicht fassen.

Es klingelte an der Tür. Meine Akupunkteurin Romina war da. Die ganze Schwangerschaft über hatte sie mich jede Woche behandelt, und ich hatte sie gebeten, mir zu helfen, dass die Wehen endlich begannen. Auf der Insel ist sie bekannt dafür, mit den Babys zu sprechen – viele Frauen wenden sich am Ende der Schwangerschaft an sie, um die Geburt zu beschleunigen. Sie hat die Ausstrahlung einer weisen alten Frau, und sie hat mich die ganze Schwangerschaft über unterstützt. Wir gingen nach oben, und sie begann, an mir zu arbeiten. »Zehn Tage über dem Termin, was?«, sagte sie. »Du fühlst dich bestimmt sehr unwohl.« Ich lächelte; sie wusste, wie es mir ging. Ich lag auf der Seite, während sie die Nadeln in meinen Körper steckte und Energiepunkte verband, die die Wehen einleiten sollten. »Du bist sehr verspannt heute«, sagte sie. »Ist alles in Ordnung?« »Es ist einfach wichtig, dass sie heute geboren wird«, erklärte ich. »Warum?«, fragte Romina. »Das ist es einfach.« Ich erzählte ihr, dass ich doch unbedingt eine Hausgeburt wollte und unter dem Druck stand, dass die Wehen endlich einsetzten, damit ich nicht ins Krankenhaus musste, aber mir war klar, dass das nur ein kleiner Teil der Wahrheit war. Es ging nicht um das Krankenhaus oder die Hebammen oder die Hausgeburt ... sondern um Andrea. Das Baby musste heute auf die Welt kommen, damit ich mich enger mit ihr verbunden fühlte. Fast der ganze Tag war vergangen, und ich hatte noch nicht ein Mal mit ihr gesprochen – ja, noch nicht ein Mal an sie gedacht. Normalerweise würde ich an ihrem Todestag an ihrem Altar sitzen oder ihr schreiben oder versuchen, mit ihr zu sprechen, aber ich war so darauf fixiert, dass die Geburt heute stattfand, dass ich völlig die überwältigende Trauer ignoriert hatte, die sich jetzt in meiner Kehle manifestierte. Ich drängte sie zurück. Ich wollte jetzt nicht weinen. Ich musste mich auf das Baby konzentrieren. Romina wechselte von den Nadeln zum Schröpfen. Als sie die Schröpfgläser von meinem Rücken zog, überwältigte mich die Trauer so sehr, dass ich fast zusammenbrach. Ich wollte sie nicht fühlen. Heute sollte doch ein Tag der Freude sein, ohne Schmerz! Ich wollte so unbedingt alles umdrehen, die Geschichte ändern, alles umschreiben ... Aber als ich da lag und meinen riesigen Bauch hielt, Nadeln in meinen Füßen steckten, wurde mir bewusst, dass das Leben vielleicht, ganz vielleicht nicht so funktionierte. Plötzlich hörte Romina auf. Ganz leise legte sie ihre Hände an die Seiten meines Bauchs und ging neben mir in die Hocke. Eine Welle aus Elektrizität durchfuhr den Raum, und ich spürte, wie sich die Härchen auf meinen Armen aufrichteten. Wir schwiegen lange. Dann stand sie auf und sagte: »Was ist an diesem Tag passiert?« »Was meinst du?« »An diesem Tag ist etwas passiert. Etwas Schreckliches.« Ich wusste nicht, wie sie darauf kam, aber jetzt konnte ich die Tränen nicht mehr zurückhalten. »Meine beste Freundin ist gestorben. Vor drei Jahren.« »Heute?«, fragte Romina. Ich nickte. »Okay«, sagte sie. »Hör mir zu. Das Baby sitzt genau unter deinem Herzen. Genau hier. Sie fühlt alles, was du fühlst. Die Trauer in deinem Herzen, in deiner Kehle. Du musst alles herauslassen.« Ich schluchzte jetzt verzweifelt. Die Trauer, die aus mir herausströmte, war so schwer, dass ich sie nicht zurückhalten konnte. Romina setzte sich neben mich auf das Bett und hielt meine Hand. »Heute ist ein Tag zum Trauern. Es wird immer ein Tag der Trauer sein. Die Geburt hat einen anderen Tag. Das Baby sagt, vermisch die beiden nicht. Sie will ihren eigenen Tag, der nur ihr gehört! Nimm dir heute Zeit zu trauern. Das Baby kommt heute nicht, ich höre, wie sie ›Nein‹ sagt.« Sie schloss die Augen und lächelte. »Lustig, ich sehe sie vor mir, wie sie da mit verschränkten Armen sitzt!« Der Schmerz war unerträglich. »Mach weiter«, sagte Romina. »Sprich mit ihr. Sprich mit den beiden. Lass los. Tauch in den Schmerz ein, damit du ihn loslassen kannst.«

Ich bebte unkontrolliert und weinte bitterlich. Die ganze Trauer, den ganzen Schmerz, den ich in mir verschlossen hatte, die Entschlossenheit, mit der ich alles verdrängt und durch etwas anderes ersetzt hatte, holten mich jetzt ein. Romina legte sich zu mir aufs Bett und hielt mich. Ich weinte sehr lange, die Hände auf meinen riesigen Bauch gelegt, und vermisste meine beste Freundin, und gleichzeitig sehnte ich mich nach meiner Tochter. Irgendwann musste ich eingeschlafen sein, denn als ich aufwachte, war es dunkel. Ich hatte den ganzen Nachmittag geschlafen. Romina war gegangen, die Nadeln musste sie herausgezogen haben, während ich schlief. Ich war müde, doch mein Kopf war klar. Meine ganze Unruhe um die Geburt war wie weggeblasen. Ich trat auf den Balkon. Der Mond ging über der Wüste auf. Er war fast voll. Ich legte den Kopf in den Nacken und sprach zu Andrea. »Ich vermisse dich«, sagte ich. »Ich vermisse dich so sehr. Es tut mir leid, dass ich deinen Tag umwidmen wollte. Es … tut nur so weh. Du wärst ihre Lieblingstante gewesen. Es ist schwer, dich so zu vermissen. Aber ich schaffe es. Ich kann dich vermissen und trotzdem leben. Das weiß ich, weil … ich es schon tue. Ich vermisse dich jeden Tag. Und das werde ich für den Rest meines Lebens.«

Ich hatte erkannt, dass wir den Tod nicht durch eine Geburt ersetzen können. Sie sind miteinander verbunden, aber nicht austauschbar. Bevor wir ein neues Kapitel in unserem Leben beginnen können, müssen wir uns um das alte kümmern. Die früheren Kapitel begleiten uns – wir können sie nicht einfach vom Wind verwehen lassen. Die Liebe, die wir empfunden haben, der Schmerz, der uns gequält hat, formen uns, werden ein integraler Bestandteil unserer Persönlichkeit. Monatelang wollte ich eine schmerzhafte Erinnerung durch eine fröhliche ersetzen – und dann wurde mir klar, dass ich dadurch einen weiteren Verlust erlitten hätte. Egal, wie schmerzhaft Trauer auch sein mag, sie hat auch ihre schönen Seiten, weil wir alles so intensiv fühlen, dass wir gar nicht anders können, als unsere gebrochenen Herzen mit der Welt zu teilen. Trauer zeigt uns, wer wir wirklich sind.

Andreas Todestag wird immer ein Trauertag sein, und in dem Moment wusste ich: Ich kann mich dem Schmerz stellen. Er muss mich nicht verschlingen. Ich muss ihn nicht fürchten oder ihm entkommen oder versuchen, ihn zu ersetzen. Als ich unter den Sternen saß, spürte ich zum ersten Mal in meiner Schwangerschaft sowohl Andreas als auch die Gegenwart des Babys. Wenn ich mich ein bisschen zurücklehnte, konnte ich sie fast fühlen, wie sie mich hielt. »Keine Angst, Macha«, flüsterte sie. »Ich bin hier.«

Ich atmete tief ein, und als ich die Luft ausstieß, bewegte sich das Baby. Eine weite, langsame, kippende Bewegung, direkt unter meinen Händen. Es drehte sich. Trotz meiner Tränen lächelte ich, weil ich sie wieder vor mir sah. Sie hatte nicht mehr die Arme vor der Brust verschränkt. Sie war bereit.

Und ich auch.

In dieser Nacht schlief ich besser als seit Monaten, und als ich am nächsten Tag aufwachte, machte ich mir keine Gedanken mehr, wann die Geburt stattfinden würde. Ich ließ es jetzt wirklich auf mich zukommen. Einen Tag später war der Mond voll. Ich wachte um vier Uhr morgens auf und wusste intuitiv, dass ich die ersten Wehen hatte. Sie waren immer noch sanft, liebkosten mich, weiche energetische Wellen, die meinen Körper durchliefen. Ich küsste Dennis auf die Wange und ging leise nach unten, um ihn nicht aufzuwecken. Ich hatte so ein Gefühl, dass er seinen Schlaf noch brauchen würde. Im ganzen Haus zündete ich Kerzen an, verbrannte Palo Santo und sprach meine Lieblingsmantras. Ich schrieb meiner Mutter eine Nachricht: *Es geht los!* Es war so wichtig, diesen Moment mit ihr zu teilen. Ein bisschen wünschte ich mir, sie wäre hier, um meine Hand zu halten und mich zu begleiten. Stundenlang tanzte ich durch die Küche, wiegte die Hüften, bewegte wellenförmig mein Rückgrat, atmete tief in mein Zentrum hinein. Die Wehen wurden immer stärker, und als ich mich schließlich zwischendurch festhalten musste, um wieder Kraft zu schöpfen, war es Zeit, Dennis zu wecken.

Die Wehen dauerten vierundzwanzig Stunden. Zuerst waren sie sanft, doch mit jeder Stunde wurden sie heftiger. Irgendwann war ich mir sicher, dass ich es nicht länger aushalten würde, und Dennis brachte mich in den Garten. Die Schmerzen waren unerträglich, und ich spürte, wie ich den Halt verlor. Wie viel länger würde das noch gehen? Würde ich das wirklich schaffen? Dennis hielt mich fest. Wir tanzten langsam unter dem Vollmond, während ich weiter Wehen hatte. Es war gut, im Freien zu sein. Das Mondlicht beruhigte mich. Ich hatte versucht, vor den Schmerzen zu fliehen, hatte jede Wehe gefürchtet, wenn sie heranrollte. Im Licht des Vollmondes hörte ich Andrea zu mir sprechen. »Tauch ein«, sagte sie. »Stell dich den Schmerzen. Fühl sie. Alles, was du bisher durchgemacht hast, hat dich auf diesen Moment vorbereitet.« Ich wurde aus meiner Betäubung gerissen und fühlte mich plötzlich in die Ayahuasca-Zeremonie zurückversetzt. *Der Schmerz liegt im Widerstand. Ihn zuzulassen, bringt dir Frieden. Lass. Los.* Bei der nächsten Wehe versuchte ich nicht, einen Weg um sie herum zu finden, sondern ich bewegte mich direkt hinein. Ich atmete tief durch und trat ins Feuer. Bei jeder neuen Kontraktion versenkte ich mich tief hinein, anstatt vor ihr zu fliehen. Dennis hielt mich fest, und in seinen Armen konnte ich loslassen. Mich in den Schmerz hineinzubewegen, half mir tatsächlich, und ich fühlte mich fast wie eine Surferin auf einer Welle. Die Wehen erinnerten mich an die Wellen der Trauer, die im Lauf der Jahre immer wieder über mich hinweggeschwappt waren, vor allem nach Andreas Tod. Ich weiß noch, wie ich die Straße entlangging und mich völlig normal fühlte, als mich plötzlich etwas an sie erinnerte und mich die Trauer so hart traf, dass ich mich mitten auf dem Gehsteig krümmte und weinte. Bei den Wehen war es ähnlich; sie trafen mich mit voller Wucht. Ich konnte nur durch sie hindurchgehen. Bei einer besonders starken Wehe wurde mir klar: Das war Andreas wahres Geschenk. Die Lektion, die ich durch sie gelernt hatte, die Lektion, die ich immer noch lernte. Ich durfte nicht fliehen. Ich musste den Schmerz annehmen. Mich mit ihm bewegen anstatt gegen ihn. Das hatte ich endlich vor zwei Tagen auf dem Balkon begriffen. Der einzige Weg, um dies hier zu überstehen, war hindurch. Im Garten im Mondlicht fühlte ich ihre Gegenwart ganz deutlich.

Die Hebamme war alle paar Stunden vorbeigekommen und hatte mich untersucht. Bei der ersten Kontrolle hatte sie gesagt, dass mein Muttermund vier Zentimeter geweitet war (das klang gut!). Jetzt, achtzehn Stunden später, war er ganz bestimmt acht oder neun Zentimeter geweitet. Das Baby musste bald kommen – der Schmerz war nicht mehr von dieser Welt. Die Hebamme sah mich an. »Ich weiß, dass Sie das enttäuschen wird, aber er ist immer noch nur vier Zentimeter geweitet«, sagte sie. Etwas in mir zerbrach. Da wusste ich es: Ich brauchte Hilfe. Der siebte Schlüsselsatz des Path-of-Love-Prozesses kam mir in den Sinn: Bitte um göttlichen Beistand. Jetzt war es so weit – ich brauchte Hilfe. Es würde keine Hausgeburt werden, das wusste ich instinktiv. Daher antwortete ich: »Ich glaube, wir müssen ins Krankenhaus fahren. Die Geburt wird nicht hier zu Hause statt-finden. Ich will jetzt sofort in die Klinik.« Und schon fuhren wir los. Ich hatte Angst, dass die Wehen auf der holprigen Straße im Auto noch viel schmerzhafter werden würden, doch dann pas-sierte etwas Seltsames. Sobald wir das Haus verlassen hatten und ich im Wagen saß, konnte ich völlig loslassen und sogar einschla-fen. Ich hatte etwas für mich Ungewöhnliches getan, etwas, das mir mein ganzes Leben lang Probleme bereitet hatte: Ich hatte um Hilfe gebeten. Ins Krankenhaus zu gehen – wofür sich die meisten Schwangeren für die Geburt entscheiden – hatte ich als Letztes gewollt, und jetzt wurde es zu einem tief spirituellen Er-lebnis. Ich gab meine Kontrolle auf. Ich ergab mich – Kakerla-ken wurden zu weißen Tauben – in etwas, das größer war als ich. Es war wie ein Gebet. Ich erkannte, dass ich das nicht allein tun konnte. Das hieß nicht, dass ich es nicht ohne einen Arzt schaff-te, doch dass ich mich Gott ergeben musste. Ich musste loslas-sen. Ich hatte nicht alle Antworten. Manche Dinge konnte man nicht aus Büchern lernen. Die Fahrt zum Krankenhaus war eine der heiligsten Erfahrungen meines Lebens. Ich hatte das Gefühl, zu vibrieren, vor Licht und Energie zu strahlen.

Im Krankenhaus war es absolut ruhig. Meine Geburt war die einzige im ganzen Haus. Sobald wir aus dem Auto stiegen, begannen die Wehen wieder, doch jetzt war die Energie völlig anders. Von intensiv, laut, überwältigend zu … ganz leise. Alles war still. Die Schmerzen wurden nicht weniger, im Gegenteil, doch jetzt bewegte sich etwas. Ich spürte, wie sich mein Körper öffnete. Indem ich auf- und nachgegeben hatte, erlaubte ich meinem Körper, ebenfalls nachzugeben. Vier Stunden saß ich aufrecht im Krankenhausbett, in eine tiefe Meditation versunken. Zwischen den Wehen verging mehr Zeit, und ich konnte völlig präsent im Hier und Jetzt sein. Dennis saß halb schlafend in einem Sessel. Es war so still in dem Zimmer, dass ich meinen Herzschlag hörte. Plötzlich merkte ich, dass es so weit war. Ich wechselte die Position auf dem Bett und begann zu pressen. Es war hart. In vielerlei Hinsicht härter als die Wehen. Nach einer gefühlten Ewigkeit rief die Hebamme: »Da ist sie! Geben Sie mir Ihre Hände!« Und ich dachte: *Meine Hände? Wie bitte?* Sie führte meine Hände nach unten. Meine Tochter kam auf die Welt. Endlich. Mit einer letzten Presswehe zog ich sie aus mir heraus und legte sie auf meine Brust. Ihre Augen waren weit offen. Sie schrie nicht oder weinte; sie verkündete nur ihre Ankunft. Ihr Herz schlug an meinem. Sie sah mich an. Die Zeit blieb stehen.

Wir blickten einander in die Augen, und ich weiß noch, wie ich dachte: *Oh – da bist du ja. Ich kenne dich.* Ich wusste sofort, dass wir uns nicht zum ersten Mal begegneten. Wir waren schon viele Male zuvor hier gewesen.

Wir nannten sie Lea Luna. Lea wegen mir. Luna wegen des Mondes, der sie hierhergebracht hatte, und auch wegen Andrea; wegen des Lichts, das uns selbst in der Dunkelheit begleitet.

Als ich auf sie hinabblickte, wusste ich: Es stimmte, was der Schamane mir gesagt hatte. Sie auf die Welt zu bringen war ein neuer Anfang und gleichzeitig das Abstreifen von Altem. Durch ihre Existenz heilte sie Generationen von Verletzungen, die ich mein Leben lang mit mir herumgetragen hatte. Der Lebenszweck, den ich für so schwer gehalten hatte, fühlte sich jetzt wie das Natürlichste auf der Welt an. Ich würde es wieder tun. Für sie würde ich alles tun. Mein ganzes Leben lang hatte ich so viel Angst davor gehabt, ein Baby zu bekommen, den Schmerz an noch eine Generation weiterzugeben. Als ich Lea Luna jetzt ansah, wurde mir bewusst, dass ich beruhigt sein konnte. Sie würde niemals unter etwas leiden, das nicht zu ihr gehörte – wie auch? Nichts Dunkles könnte ihr jemals anhaften. Sie ist das pure Licht.

Sie lächelte im Schlaf. Ich drückte sie fester an mich, schnupperte an ihrem Kopf. *Seltsam,* dachte ich. *Sie riecht sogar danach. Sie riecht nach Licht.*

Ja, das tat sie. Tut sie immer noch. Sie riecht wie der Vollmond.

Später im Erholungsraum greife ich nach meinem Handy. Als ich das letzte Mal in einem Krankenhausbett lag, hatte ich Andreas Nummer gewählt. Sie hatte sich nie gemeldet. Jetzt, in einem anderen Krankenhaus, in einem völlig anderen Leben, nimmt meine Mutter sofort ab. Sie weint. »Ist alles in Ordnung? Ist sie da? Geht es dir gut?« »Es geht uns großartig«, antworte ich und sehe hinunter auf meine Tochter, die friedlich in meinen Armen liegt. »Lea, darf ich dir Mormor vorstellen?« Ich weine und kann nicht aufhören zu lächeln.

Wir fahren nach Hause, und erst später, als alles ruhig ist und wir im Bett liegen und Dennis schläft und ich unser kleines Mädchen in den Armen halte, kann ich alles auf mich wirken lassen. Wir haben es geschafft. Wir sind hier. Ich sehe auf unsere perfekte Tochter hinab. Sie ist eingeschlafen, und ihre kleine pausbäckige Wange drückt gegen meinen Arm, genau auf das Tattoo. »I believe in the good things coming.« Andrea und ich haben den Song »Black As Night« in unseren letzten gemeinsamen Tagen unendlich oft abgespielt und unzählige Male dazu getanzt. Sie hat die Farbe ihres Brautjungfernkleides ausgewählt, während das Lied im Hintergrund lief. In den letzten Jahren war ich besessen davon gewesen, hatte es immer wieder gehört, hatte mir so sehr gewünscht, dass die Worte wahr werden würden. Ich wollte glauben, dass »die guten Dinge kommen, kommen, kommen, kommen« – dass es ein Leben nach ihrem Tod gab. Ich wollte glauben, dass alles gut werden würde. Bei der Hochzeitszeremonie hatte das Tattoo gerade zu heilen begonnen, und kleine Flocken schwarzer Tinte und Haut schwebten von meinem Arm und wurden vom Wind verweht.

Jetzt sind wir hier, drei Jahre später, und Lea Lunas Kopf ruht genau auf dieser Stelle. Ich sehe sie an, und in diesem Moment wird mir klar:

Die guten Dinge sind gekommen.

EPILOG

20. März 2019

Ich sitze an deinem Grab, meine nackten Füße baumeln in die Leere, die jetzt mit Erde und Blumen und deiner Asche gefüllt ist, und die Vorstellung, dass es wahr ist, ist zu viel für mein Herz. Du bist tot. Es ist Jahre her, aber ich verstehe es immer noch nicht. Deine Schwester verteilt Glitzer auf deiner Urne – eine kleine Holzschachtel, in der das ruht, was einmal dein Körper war –, die wir dann auf eine kleine Plattform in der Tiefe stellen. Der goldene Glitzer bleibt überall hängen, wirbelt über meine Füße, lässt alles funkeln. Heute ist dein fünfter Todestag. Fünf ganze Jahre sind vergangen, seit du uns verlassen und so viel mitgenommen hast. Deine erste Beerdigung habe ich verpasst, weil ich mich im Krankenhaus von der Operation erholte, die notwendig geworden war, weil irgendwer beschlossen hatte, dass mit deinem Tod auch aus mir etwas herausgeschnitten werden musste. Unbekannte Ärzte versuchten, den Teil von dir aus meinem Bauch zu schneiden, der mit mir verbunden ist, doch es gelang ihnen nicht. Die Narben sind noch da, und selbst wenn ich sie jetzt ansehe, weiß ich nicht genau, was du mir sagen wolltest, außer dass du im Sterben lagst und Schmerzen hattest und ich sie mit dir zusammen erleben musste. Ich dachte, der Schmerz würde mich umbringen, aber das hat er nicht. Er hat dich umgebracht. Und jetzt sind wir hier.

Fünf Jahre sind vergangen, und deine Asche stand die ganze Zeit auf dem Nachttisch deiner Mutter. Sie kann dich nicht gehen lassen. Niemand von uns kann das. Ich glaube auch nicht, dass wir das müssen. Ich schließe die Augen und sehe dich tanzen. Wie immer tanzt du. Es ist so lebendig, so real. Wenn ich die Hände ausstrecke, kann ich dich fast berühren. Ich öffne die Augen. Deine Schwester ist hier. Deine Mutter. Deine Tante. Deine Cousinen. Deine engsten Freunde. So viele sind da. Wir sind da. Ich frage mich, ob du uns sehen kannst.

Über deinem Grab wächst ein Baum. Dieselbe Art wie in unserem Garten, der tote Baum, der nach Peppers Tod plötzlich wieder zum Leben erwacht ist. Ein Kirschbaum. Nur dass dieser hier bereits lebt; er hat die ganze Zeit auf dich gewartet. Ich werfe eine gelbe Rose in dein Grab, und sie landet genau neben deiner Urne, bleibt jedoch aufrecht stehen und lehnt sich an dich. Ich blicke auf meine Füße. Meine Zehennägel sind gelb lackiert, deine Lieblingsfarbe. Eine Welle naht – eine große. Fünf Jahre sind vergangen, und immer noch überrascht mich die Trauer. Ich will mich schon von ihr mitreißen lassen, als plötzlich alles aufleuchtet. Das Grab, die Blumen, meine Füße, deine Asche. Die Sonne ist hinter den Wolken hervorgekommen, und jetzt glänzt alles. Ich sehe, wie der Glitzer sich auf der Erde verteilt, und erinnere mich an die Momente seit deinem Tod, in denen ich deine Gegenwart gespürt habe. Du bist das Licht, das sich mitten in einer Panikattacke im Flugzeug an meinem Ehering bricht. Du bist die Arme meines Mannes, die mich vom Boden aufheben. Du bist der Raum zwischen den Atemzügen meiner Großmutter. Du bist mein Hund, der gestorben ist, und niemand war daran schuld. Du bist meine Freunde, die mich halten und mit mir warten, bis die Wellen abebben. Du bist meine Mutter, die mich unendlich liebt. Du bist meine Tochter, die zum Mond deutet und in den Himmel hinauflächelt, als wüsste sie ein Geheimnis.

Du bist das Licht, das bei Sonnenaufgang auf dem Meer funkelt.

Danke. Für alles. Für unsere gemeinsame Zeit. Sie war kurz, aber sie hat genau ausgereicht.

DANKSAGUNG

Die ersten Worte von dem, was schließlich zu dem Buch geworden ist, das Sie jetzt in Händen halten, habe ich auf einem Pier geschrieben, als ich aufs Meer hinaussah. Mein Bauch war noch verpflastert. Mein Mann Dennis hatte mir an diesem Tag etwas mitgegeben: Bleib nicht im Dunkeln. Setz dich ins Licht und sprich mit ihr. Also tat ich das. Ich setzte mich in den Sonnenuntergang, das Notizbuch im Schoß, und begann zu schreiben. Jedes Wort, das ich seither geschrieben habe, verdanke ich seiner unerschütterlichen Unterstützung. Es sollte fünf Jahre dauern, bis ich dieses Buch beendet hatte, und ohne ihn hätte ich das nie geschafft. Dushi – ich liebe dich so sehr. Danke für alles.

An die vielen, vielen Menschen, die mich aus der Ferne unterstützt haben und die mich weiter anfeuern. Meine Schülerinnen und Schüler, die gleichzeitig meine größten Lehrerinnen und Lehrer sind. Alle, die den Podcast hören, meine Reise online verfolgen und jeden Tag meine Worte lesen: Danke. Ich bin so unendlich dankbar für diese Gemeinschaft und für die Magie, die sie ständig neu erschafft.

Ich danke meiner Lektorin Lauren Spiegel, die an dieses Buch geglaubt hat, selbst wenn ich es nicht tat. Danke für die unzähligen Stunden, die du über diesen Seiten zugebracht hast, und dafür, dass du mich immer wieder daran erinnert hast, dass diese Geschichte erzählt werden musste.

Riesigen Dank schulde ich meinem lieben Freund und Agenten Rob Koslowsky, der von Anfang an dabei war. Du hast mich schon unterstützt, noch lange bevor es irgendeinen Sinn ergeben hat – ich bin so dankbar, dass du ein Teil meines Lebens bist. Es ist fast Zeit für die Rente! Die Karibik wartet auf dich.

Ich danke Angela Rydén, unserem rettenden Engel, dass sie das Schiff namens Yoga Girl® gesteuert hat, während ich monatelang alles weggeschoben habe, um dieses Buch fertigzustellen. Ohne dich wäre ich nicht hier und würde diese Worte schreiben. Ich bin dir ewig dankbar für dein Herz, deine Hingabe, deine harte Arbeit. Danke, dass du mir Struktur und Frieden geschenkt hast, damit ich jeden Tag mit meiner Arbeit weitermachen konnte.

Großer Dank geht an Olivia und Daniella, weil sie meine Hand gehalten und mich durch alles hindurchgeleitet haben. Ohne euch hätte ich mein gebrochenes Herz nie wieder zusammensetzen können. Danke, dass ihr mir jeden Tag die Bedeutung von wahrer Schwesternschaft zeigt. Ihr seid die Sterne, die mein Universum erleuchten. Ich liebe euch mehr, als ich je in Worte fassen könnte.

Ich möchte all meinen Freunden danken, die in den schweren Momenten da waren, in den wunderschönen und den herrlich normalen dazwischen. Rose, weil sie mich daran erinnert, zu atmen, und mir hilft, das Licht zu sehen. Jessica, weil sie Sonnenschein verbreitet, wohin sie auch geht. Mathias, der weit weg, aber immer in der Nähe ist. Laura, die zwar klein ist, aber das größte Herz hat, das ich je erlebt habe. Jen, die mir immer sagt, wie es ist. Mikaela, weil sie mir hilft, die Zeichen zu erkennen. Und schließlich Pati, die es immer kapiert. Ich liebe euch so.

Außerdem danke ich Jess und Courtney, den besten Assistentinnen, die ich je hatte. Mein Leben wäre ohne euch so farblos! Ich danke Margaret Riley King, meiner Literaturagentin, weil sie alles zusammengeführt und mir geholfen hat, dass dieses Buch Realität wird. Amelie Rehnvall war der Fels in der Brandung und hat so lange die Stellung gehalten. Viele Kapitel dieses Buches konnten dank ihr geschrieben werden. Danke, Robin Gaby Fisher, für deinen Rat und deine Hilfe, damit es dieses Buch über die Ziellinie schafft.

Ich danke Maja und ihrem kleinen Berg sowie Ash und Pumpkin. Mignon, Ashley, Josh und Lindsey: Ich liebe euch.

Ich danke Luigi und Josh, Topsy und Bushman, weil ihr der Klebstoff seid, der unsere Familie zusammenhält. Shubhaa hat mein Leben verändert, und Talib hat mir so viel beigebracht. Rafia hat mir die Werkzeuge an die Hand gegeben, um loszulassen, und mir geholfen, darüber zu schreiben. Danke euch allen.

Doña Patricia, Juliana, Luisa, Sebastian y Doña Magali – *gracias por todo. Son me segunda familia, me segundo hogar. Siempre los amare.*

Mein größter Dank gilt Ludvig, Katja, Hedda, Emelie und Maia. Euch gehört mein ganzes Herz. Danke, Niklas und Mikaela und euer ungeborenes Kind. Ich danke meinen Großeltern und ihren Eltern, meinen Tanten, Marianne und den vielen starken Frauen, die den Weg weit vor meiner Geburt geebnet haben.

Ich danke meiner Mutter und meinem Vater, die jetzt Mormor und Morfar sind – die besten Eltern, die ich mir je hätte wünschen können. Ich liebe euch unendlich. Danke, dass ihr mir das perfekte Gleichgewicht aus Talenten und Herausforderungen mitgegeben habt, das ich gebraucht habe, um dorthin zu kommen, wo ich jetzt bin. Danke, dass ihr mir das Leben

geschenkt habt, dass ihr mich liebt und dass ihr mich so aufgezogen habt, wie es niemand sonst hätte tun können. Ich würde
nichts ändern wollen.

Und schließlich danke ich Lea Luna. Meinem kleinen Mond.
Ich wusste es nicht, aber ich habe mein ganzes Leben auf dich
gewartet. Danke, dass du mich als deine Mutter ausgewählt und
dir den perfekten Moment für deine Ankunft ausgesucht hast.

RACHEL BRATHEN

Yoga Girl

SO FINDEST DU FREIHEIT UND INNERE BALANCE

Rachel Brathen steht für einen neuen Yoga-Lifestyle und ist dank Instagram weltweit bekannt. Die 1989 geborene Schwedin fand ihre Wahlheimat auf der karibischen Paradiesinsel Aruba. Unter dem Namen »Yoga Girl« präsentiert sie in ihrem gleichnamigen und autobiografischen Buch ein Yoga-Programm, das ihr selbst geholfen hat, Frieden, Freiheit und Liebe im Leben zu finden. In sieben Kapiteln spricht sie über Yoga für jeden Tag, über Selbstliebe und Selbstakzeptanz, über den Flow des Lebens und Spiritualität in der modernen Welt. Jedes Kapitel enthält Yoga-Sequenzen, Rezepte, Meditationen und Atemtechniken. »Yoga Girl« ist für alle, die bereits aktiv Yoga machen, für Anfänger oder einfach für Menschen, die sich für inspirierende Lebensgeschichten interessieren.

KNAUR ✳
BALANCE